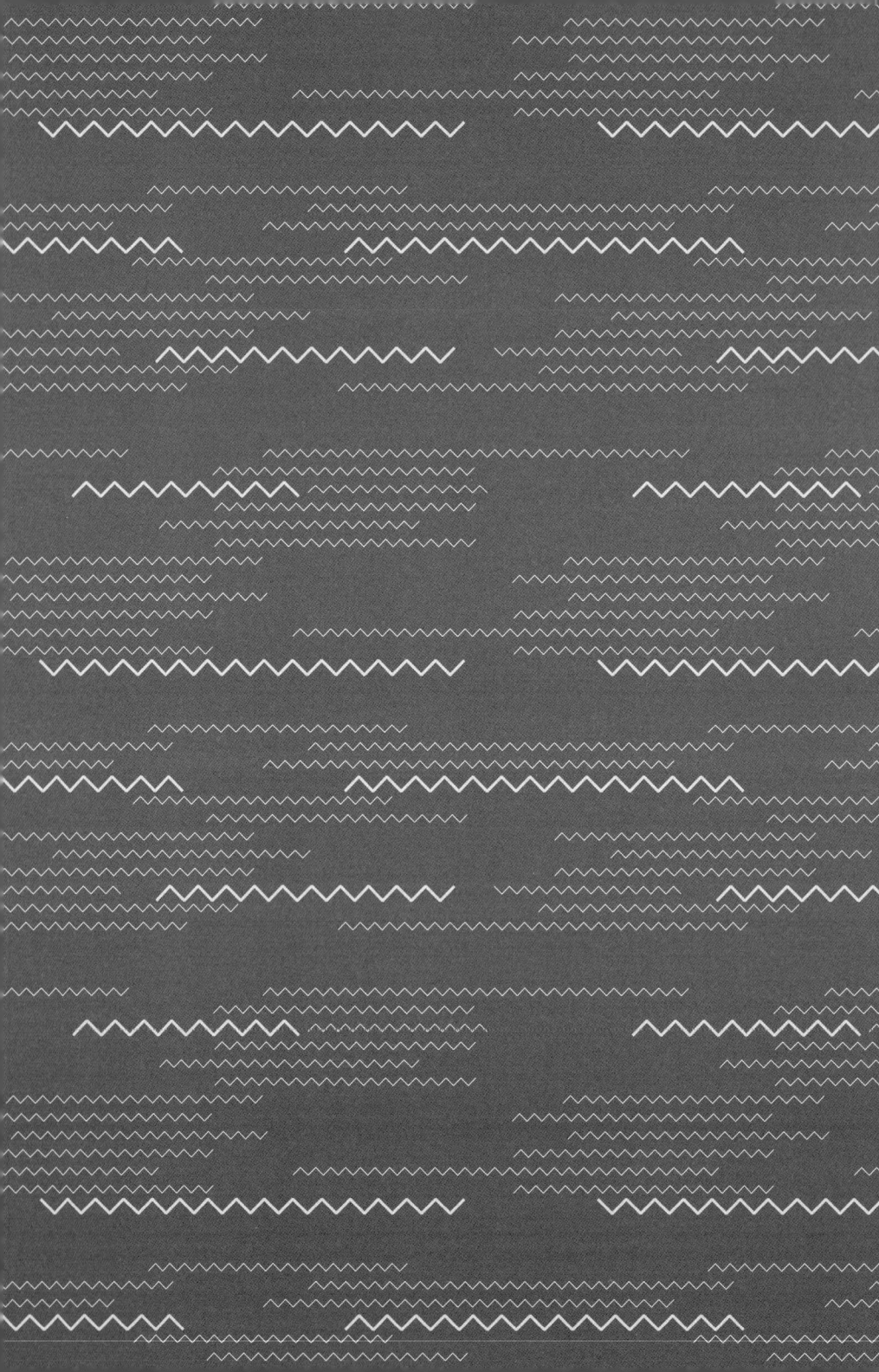

致富的心魔

金錢、成功與自我懷疑的致富人生

NEVER ENOUGH

From Barista *to* Billionaire

Andrew Wilkinson

安德魯．威金森 著　周群英 譯

目次

第一部　億萬富翁的心魔

第二部　不可避免的損失

第三部

永不滿足

這本書根據作者的筆記、回憶、口頭佐證、錄音文字、商業紀錄和電子郵件編寫而成。為了保護個人隱私，部分人名和其他可辨識身份的細節均已改寫或省略。在包含對話的段落中，唯有作者合理確認說話者的話接近逐字記錄所載，以及／或者說話者的原意已準確反映時，才會使用引號。

給我的孩子，希望這本書能讓你們更理解我。

「從自己的錯誤學習很好，從別人的錯誤學習更好。」

——查理．蒙格（Charlie Munger）

我和海勒（Joseph Heller）在謝爾特島（Shelter Island）參加一位億萬富翁舉辦的派對。

我說：「約瑟夫，當你知道我們的派對主人，昨天一天可能就賺得比你的小說《第二十二條軍規》（*Catch-22*）還多，你有什麼感覺？」

約瑟夫說：「我擁有他永遠得不到的東西。」

我說：「約瑟夫，那是什麼？」

他說：「我擁有足夠的知識了。」

——美國作家　寇特．馮內果（Kurt Vonnegut）

第一部

億萬富翁的心魔

第1章

你的資產有幾位數？

What's Your Number?

現在是清晨五點。今天是我人生裡最重要的一天，這一天我等了十幾年。這真是讓人不可思議的一天，一切都將順利的一天。

我迅速沖了個澡，穿好衣服，躡手躡腳地離開家門，以免吵醒兩個年幼的兒子。天色仍暗，清晨裡唯一的聲音，是在車道盡頭等我的休旅車發出的怠速聲，以及我沿著鵝卵石拉著行李箱發出的「咔嗒咔嗒」聲響。

當機長從二十六號出口駛進機場時，我興奮到覺得飄飄然。要不是低頭查看手機裡的電子郵件，我大概會一直興奮下去。我的手機裡有百餘則訊息，是我聘請的執行長、銀行家和律師傳給我的，其中有一則是谷歌的簡單提示，上面寫著我的名字：「安德魯・威金森」。我點擊這則提示時，手機瀏覽器彈出內容，文章標題的旁邊有我的名字，還有一個我從沒想過會和我牽連在一起的字眼，那是一個讓我覺得難受又陶醉的字眼。

地球上和這個字眼相關的人大概只有三千人，它可以讓女王封你為爵士，或讓你和名人見面，又或者可能讓民眾在你家門口火爆示威。視不同場合而定，這個字眼可以是讚美，也可以是惡言相向。晚間新聞、國會走廊和推特（Twitter，現改名為X）上的鄉民都會談到這個字眼，每個提到它的人幾乎都充滿了惡意或讚美。

在我名字旁邊的那個字眼，是億萬富翁。

這個字眼彷彿會暴露我的行蹤，就好像我站在人群之中，有人朝著我潑了一桶鮮紅色的油漆。現在大家都盯著我看，想知道我是誰，以及我做了什麼才配得上這樣的頭銜。

幾年前的我才二十歲出頭，曾有過一樣不安的感覺，當時有人幫我貼了一個沒那麼聳動的標籤——百萬富翁。但是，根據一位記者粗略的估算，現在的我看起來已經超過那個數字約七百五十倍之多。我從百萬富翁變成億萬富翁。

「億萬富翁安德魯．威金森。」

當我跳下休旅車，登上正在等我的私人飛機——那是一台龐巴迪挑戰者六〇五號——我腦袋裡的想法就像一顆鬆脫的彈珠，不斷來回碰撞，轉個不停。機艙內的座椅是舒適的米色皮革，還有非常華麗的木質裝飾。這根本是一間空中小客廳。

當我坐在商業夥伴克里斯對面的座位時，他問我：「怎麼樣？興奮嗎？壓力很大嗎？害怕嗎？」

「我很好，」我勉強笑著說。

「你還好嗎？」他問，注意到我有點不對勁。

「有人在網路上說我是億萬富翁，讓我有點不自在。」

「唉，別這樣嘛，」他咧嘴笑著說，「你被叫過更難聽的。」飛機開始在跑道上滑行時，我們都笑了起來。

其實我還不是億萬富翁，不過還差一點就是了。我感受得到這個詞讓我從脖子開始發熱，微微冒汗。到了這個時候，我成為億萬富翁已經不是「會不會」的問題，而是「什麼時候」的問題。那個標籤——那個字眼——正在追著我。當然，我希望它能夠追上我，因為我想贏得商界的奧運金牌，不管贏得這項殊榮是什麼意思。

錢帶給我的寬慰

飛機起飛時，我往下俯瞰溫哥華島的海岸，那裡有熙熙攘攘的人群。幾個划著皮艇的人，乘著如調味料色彩斑斕的船隻漂過冰川海灣，一個腳踏車騎士，沿著水邊的冷杉和黑木棉中間騎車。從高處往下看，我們都像小點一樣在地面上移動，努力做著自己的事：寫劇本、創辦一家企業、組織家庭。隨著我們的高度繼續爬升，現在已達到兩千、三千、四千英尺。我不禁在想，此時此刻在島嶼岸邊的人都在想些什麼。我想像有一些人正在擔心工作升遷，想努力沿著職涯階梯往上爬；另一個人則煩惱要換一間更大、更好的房子；還有一個人在整理他的咖啡館帳目，希望今年的利潤更高。我知道那裡有一些正在幫我工作的人，心裡正憂心忡忡，包括一位在我的軟體公司工作的程式設計師，一位在我的網路新聞平台工作的記者，還有一位在我的餐廳裡工作的廚師。

我想知道他們是否真心覺得快樂。

其實，就算我有這麼多錢，我也知道自己不快樂。

過去幾年，我發現我遇到的人往往有一種現象，那些商界人士常問：「你的資產有幾位數？」意思是你的銀行帳戶數字要有多少，你才會覺得「夠了」？這當然是個很俗氣的問題，但我覺得這個問題很有意思，因為無論大家的成就高低，每個人對這個問題的回答幾乎完全一樣：如果可以把我們擁有的東西「翻倍」，他們會很高興。銀行戶頭裡有五十萬元的人，會覺得擁有一百萬元很有安全感；有一百萬元存款的人，只需要兩百萬元就覺得安全。原本只有兩位數存款的人，只需要四位數就覺得安全，以此類推。那些身家多十倍的人，需要的只是在淨資產後面再加一個零。

雖然我很不想承認，但我確實是這樣的人。打從我有記憶以來，我就夢想大家叫我億萬富翁。我想要這個頭銜沒什麼特別的理由，我之所以想變得很有錢，是出於本能，因為我清楚記得破產是什麼感覺。當時我想用信用卡買咖啡，緊張感從心底油然而生。我低聲碎念，拚命禱告不要聽到刷卡機發出刺耳的羞恥聲——刷卡遭拒！這種情況發生太多次了，多到我都記不清了。

我很怕自己擁有的不夠多，這種感覺就像潰瘍灼燒我的胃，讓我一直咬緊牙關度日。長久以來，我一直擺脫不了這種感覺，當時的我太年輕，連該怎麼做都不知道。一股焦慮的暗流在我心裡翻騰著。

我第一次覺得這種情緒稍微減輕，不是因為接受治療或吃了鎮定劑氯硝西泮，而是和家人一起去溫哥華外海遙遠的薩瓦里島放暑假。這座島沒有汽車，連電也沒有，遊客搭船抵達時，必須帶著行李沿著陡峭蜿蜒的小路，前往各自的飯店或小木屋。我清楚記得，當時看到一個五口之家，在泥土路上費力推著行李邊走邊氣喘吁吁。爸爸把行李放在路上停下來喘氣，一個小孩撞到他。那時我心生一計，找來我弟弟和表兄弟，告訴他們只要他們背一個包包，我就願意給他們五顆糖果。接著，我在碼頭閒晃，每當有剛進港的船隻時，我就對疲憊不堪的旅客推銷我的方案。

「何不悠閒地散步，讓我們幫你提行李？只要十美元，我們會幫你把行李從碼頭送到旅館門口。」我們就像平地的雪巴人，背著大家的行囊越過島嶼，對糖果的渴望驅使我們往前走。我們放下行李後就馬上衝到雜貨店，盡情吃著蜜桃和甘草糖，然後我還剩下幾美元的利潤。雖然不過是幾塊錢，但對我來說，手裡捏著這些錢讓我感到非常愉快。

我需要帳戶上有更多零！

我開啟了踏入商界的旅程。我稍微長大後，開始當保姆、煎漢堡、賣電腦，我會找一切可以累積金錢的方法。讀中學時，我會把書包丟在門口，跑到錄影機前面，把《微軟英雄》（*Pirates of Silicon Valley*）的錄影帶放進去播來看。這是一部談賈伯斯的電視電影。雖然內容很老套，但我已經看了三百遍，研究過賈伯斯、比爾蓋茲，以及賈伯斯當年的合夥人沃茲尼克的每一個作為。我的頭枕著一本叫做《過程本身就是獎賞》（*The Journey Is the Reward*，暫譯）的破舊書本入睡，這是一九八〇年代談賈伯斯的傳記。當時我們班有一個時間膠囊的作業，要我們寫一封信給未來的自己，我很自信地預測，我將在二〇三五年掌管蘋果電腦（並和我小學四年級暗戀的對象琳賽結婚），並附上該如何經營公司的詳細說明。

我這輩子對賺錢的癡迷，由此開始。我二十出頭開始經營自己的公司時，會把商業點子隨手記在辦公室周遭的紙條上，或寫在書的空白處。我會對著方向盤大聲叫出語音提示，蘋果語音助理 Siri 會修改我的內容，以便將來使用。我把各種商業想法詳細建檔，包括各種任務、接下來要採取的行動、要投入的事物、待處理的交易、合作夥伴、要讀的書、創業點子等等。接著，我就像個馱獸一樣自我鞭策。我利用我的焦慮，把焦慮轉化成完成各種無盡待辦事項的動力。經過長時間的努力後，有一些模式逐漸從混亂中誕生，並開始發揮作用。銀行員開始叫我「威金森先生」，並拿著看起來高大尚的信用卡給我看。當你把這些信用卡放在桌上時，卡片會發出讓人心滿意足的金屬鏗鏘聲。

接著，錢就來了。錢一直來一直來。

然而在我心中，無論我的銀行存款有多少，我仍然是個灰頭土臉的農民，努力撐過飢餓並儲存過冬的物資。我會種植備用的農作物，並把無味的根莖類蔬菜塞滿地窖用以養活家人。我需要更多生意、更多員工、更多股票和更多現金流，我要更多、更多、更多。我永遠感覺不到「夠了」的富足感。

什麼都不缺，就缺錢的童年

我常常在回顧人生的後照鏡時，思考過去的煩惱，納悶為什麼當時的我那麼擔心錢的問題？即使到了現在，我還是會擔心我的財務狀況。在焦慮不安的當下，我看不清全局。

此刻，我的視野變高了，我要讓帳戶後面有九個零，才能放鬆胃部的緊繃感。這個數字要夠大，大到不會再讓我有這種匱乏感。不過，我當時還不知道，這趟和克里斯一起出門談生意的旅程，將讓這個天文數字成真，我也終於能放鬆下來。

眼看家鄉維多利亞消失在雲霧裡，那個龐大數字距離我愈來愈近，這時三十五歲的我這時候才驚覺，自從我和父母與兩個弟弟在這個寧靜的加拿大小鎮長大，我的生活已經發生巨變。我是家中最年長的孩子，即便我有六．三呎（約一百九十二公分），仍是家中最矮的小孩。我們三個小孩都有一頭滑順的深棕色頭髮，走起路來總是急促不安，好像都被一股無形的焦慮推著往前。我天生有輕度的脊椎側彎，因此頭總是微微左傾，給人一種我對所有人說的話都很感興趣的印象，就算我覺得談話內容無聊透頂。

我的童年在溫哥華一個稍大的城市度過，距離我們家最後定居的維多利亞大約五十英里（約八十公里）。我小時候住在有錢的地段，那裡非常安靜，大門也不用上鎖。在溫哥華西區一座大公園附近，一條種滿橡樹的街道洋溢著鳥兒的啾啾聲，孩子們自在玩耍，玩街頭曲棍球、蓋城堡，成群結隊地騎腳踏車。但我們家和鄰居不一樣，鄰居家有平面電視，有足以讓玩具反斗城相形失色的視聽娛樂室。但在我家，錢向來是個會引爆情緒的話題。我們家的銀行帳戶很少超過五位數，有時候甚至會降到三位數。

這是我的祕密。所以，我的任務就是融入這群有錢人之中。我渴望擁有湯瑪斯（Jonathan Taylor Thomas）的髮型，穿著鞋帶總是沒綁好的 Etnies 滑板鞋，搭配低腰的 Tommy Hilfger 牛仔褲。

但現實是，我會去折扣店 Winners 的優惠區找衣服，挑去年的品牌，湊出我一身的穿搭，模仿出有錢人的樣子。如果你瞇眼仔細看，我看起來還人模人樣，但這只是表面功夫。和我那些超級有錢的朋友比，我覺得自己就像個窮光蛋，雖然這樣比較確實有點荒謬，但那種不如人的感覺不斷侵蝕我的童年與財務安全感。

我想搶走他們嘴裡含的金湯匙，把湯匙熔化，用它換取鈔票改善我們家的生活，換一張我們全家在迪士尼城堡前面笑容可掬的照片、曬過日光浴的皮膚、戴著珊瑚貝殼項鍊，或在茂宜島與海豚共游等。真是個天花亂墜的白日夢。

但我們面對現實吧，我的故事和狄更斯（Charles Dickens）說的故事不一樣。我在中產階級的家庭長大，我們家沒有靠食物券過活，也都按時繳納房租。我有一個充滿愛的家庭，餐桌上永遠有食物可吃，但我從來沒有富足的感覺，沒有安全感。我的父母永遠省吃儉用度日，家裡永遠瀰漫著靜悄悄的焦慮，因為當我提到朋友都在做什麼事時，父母就會每天在我耳邊說：「我們負擔不起。」那些話對我的心理造成深刻影響，我想要更多的欲望如影隨形，就像佛洛伊德式的原始衝動不斷循環往復。還有，父母為了帳單吵架的聲音，就像卡通《查理．布朗》（Charlie Brown）在我耳邊發出的嗡嗡聲。

幸好，這一切都過去了，或者起碼我是這樣想的。我告訴自己，這些都是幾百萬年前的事了，我現在正安全地坐在自己的位子上，搭著一台私人飛機飛往洛杉磯，要去談這輩子最重要的一筆生意。

來自蒙格的邀約

我在飛機上看著克里斯，他整個人窩在《華爾街日報》後面，身旁的杯架有一杯健怡可樂在不停冒泡。

「你覺得他會是什麼樣的人？」我問克里斯。

「嗯，他說人生快樂的祕訣就是降低期望，所以我們可以假設他是個很悲慘的人吧，」他打趣地說說。

我們談論的那個「他」，正是蒙格（Charlie Munger）。十多年來，蒙格一直是我的商業偶像，也是這次旅行之所以讓我興奮又害怕的原因。

我知道所有和蒙格相關的事，知道他在內布拉斯加州的奧馬哈市長大，他家距離他那更有名的商業夥伴巴菲特（Warren Buffett）只有五個街區。年輕時，蒙格曾在巴菲特祖父於當地開的雜貨店工作，但很奇怪當時他和巴菲特從沒見過面。多年後，他們在一九五九年的一次晚宴相遇，很快成為好朋友，後來成為波克夏（Berkshire Hathaway）公司的事業夥伴。快轉到今天，波克夏已經連續十二年蟬聯美國《財星》五百大企業前十名。蒙格身價數十億，而擔任執行長的巴菲特，身價則是他的十倍之多。世人公認他們是上個世紀最傑出的商業人士。

我和克里斯創辦我們的公司 Tiny 時就說過，如果我們只能選擇一個想見的人，那個人就是蒙格。我們甚至託人製作蒙格和巴菲特的青銅半身雕像，把雕像放在我們辦公室壁爐的上面。有一些訪客不知道他們是誰，問說：「那是你們爺爺嗎？」但是，也有很多人馬上認出我們的英雄，也很欣賞他們，還問我們能否也幫他們做一樣的雕像。由於我視一切為潛在的商業點子，所以當我發現很多人都想要蒙格和巴菲特的半身雕像時，我們索性把雕像變成副業，目前每年仍靠它賺取數萬美元的收入。

我能夠按照收入、產業或字母順序，告訴你蒙格和巴菲特收購過的公司，例如Acme磚石公司（Acme Brick Company）、班傑明摩爾公司（Benjamin Moore）、伯靈頓北方聖大菲鐵路公司（BNSF Railway）、冰雪皇后（Dairy Queen）、金頂（Duracell）、水果牌服飾（Fruit of the Loom）、蓋可（GEICO）……我可以繼續說下去，但你應該懂我的意思了。如果益智節目「危險邊緣」（Jeopardy!）僅就蒙格和巴菲特的持股來比賽，我就會是當年的冠軍詹寧斯（Ken Jennings）。

「波克夏持有五、六%股份的公司是哪一家？」

「蘋果！」

「波克夏持有二六%——」

「卡夫亨氏食品（Kraft Heinz）！」

和這兩位巨擘相關的每一本書我都讀過，我就像如癮君子一樣渴望得到下一個投資智慧（例如，「賺大錢的重點不在於買進或賣出，而在於等待。」）我可以像那些很會裝模作樣的小孩一樣，背出他們在百老匯音樂劇《漢密爾頓》（*Hamilton*）最喜歡的台詞，包括說話的語調等等（例如，「用合理的價格買下一家優秀的公司，比用極低的價格買下一家普通的公司好太多。」）我甚至還可以像體育迷那樣，重現美國職棒大聯盟總冠軍賽

（World Series）的最後一局，一字不漏地說出他們的投資報酬（波克夏海瑟威的股票，從一九六四年到二〇一四年上漲了驚人的一萬八千倍。）

但我不想只當觀眾，只會背誦該公司的歷史，我也想要自己玩這個遊戲。我希望有一天，會有其他人說出我公司的歷史。

打從我有記憶以來，我就一直渴望成為大人物，當個擁有夠多的人。我想當賈伯斯、迪士尼、巴菲特、蒙格。雖然我離這些大人物還很遠，但從所有合理的角度來看，我都算成功了。我們公司是我們從零開始建立起來，擁有超過三十種不同的業務，員工超過一千人，年收入達數億美元。我們的小帝國由各種規模不一的事業組成，這些事業看似隨機，但每一個都滿足了不同的需求。我們在過去近二十年的經營裡，出於興趣而逐漸涉足這些領域。

當我們共同的朋友介紹我們認識蒙格時，他告訴我們蒙格有一家科技公司，那家公司可能需要我們的協助。我們馬上抓住這個機會，規劃這次拜訪，畢竟這是我此生夢寐以求的時刻，我一定要好好把握。

我的好戰友

我們抵達洛杉磯時，一輛大型的黑色休旅車在停機坪等我們。我們上了車，司機載我們到酒店梳洗一番，接著我們穿著我們的「制服」——牛仔褲和T恤，然後去搭飛機。我們開玩笑說，要換上一套「適合去見九十歲的人」的服裝。所謂適合九十歲的人的服裝，我們猜應該是要穿卡其褲、牛津襯衫，以及有舒適厚墊的鞋子，上面可能還有魔鬼氈。

車子駛往蒙格家的路上，我和克里斯討論了我們的計畫。我和克里斯已經合夥超過十年，他很了解我的想法，以至於我們現在可以幫對方接話，就像蒙格和巴菲特那樣。我是在加拿大當地的道明銀行（TD Bank）認識克里斯，那時我是這家銀行的客戶。當時我的第一家公司 Metalab 剛起步，公司的業務是幫矽谷的新創公司設計應用程式。

早在二〇〇九年，我曾經去道格拉斯街的一家分行，在那裡辦一張新的商業信用卡。當時行員告訴我，有一位叫「斯帕林先生」的財務顧問，想和我打個招呼。當我見到斯帕林先生時，很驚訝他非常年輕。他看起來比較像斯帕林的兒子，而不是斯帕林顧問本人。他有一張娃娃臉，沒有鬍鬚，穿著一套不太合身的西裝，西裝大到就像掛在他瘦小的身軀上。他非常友善，友善到不可思議的地步，有一種平易近人的魅力。簡短交談後，我發現他的辦公室到處都是表揚頂尖員工的獎牌，於是我直覺地脫口問他：「你想過離開銀行嗎？我需要一位財務長。」十幾年後，我們一起經營一家價值數十億美元的公司，而且即將和我們的商業偶像蒙格共進晚餐。

當車子駛近蒙格家時，我對克里斯說：「無論他有什麼想法，我們只要淡定就好。」「是的，」克里斯附議，「先聽他把話說完，我們再評估。」我們希望對蒙格表現出敬重又不諂媚的態度。

富可敵國的富豪怎麼過日子？

我以前看過億萬富翁的豪宅，當時是為了參加投資人的會議，或者參加對我買賣過的企業有興趣的人舉辦的會議。他們（多處）的宅邸通常都很大，擺滿了你通常只會在博物館看到的藝術品和雕塑。他們家裡有很多忙碌的工作人員，家中的車道長得像一條街，幾乎都停滿數十萬甚至數百萬美元的豪華汽車。有些人還有停機坪。至於蒙格，他的生活比較像個有錢的牙醫或小媒體的老闆，這種老闆製作的電影只會在有線電視播放。蒙格完全不像淨資產比摩納哥國內生產毛額還高的富豪。

這棟房子隱身在漢考克公園（Hancock Park）一條幽靜的小巷子裡，那是洛杉磯最高級的社區之一。雖然這條街上的房子都要價數百萬，但你不會覺得蒙格那棟房子有什麼特別。那是一棟樸素的平房，外牆面積占地不到三千平方英尺（約八十四坪），房子是用灰泥粉刷而成，屋頂是典型的陶土瓦片。走道是一條通往屋子雙前門的樸素石子路，門的顏色是讓人舒服的黃色，還有一個老式的黃銅門環。前院很小，只夠種幾叢玫瑰和一棵在微風中輕輕搖曳的棕櫚樹。周圍還有一個古色古香的白色籬笆。蒙格顯然喜歡簡單的風格。

我和克里斯在日落時分下車，我聽見心臟在胸口怦怦地跳。我們沿著磚頭路走到前門，我按了按門鈴，等人應門。

我覺得自己就像在和心儀的名人約會，汗流浹背，腦中不停練習該如何自我介紹。面對即將到來的夜晚，我激動又緊張。我深深吸了一口溫暖的夏日空氣，試著感受當下。院子裡的紫色藍花楹樹，散發著花蜜的芬芳。遠方傳來夾雜洛杉磯口音的問候。我四處張望，這才發現保全攝影機正對著我們的臉閃爍紅燈。片刻後，前門打開了，就像舞台上的帷幕打開了一樣，一位四十多歲的男子帶著溫暖的微笑迎接我們。

「歡迎，」他說，「我是蒙格先生的助理奧斯卡，請進。」我們進入大門後，奧斯卡帶我們走向書房，說蒙格在那裡等我們。

當他帶我們經過走廊時，我四處張望，想盡可能捕捉每一個細節。牆上擺滿新舊各半的書籍，餐廳的壁紙非常華麗，還有米色的窗簾和舒適的座椅，整體色調非常柔和。他收藏的藝術品並非出自畢卡索或林布蘭之手（蒙格完全買得起他們的作品），而是一些小巧精緻的油畫和版畫。屋內到處都是精心挑選的紀念品。客廳有幾隻陶瓷鴨，書架上放著東方的餐具，餐廳裡有一套純銀的茶具，還有他在漫長輝煌的職涯裡得到的各種禮物和照片。他的房子看起來完全符合我對有錢人的祖父母的想像。唯一可以看出這裡住著億萬富翁的跡象，是前面的牆裝了和鳥一樣多的監控攝影機，鏡頭全部對準房子的前方。

當我們走進滿是舊書的書房時，蒙格正坐在一張懶惰男孩（La-Z-Boy）的椅子上，雙腿交叉，桌子旁堆著一大疊書，兩盞超大的鹵素燈照在他身上，彷彿他是畫廊裡的一尊雕像。後來我才知道，多年前他動過白內障手術，手術失敗後他失去一隻眼睛，這些燈有助於他閱讀。

他正坐在馬克斯（Andrew Marks）的對面，正是我們這位共同的朋友安排了這次晚餐，並介紹了我們認識。

「查理，」馬克斯禮貌地打斷他說，「這是我的朋友安德魯和克里斯。他們在加拿大經營一家『迷你』的波克夏公司，專門投資加拿大的科技公司。」

「你好，」蒙格抬頭望著我們說。我很驚訝地發現，他看起來竟然和我辦公室壁爐架上的半身雕像非常像。我甚至有點震驚，他那張幾乎接近正圓的臉、一縷銀白的髮絲以及那副厚重的金屬框眼鏡，和雕像極像。

「查理，很高興見到你，我們是你的超級粉絲，」我興奮地說。克里斯也一樣興奮，打斷我的話說：「真的是超級粉絲。查理，很高興見到你。」此時的蒙格已經高齡九十七歲了，但我們很快就看出他的頭腦依然清晰。

你只需要做對一次，就可以變得非常富有

我們在書房短暫聊了一會兒，然後他們帶我們到貼有綠色和粉紅色花卉壁紙的餐廳。我們來到座位時，我為自己和克里斯的得體穿著鬆了一口氣，因為蒙格穿著灰色的西裝褲、綠色格子襯衫，以及有我猜是有他個人風格的 Dexter 厚底鞋。我知道波克夏在一九九三年以四．四四億美元，收購 Dexter 公司。此時此刻的蒙格，正如我想像的那樣，完全是吸引了大家的注意力。他極度聰明、有趣、敏銳。

他妙語如珠，彷彿他的話都出自專業編劇團隊之手，但那些話顯然是他自己脫口成

章而來。「經營一門經濟前景不佳的生意，就像羽毛球賽裡那顆被別人打來打去的羽毛球。」他一邊說，一邊咬了一口牛排。「如果你知道問題的難度，問題已經解決了一半。」他邊說邊用叉子撈起四季豆。他在吃總匯沙拉時，對我和克里斯大聲說了另一句格言：「你只需要做對一次，就可以變得非常富有。」

無論貧富，都會對「賺到」的感覺上癮

對他來說，這些話不是無關緊要的話；這些話非常重要。他說的這些做法、觀點和價值，可以為你的投資帶來一萬八千倍的複合報酬率。他不只是一本懂得該如何致富的活字典，也是一本知道系統該如何運作的活百科全書。無論你的財務狀況如何，他說的系統都能為所有人帶來高品質的商品和服務。雖然他超級有錢，卻喜歡過簡樸的生活。

他說，數十年前他剛賺到他第一個一百萬美元時，他分毫未花，而是把每一分錢都用來繼續投資，同時靠他普通的年薪過活。他沒有因為致富而改變太多。波克夏擁有不只一架飛機，該公司因為擁有 NetJets 的所有權，而擁有數千架私人飛機的機隊。但是他告訴我們，一直到最近幾年，他都搭阿拉斯加航空的經濟艙去參加好市多（Costco）每一次的

董事會會議。

當我隨口讚美他的綠色襯衫，說我很喜歡時，他整個臉興奮地亮起來，然後指着襯衫說：「這些年我一直買里昂比恩（L.L. Bean）的法蘭絨襯衫，但是我上次看的時候一件要賣五十九．九五美元！我決定在好市多比價，結果找到一件不錯的法蘭絨襯衫，只要四十九．九九美元。後來我侄子告訴我去全球速賣通（AliExpress）找，我們在上面比價，發現可以用三十四．九九美元買到兩件裝的法蘭絨襯衫！」我們後來得知，他戴的那塊巨大的金錶根本不是K金，而是他很得意在網路上找到的一款三十美元特價品。

多年來，我遇到一些假裝不在乎財富的人，他們身穿要價上千美元的純白T恤，或開著車齡二十年的本田飛度（Honda Fit）去搭私人飛機。但蒙格看起來真的一點也不在乎任何奢侈品。他熱衷學習，並且會在賠率對自己有利時，善用他的知識下重注。比起私人飛機，他更在乎知識的追求。

多年來，我觀察許多商業大亨，尤其是矽谷的商業巨頭，雖然他們都有非凡的才智，許多人卻常表現出一副他們什麼都懂。馬斯克（Elon Musk）雖然是電動車和火箭領域的天才，卻在社群媒體上擁護他顯然所知甚少的全球貨幣政策，以及他更不了解的流行病學和病毒機制。包括我在內，有一整個世代的創業家都很崇拜賈伯斯，他比世上任何人都了解消費性電子產品與行銷，但他卻對自己的天才深信不疑，甚至認為他比他的腫瘤醫療團隊更了解他的癌症，並嘗試以水果飲食治療他的胰臟癌。當然，這種做法失敗了。

比起展現聰明，更該避免愚蠢

然而談到蒙格時，他之所以讓我覺得他如此與眾不同，在於他在投資、資本主義以及他有興趣的領域裡，包括科學和心理學，他顯然是個先知，但談到其他議題時，他並不頑固或固執己見。他甚至謙虛地說自己並不完全了解投資，表示他不擅長投資某些生意。討論複雜議題時，他最常見的回應是聳聳肩說：「這個很難，」就像辯論時決定放棄，直接跳到下一個題目。

他不需要知道所有問題的答案，只在他所謂的「能力圈」（circle of competence）內發表看法，也就是他專精的領域。實際上他告訴我們，與其努力表現得很聰明，他更傾向避免愚蠢。在充斥著社群媒體和維基百科的時代，很多人想表現得一副他們知道一切事物的答案。但是，如果你和蒙格聊到政治，他會避免表達任何特定的觀點。他只會表示，若非窮一生之力研究政治，政治實在廣泛到難理解。「把所有事都過度意識形態化是錯誤的做法，有所保留比較好，」他說。

當然，這並不表示他不夠見多識廣，尤其談到生意的時候更非如此。我們用晚餐到一半時，一個年紀和我差不多的男子從後門衝進屋子。他說話的速度很快，就像剛喝了五罐紅牛（Red Bull）能量飲料一樣精力充沛。

「查理！我們要趕快出價，」他一邊大喊，一邊急著對我們其他人點頭示意。他對查理詳細解釋一筆似乎是房地產交易的算式。蒙格冷靜地坐著，聽他列出一連串我幾乎來不及理解的指標：「地點」、「大門」、「租金」。

「好，請繼續說，」過了一陣子蒙格說。那位年輕男子拿起他的手機，一邊大聲說一些詞彙，一邊快步走出去。他像閃電一樣迅速來去，整個互動大約只有六十秒。

蒙格看出我們一臉困惑的表情，解釋說那位年輕人是他的商業夥伴邁爾（Avi Meyer），他剛剛核准一筆交易，將以幾百萬美元買下一棟大樓，他們已經共同持有幾棟公寓。阿維的故事非常引人入勝。原來在二〇〇〇年初期，阿維是蒙格鄰家少年，當時他帶著一本希伯來聖經到蒙格家門前，希望說服他皈依猶太教。雖然他沒有成功說服蒙格皈依，但兩人相處融洽，蒙格成為他的導師。長期相處下來，他們開始一起買房子。幾年後，他們擁有數千戶價值超過十億美元的公寓。對於一個九十幾歲才開始和鄰居小孩一起經營副業的人來說，這個成果已經很不錯了。

我有一個提案，你們可能會有興趣

後來，我們移到客廳，在那裡享用甜點草莓蛋糕，並開始談我們的事情。

「所以，」蒙格看著我和克里斯說，「和我聊一聊你們的事業吧，馬克斯說你們非常聰明。」

克里斯剛好坐在蒙格對面，所以他先說。雖然克里斯談到生意向來很有信心，但由於當時的聽者是蒙格，所以他不知道何故認為他有必要站起來說明我們的商業策略，以及我們喜歡收購的公司類型。克里斯詳細說明我們的收入和成長數據，而且不管用誰的標準來看，我們的數據都很漂亮。但是蒙格幾乎面無表情，克里斯就像在對一尊石像說話。

當克里斯說完後坐下來，蒙格只說了兩個字：「很好。」然後，顯然輪到我說話了。我坐著告訴蒙格，我一直都是個很有創業精神的人，我高中時期就在房間用蘋果電腦經營新聞網站，每週賺取數千美元。我談到自己在新聞學校只上了三個月的課就輟學，我當時的工作是時薪六．五美元的咖啡師。後來我創辦 Metalab，設計手機應用程式，並在前幾年就賺到數百萬美元。「然後，我和克里斯得知你和巴菲特以及你們的投資理念，這些在在改變了我們的職涯方向，」我說。

克里斯再次接棒說下去，就好像我們是一組沒那麼搞笑的魔術師搭檔「潘恩與泰勒」（Penn and Teller），在舞台上說明魔術的原理。「過沒多久，我們就開始收購科技公司。創投通常不喜歡那種公司，有些人覺得它們很沒意思，」他說。我們經常開玩笑說，我們有網路版的洗衣店和汽車經銷商，這些公司的業務很單純又有利可圖，可以提供人們所需的服務，所以我們用合理價格買下它們。買下之後，那些公司的創辦人要嘛可以繼續留任，要嘛我們幫公司找新的執行長。我們會長期持有這些公司，並讓它們保持現狀，和波克夏的做法一樣。

我們說話時，發現蒙格依然像一尊石像，我不確定他是覺得我們說的話很普通，還是覺得無聊，或者有其他原因。似乎沒有什麼東西可以影響他。他坐著，雙臂交叉，頭微微低著，眼睛望向遠方，就好像我們剛表演了一場他還在消化、還不確定該怎麼描述的抽象舞蹈。他的神情幾乎完全木然。接著，我說了一些話想引起他注意。

「我們真的很喜歡在加拿大的生活，享受安靜和隱私，」我說，蒙格則安靜地聆聽著。「我們很少接受採訪，」蒙格的眼睛連眨都沒眨一下。

「也從來不打算上市。」接下來這句話引起他的好奇了。

「你們看起來很聰明，不過上市還是有它的好處，」他說，欠了欠身。

「為什麼？這樣不會製造很多問題嗎？」克里斯問。他說：「不會，反而會製造很多機會。」

於是，他開始滔滔不絕地舉出許多原因，說明為什麼上市可以是個理想的做法。他解釋說，在哥倫比亞大學「教華倫如何投資」的人是葛拉漢（Benjamin Graham），葛拉漢把股市形容成「市場先生」（Mr. Market）。新聞、天氣以及一切能讓市場先生情緒起伏的事情，都會影響他的心情好壞。蒙格解釋說：「有時候市場先生會恐懼，因此低估你的公司；有時候他會興奮過度，讓你的股價飆到天際，遠超過檯面上的合理估值，這於是給了投資人大好機會。市場先生可以讓你用物超所值的價格回購公司股票，或者用股票收購其他公司。如果拿捏得當，上市其實很好。關鍵在於不要太在意這件事，永遠都要誠實又勤奮，逐步累積正確的事，並以此建立名聲。」

他說的太棒了，雖然他說的大部分內容，多年來我都是從閱讀波克夏的文獻中得知，但接下來蒙格說的話，差點讓我震驚到從椅子摔下去。

還有一個辦法可以上市

「嗯，我有一個問題你們可能會有興趣。蒙格家族大部分的財富都在波克夏，但我和朋友在一九七〇年代收購了一家法律出版公司，那家公司和當時大多數報社一樣賺了不少錢，但自從二〇〇〇年代初開始，公司的業務量開始下滑。那家公司目前還在，是一家叫做『每日期刊公司』（Daily Journal Corporation）的上市公司，我是董事長。由於傳統出版業正在衰退，所以我們又收購了一家法律軟體公司，那是我們未來的發展方向。金融危機期間，我們從出版業賺到一些意外之財，我也買了一些股票，現在這些股票增值了不少，但我遇到一個大問題。」

他停頓了一下，好像我們是舞台上正在讀劇本的演員，我們於是接著說出我們的台詞。「什麼問題？」我和克里斯把身子往前傾，同時問道。

「我的年紀實在太大了！我已經九十七歲了，我們的執行長也已經八十三歲了！」我們全都笑了起來。

然後，我們沒料到的事情發生了。蒙格先是變得很安靜，他正在思考，在計算某個數學方程式。接著他看著我們說：「你們知道嗎，你們還有一種方法可以上市。」

「什麼方法？」我問。

「嗯，我們需要有人接管我們在每日期刊公司的工作。我們可以把公司合併，合併後的公司由你們兩個管理。你們有優秀的科技公司，我們有數億美元的資金要投資，還有一個可以借重你們專業知識的軟體業務。」蒙格說。

誰能拒絕蒙格？

那一刻，我的頭腦彷彿一片空白。蒙格剛剛說「合併」、「我們」和「公司」？我本來就知道他想和我們談如何幫他處理軟體事業的事，很像查理向他那擅長網路的侄子求助電腦問題。但是，我從沒有想過他竟然提議合併我們的公司。

我非常震驚。如果回到十年前，你告訴我十年後的今天，我會坐在蒙格家的餐廳，與身穿三十四．九九美元格子襯衫的他見面。當大家吃著蛋糕時，他問我是否想要以同事的身分，把我的公司和他的公司合併，我一定會建議你去看心理醫生。就算不是回到十年前，就算只是一小時前，我還在蒙格家門口的走廊前深吸一口氣，你告訴我這頓晚餐會演變成這樣，我會建議你不要再參加什麼奇怪的乞靈儀式。

但我們現在就在這裡。我趕緊思考該怎麼回覆才好。「聽起來非常有趣，」我對蒙格說，一邊抖著手整理我的甜點餐巾紙，想要盡量表現得冷靜從容，但我其實興奮到只想跳到桌上大叫一聲。克里斯顯然和我一樣吃驚，一時間整個人呆若木雞，一副剛被揍了一拳不知道該怎麼反應才好。

蒙格看著我們，好像我們是他壁爐上擺的兩尊銅像。「你們覺得呢？」他問道，把我們兩個拉回現實。

「你認為該怎麼進行？」克里斯問。蒙格接著說明這種交易該如何運作，例如我和克里斯可能成為新公司的主要股東，蒙格和每日期刊公司的其他的股東，則將持有合併公司的剩餘股份。我們將成為公司的代表，他會留在董事會繼續指導我們，我們則負責管理公司所有日常營運，享受公司上市的好處，但不用承擔實際上市的麻煩。最後，他請我們認真思考一下。

我們離開蒙格的家時，興奮得不得了，我們不僅才和商業偶像共進晚餐，他不僅讓我們汲取他九十七年來的睿智見解，還打算讓我們這兩個來自加拿大維多利亞的普通人，接手他打造的企業。他要把棒子交接給我們。我和克里斯在蒙格家的車道上，跳起來彼此擊掌，就像電影《捍衛戰士》（*Top Gun*）裡的獨行俠（Maverick）和呆頭鵝（Goose）兩人一樣。

「我的老天，我們要和蒙格合作耶，」上車時我和克里斯說。

起碼，到此為止我們以為事情會那樣發展。

第2章

威金森家族的詛咒

The Wilkinson Curse

那是一九九〇年代中期，我們家住在桑拿斯的一間小房子，那是溫哥華最有錢的社區。雖然我們還算負擔得起那個社區的房租，但對我父母來說還是有點吃力。他們經常和我們說，以我們家的收入來說，我們應該住在郊區。他們一直把好學區當作第一優先，因此加重了他們的財務壓力。

大多數城市感覺都像蓋在沃爾瑪（Walmart）超市的停車場，炙熱的柏油路網延伸數英里，到處都是灰色混凝土的文件櫃式建築，上班族都在高聳入雲端的辦公室裡工作。但溫哥華不一樣。溫哥華位於太平洋西北部的核心地帶，坐落在曾經是茂密的雨林區，因此溫哥華和其他地方有很明顯的差異。就算從市中心最沒有靈魂的辦公大樓遠眺薩利希海的天際線，不遠處都會有白雪皚皚的山峰。無論你往哪個方向駛去，只要開車二十分鐘就可以徜徉在讓人摒息的自然景觀中。

以前我還是個鬱鬱寡歡的少年時，不明白溫哥華的好。我們家常把備用臥室租給外國的交換學生，藉此增加收入。當時我從沒搭過飛機或看過其他大城市，心想為什麼那些學生會來我們這個無聊的地方。多年後，我因為工作出差而看到世界各地的樣貌時，才終於恍然大悟。原來我從來沒有意識到，自己從小就在世界上最美麗的城市長大。

父母總是「負擔不起」的童年

一九九〇年代初期，我們家在德文郡新月租了一間小房子。那是一棟一九二〇年代的三層樓房屋，有綠色的灰泥外牆，沒有完工的地下室，以及一間讓人彷彿置身於一九七〇年代《家居生活》（*Home+ Living*）雜誌裡的廚房。雖然房子的外觀有點過時，但我母親還是把房子打掃得一塵不染，也很懂得花小錢翻新那些古董家具，讓家裡的家具看起來很別緻，當然它們依舊不是全新的。

她把這個房子打理得井然有序。床要鋪平，尾端要整平；待洗的碗盤一定要沖兩次，以免有殘留物的風險；餐具要擺好，刀刃都要朝內，家裡每一個人都要按指定座位坐好。我父親下班後會從後門回家，身穿風衣的他看起來像個落湯雞，公事包也淋濕了，頭髮則因為下雨搭公車而變得亂七八糟。

那時候，我不知道爸爸做什麼工作，但我知道他不喜歡那份工作。對我來說，人們會把「工作」裝在公事包裡帶回家，是個讓人沮喪的東西。晚餐時，母親會坐在餐桌的主位，我坐在她右邊，父親坐在她左邊，我兩個弟弟則把他們盤子裡的義大利麵推來推去。

我們年紀稍長後，父親會在晚餐時教我們了解這個世界。他會提出一個觀點，我們的任務是反駁他，反之亦然。有時候我們談的是一些很蠢的事，例如電視是否在侵蝕我們這代人的大腦；有時候我們談的則和道德或政治相關的嚴肅議題。我喜歡和父親辯論，對我來說這只是好玩的辯論，不會真的影響大家的感情。可惜的是，我後來把這種習慣帶到我更大的生活圈，吃足苦頭後才發現和別人爭論他們的信念，會讓自己很難交到朋友。

就科技來說，我們家感覺落後了足足二十年。父母不讓我們打電動，家裡有一台一九八〇年代末的三十吋索尼（Sony）電視。我們必須把手指插進電源鈕原本的位置，在四周摸索，直到它「咚」的一聲打開為止。我和我的朋友不一樣，我們家沒有有線電視。有線電視台太貴了，而且我父母希望我們多一點讀書。為了強化這一點，他們裝了兔耳天線，讓我們只能收到幾個畫面模糊的頻道。這樣一來，窩在角落讀一本好書，比收看一台聽起來像調幅收音機的電視更有吸引力很多。這段空白時期無意間激發了我對電腦的興趣。由於我很想和朋友一樣玩電動，所以花了很多時間想弄清楚，到底該如何把遊戲下載到我家那台古董電腦上。

當我的朋友鉅細靡遺地在聊每週五的《魔法奇兵》（*Buffy the Vampire Slayer*）和《淘小子看世界》（*Boy Meets World*），我會努力點頭附他們，但其實這兩個節目我都沒看過。雖然我父母對電視、玩具、度假和電玩上都很吝嗇，但他們對書卻非常大方。

我們的圖書館卡片用得很舊，床邊的桌上堆滿我那一年迷上的各種書籍，書角都皺了。JK・羅琳、普曼（Philip Pullman）、克萊頓（Michael Crichton）、費茲傑羅（F. Scott Fitzgerald），這些作者的書成了我的避風港，像通往另一個世界的入口。一翻開紙本書，我的煩惱便煙消雲散了。

效率的根源是懂得偷懶

我們也要做一些基本的家事。這些家事沒什麼大不了，但我非常討厭做家事，只要可以不做家事，我幾乎什麼都願意做。我和我弟會輪流洗碗，每週要負責清理一個晚上的餐桌和碗盤。我小時候就發現，人要花很多時間和精力整理餐桌、刮去盤子上的殘渣、放進洗碗機，並且手洗剩下的鍋碗瓢盆。

「如果我們每個人都清理好自己的碗盤，然後把碗盤疊在水槽旁邊如何？這樣的話，每個人只要花三十秒，就可以把事情做得更快，」某天晚上我洗碗時這樣提議。我爸媽只是笑一笑，拒絕我的提議，認為我只是在逃避責任。我很氣他們的態度，他們的反應毫無道理可言。如果照我的方式做，事情可以更快完成，只要一條小小的流水線，就可以大幅提昇效率。

回顧過去，我才知道讓我在童年時期成為懶惰搗蛋鬼的特質，後來卻讓我成為成功的創業家。就像蓋茲說的：「我會找懶人來做困難的工作，因為懶人會找到簡單的方法完成工作。」打從我有記憶以來，我一直希望用簡單的方式做事。掌握一切，控制住方向盤，把事情做得更好。直到今天，如果有人告訴我該做什麼，無論他說的聽起來多麼合理，我都會回想小時候的情景而頑強抵抗。

話雖如此，我還是勉強尊重我父母的做事方式。他們為這個社會帶來相對有生產力的人，儘管多年下來這導致我不得不接受一些心理治療，還有和伴侶因為挑剔做家事的問題，而產生太多爭吵。

深灰色富豪與閃亮保時捷

小學的時候，我的世界只有半英里（約八百公尺）的幅員那麼大，那個世界就像一個小小的雪花球，我只要騎著我那台檸檬綠的單速史溫牌（Schwinn）腳踏車，就可以在幾分鐘內逛完一圈。這個世界有德文郡公園，我在公園裡爬樹爬了好幾個小時，和弟弟一起玩我的霓虹粉色飛盤，後來還在那裡抽了我人生第一支大麻菸。

固蘭湖街（Granville Street）的對面是桑拿斯小學，那是公立學校，但不比私立學校遜色。學校四周都是千萬豪宅，裡面住的都是新貴的子女，他們希望自己的孩子保持樸實，並就讀公立學校。我有很多同學都是這個城市第一代富豪的子女，那些富豪是企業律師、投資銀行家和房地產開發商。

雖然我們家的地理位置有利於我們的教育，確保我和弟弟能以較低的價格，取得加拿大政府提供的最優質教育。但是生活在有錢人的社區，讓渴望物質的欲望對我產生嚴重的負面影響，同時大大提高父親想要給我們物質享受的盼望，因為我的朋友和朋友的父母，都過著和我們完全不一樣的生活。

朋友的家都非常宏偉，房間多到像迷宮，還有像平面電視這種最先進的科技，以及享用不盡的垃圾食物。我朋友度的假，都像旅遊雜誌寫的那種夢幻假期。他們在惠斯勒滑雪，搭乘頭等艙飛往歐洲的鵝卵石街道，寒假時在夏威夷的沙灘椅上悠閒放鬆。

至於我們威金森一家人，如果可以搭渡輪去附近的海灣島，並在我父親偷閒的週末去家族友人的小屋過夜，就已經要偷笑了。我朋友的父母開著全新的閃亮保時捷和荒原路華（Range Rover）回家時，我們家的車卻是一輛一九八〇年代中期、深灰色的富豪

（Volvo）245 DL 旅行車。這是一台手排車，沒有空調，沒有動力轉向，沒有安全氣囊。如果後照鏡看不清楚，我父親就會自己動手洗車。

有一次，我放學後第一次騎上腳踏車，蜿蜒穿過我們這條街上的橡樹前往新朋友的家時，清楚看到他們家和我們家的差異。我們打了幾局乒乓球，在他們家的溫水泳池裡游泳，還一起玩我們家沒有的 PlayStation 遊戲機。然後，我朋友問我餓不餓，接著他帶我進去一間看起來像小型超市的食物儲藏室，架上放滿了各種媽媽不准我們買的新潮零食。「隨便拿吧！」他說，毫不在意地撕開一大包立體多力多滋（Doritos）。一位打掃阿姨跟著我們，一路清理我們留下的包裝袋和零食碎屑。

對我來說，這是一種極度放縱的感覺，好比在索多瑪城和蛾摩拉城舉辦的狂歡宴會。事後，我因為沒和打掃阿姨說「謝謝」而覺得內疚。

我的母親

我母親是個安靜又嚴肅的人，但她和我父親說笑話時，常突然發出溫暖的笑聲。她中分的黑髮又長又直，她對自己和家人都要求很高。她用凝膠筆在感謝卡片上寫出完美的手寫體字。她都用正確的方法做事，一出手都是專家的水準。如果她要從事園藝，她會閱讀所有相關書籍，還能和經驗豐富的園藝達人侃侃而談。

她的烹飪技巧絲毫不遜於任何副主廚。她能夠編織出精美的作品，讓她在當地的毛線店鋪聲名大噪。她是個超級認真的完美主義者，認為每件事都有正確的做法，並希望她身邊的人也是這樣，尤其是我們。她就像有強迫症一樣，每天勤擦防曬乳，所以她的外表總比實際年齡看起來更年輕幾歲。她很喜歡和我說：「我三十歲的時候有人說要看我的身分證，確認我已經成年。」這個世界對勤於護膚的她，說出這句最好的讚美。

她非常熱衷文法和語言，當我說「我和尼克（Me and Nick）剛才在踢足球」，她就會用唱歌的語調打斷我說：「應該是尼克和我」（Nick and I）。她的記憶力超好，能夠和他人建立深厚的關係，讓人們覺得自己受到重視。每當她問起這個或那個遠房親戚的手術狀況，或者他們對工作的感受時，對方的心情總會為之一亮。

她的三個兒子也是如此。她非常關心我們的生活、社交和情緒，我會告訴她我暗戀哪一個女生，誰在學校找我麻煩，以及我最近在焦慮哪些事等等各種細節。

我父母的童年都充滿混亂和波折，但原因卻不一樣。我媽媽想給我們更好的起點。她是全職家庭主婦，用有如空中交管員管理繁忙的機場跑道那樣的精準度，打理我們的家務，但她真正擅長的是理財和撙節。她是謹慎節儉的人，精打細算並理財有方地管理我們家羞澀的阮囊，希望當父親的收入每況愈下時，能夠盡量善用他賺到的每一分錢。

由於房地產市場不穩定，父親的建築公司業績起伏不定。母親覺得我們家裡的一切，都必須井然有序、精心布置和悉心照料。更重要的是，家中用度都必須以低價購入，同時不讓別人看出我們的經濟狀況。我們一家五口，全靠父親那份極不穩定的收入過活。我們不吃垃圾食物，不買新的3C產品，不去旅遊，還要很小心不要弄壞、弄髒、撕破或損毀家裡的任何東西，因為我們怕沒錢換新的。

別人家的爸爸為什麼不用出門上班？

和社區裡那群有錢的孩子一起生活，讓我覺得自己像個冒牌貨，但我盡可能融入其中。最後，我知道我該怎麼做到這一點。我用折扣價購買正確的品牌，我騎腳踏車去學校，這樣就沒有人會看到我家的舊車。我開始搞清楚人和人之間的關係，搞清楚別人家怎麼賺錢，搞清楚誰的爸爸在告誰的爸爸。我還學會說場面話。

住在有錢人家的旁邊，讓我產生如影隨形的「局外人」感受，讓錢成為我們家一切問題的根源。托爾斯泰（Tolstoy）曾經寫道：「幸福的家庭都很相似，不幸的家庭則各有各的不幸。」我們家的不幸如下：

帳單、信用卡費、債。

年幼的安德魯騎著他綠色的單速史溫牌腳踏車，一點也不喜歡這樣的生活。甚至在當年，我的感覺都是我們都做錯了。我把生活想得比實際上更艱難，就像騎著只有一檔的腳踏車爬上陡峭的山坡（我試過，但失敗了）。我總是惴惴不安，覺得別人的爸爸一定知道我的爸爸不知道的事。但有一件事我很確定：如果我不搞清楚別人的爸爸都知道什麼事，我長大後一定會很窮。拮据的經濟意味著我們家的氣氛總是很緊張，家中有尖叫聲，有從廉價商店買來的聖誕禮物，以及一台在柏林圍牆倒塌前製造的汽車。

我們似乎沒有任何計畫，只能悶著頭撐下去，一遍遍地做著相同的事並帶來相同的結果。有一天吃晚餐，我問父親他退休存款的狀況，他帶著戲謔的笑容開玩笑說，他沒有退休金，我就是他的退休計畫。這個玩笑話讓我驚恐不已，每當想到將來的事，各種念頭就會在我腦海裡翻騰。

我的朋友尼克，他爸爸安德烈和我爸完全不一樣。他是一位房地產開發商，永遠開閃亮的寶馬（ＢＭＷ）七系列回家。他會把鑰匙丟在豪宅的走廊，旁邊的皮夾有滿滿一疊的百元鈔票。他會幫我和尼克做晚餐，食物通常是炸肉排，因為他是匈牙利人。我看了簡直目瞪口呆。為什麼這個顯然比我父親有錢很多的人，不需要加班工作？我父親晚上七點回到家時，往往已經筋疲力盡，只能在家繼續工作到午夜。我父親從來不做晚飯，也從不提早回家，他看起來總是壓力山大。但是，安德烈看起來就像在地中海俱樂部度假一樣。安德烈知道哪些我爸不知道的事？

我非常好奇，不停地在餐桌上問他。

「你如何籌措資金蓋這棟房子？」

「你賣掉所有公寓後會怎麼樣？」

「你會怎麼處理這些獲利？」

「每棟房子的利潤是多少？」

長期下來，我逐漸拼湊出安德烈的故事。他從匈牙利搬到加拿大時，口袋裡只有一百四十美元。他在一家小型航空公司當空服員，存了一點錢之後，他開始翻新和買賣房產。十多年來，他從蓋平房改為蓋公寓，蓋房子給成千上萬的人住。他現在擁有各種可以帶來被動收入的房地產，包括購物中心、一家飯店，以及一整套大型的住宅房地產。他是溫哥華最成功的房地產開發商之一，每年會有數百萬美元的被動收入，像時鐘一樣準時地流進他的口袋。他最大的困擾似乎是無聊，因為我們常看到他在家中的辦公室，整天玩線上撲克牌。

「所以，你其實不需要每天做很多工作？只因為你是老闆，錢就會流到你的口袋？」

「沒錯，我的房子在為我工作。我蓋房子，房子一旦開始動起來，就會像機器一樣，我只要偶爾檢查一下就可以了。」我的眼睛瞪得超大。從那一刻起，我發誓要解開這個祕密。我不想再騎沒用的腳踏車上坡了，我不想再為錢吵架了。我要帶全家去度假，買玩具和炸肉排給大家吃，讓每個人都開開心心。

我的父親

另一方面，我父母因財務壓力而爭吵不休，他們要嘛收入不夠，要嘛支出太多。坐在樓梯上聽到父母在樓下吵架的嗡嗡聲，已經成為我的日常，我努力想聽懂他們在吵什麼。我的父親肩膀寬闊、身材魁梧，這是他高中時代打了多年的橄欖球和划船的成果。這些年來，他的腰圍有些發胖，體重則隨著他嘗試各種飲食而上下起伏，就像股票行情那樣波動。他很高，看起來有點像當年還有頭髮的演員威利（Bruce Willis），有著好看的尖下巴。雖然父親的工作繁忙，但他總會在週末抽空陪我和我弟。我們會花好幾個小時堆樂高積木、用枕頭蓋城堡，幫模型飛機著色。

他是一個徹頭徹尾的樂觀主義者，經常揶揄自己的煩惱，並用墨菲定律加以戲謔：「凡是可能出錯的，一定會出錯。」但是，他也因為工作而承擔了沉重的經濟壓力，導致他的脾氣變得難以捉摸。他從事建築業，得過一些獎項、曾經升遷到高位，卻鮮少有財務回報。

我記得有一天晚上他幫我蓋被子，我躺在床上問他我們家的狀況。他告訴我「威金森詛咒」，意思是我們家族一直中過所謂的頭獎，後來卻因為固執或單純的倒霉而失敗。他深信一種看法：沒辦法，事情很難，我們只能硬著頭皮撐過去。

他真的是個非常矛盾的人，他的臉上總掛著牽強的笑容，好像在說「一切都很好」。他的笑容出自兩種情緒：永遠的樂觀和深層的恐懼。這些情緒在鍋子的兩端慢慢熬煮，逐漸讓他的個性混合成逍遙快樂卻又壓力重重的奇特組合，隨時可能炸鍋沸騰。

他突然發怒時，就像綜藝節目《歡笑一籮筐》（*America's Funniest Home Videos*）

一樣。他從不對人發火，卻老是被一些小事惹惱。例如，他花好幾個小時組裝宜家（IKEA）書架，卻發現重要的螺絲不見了；拆包裹時，開箱刀因為偏離軌道而割傷他的手指；打開存滿工作文件的軟碟時，一直顯示密碼錯誤……這時候的他被生活壓垮，像隻憤怒的猩猩一樣整個爆發。

「該死的東西！」他大聲地咆哮說，有時候甚至淚流滿面。這一切讓人害怕的不是憤怒本身，而是看到水壩潰堤，閘門很輕易地就土崩瓦解了。即使當年的我只是個孩子，也能讀懂這些訊號傳達出來的崩潰訊息，一遍又一遍地說「我應付不了」。

我認為父親知道哪些方法可以減輕壓力，但他似乎有心理障礙。他認為生活很艱難，而且無處可逃。他就像某個麵包師那樣，如果自己有時間面試員工當然會請人來幫忙，但就是該死的連做麵包的時間都沒有。麵包師傅整晚沒睡，全身都是麵粉，拚命製作當天要賣的麵包以應付排隊的顧客，同時還要負責結帳。

他的書架上擺滿了像是《富爸爸，窮爸爸》（*Rich Dad, Poor Dad*）、《與成功有約：高效能人士的七個習慣》（*The 7 Habits of Highly Effective People*）以及《從A到A+》（*Good to Great*）等書。他崇拜成功的企業家，告訴我溫哥華的首富派丁森（Jimmy Pattison）如何從擔任汽車經銷商開始，一步步建立起他的王國，後來又將事業版圖擴張到電台、出版、廣告、漁業等多個領域，每年營收超過六十億美元。我八、九歲時，曾和父親看到派汀森在餐廳吃飯，我爸興奮地帶我過去和他握手。派丁森的手感覺就像枕頭一樣柔軟，好像從來沒做過任何體力活，這讓我覺得很奇怪。

為什麼爸爸都懂，卻沒有成為百萬富翁？

父親常鼓勵我做些小生意，當我開始擺攤賣檸檬水，並很自豪地告訴他我賺了四十美元時，他會問我：「那接下來呢？」我很困惑地看著他。

「好吧，你想一下，假如你賣檸檬水每小時賺十美元，這表示你可以用時薪五美元付錢給另一個小孩，讓他們來顧攤位。然後，你可以用你的利潤去開另一個攤位，接著再開更多攤位。」

他不斷問我問題，讓我培養出將來在商業上大有助益的習慣。後來我每次獲勝後，都會聽到父親的聲音在我腦海中迴盪問：「接下來呢？」

與其讓自己放鬆並享受擁有的一切，好好慶祝成就或在衝刺後度個假，我會思考如何再做一次，但要做得更大、更好、更有效率。這種享受工作上癮的習慣，讓我非常適應商業活動，但也讓我無法放鬆或原地駐足。這種習慣為我帶來財富，卻也讓我的情緒透支。父親還教我複利的知識，持續投入小額資金，長期下那些錢可能會變成讓人意想不到的巨款。「愛因斯坦稱複利為『世界第八大奇蹟』，」他告訴我，「如果你從現在開始，每天只要存五美元並把它拿來投資，並且一輩子堅持這樣做，等你到五十歲時，你就會成為百萬富翁。」

我喜歡父親說的這些東西，可是覺得愈聽愈奇怪。畢竟如果父親說的是真的，為什麼他不是百萬富翁？

我覺得不可思議的是，他竟然都知道這些道理。那些書他都讀過了，但他不知道為什麼就是無法付諸實踐。這種情況就像你看到某個人溺水，而他身旁就有一個救生圈。

他和我母親在這些事和其他事上完全不一樣，他們簡直水火不容。我的童年就是夾在兩個生活態度截然不同的人之間，一個是混亂的樂觀人士，另一個是嚴肅嚴謹的規劃師，兩者形成強烈對比。他們對我產生很大的影響，我在不知不覺中汲取他們各自的優缺點，後來成為我的超能力和致命弱點。

如果我們家由父親做主，我們現在會過著入不敷出的生活，還會刷卡借錢去卡波（Cabo）旅遊；至於我母親，她則寧可把家具燒掉來取暖。他們兩個人對金錢的感受和態度南轅北轍，而且似乎都不滿意當下的狀況。

每當他們為此意見不合時，我覺得母親總能夠在當下的爭吵中勝出。我們對高級電視的渴望，我父親對經典車款的憧憬，或者我對於擁有自己電腦的痴迷，都是我們家經常爭吵的話題。我常聽到他們吵架的聲音，通常是為了一些新開銷爭論不休。他們的聲音在樓梯間迴盪，我坐在樓梯上聽著，在心裡判斷是非。最後，我父親會向母親示弱並道歉，但怨懟的情緒會繼續在他心裡醞釀，直到最後他用最糟糕的方式爆發。他會偷偷溜出門，不和母親商量就買一些非常貴的東西，一些我們家顯然無法負擔的東西。

我買不起那台閃亮的藍色 iMac

二〇〇二年某個溫暖的星期六，他出門去購物，這次他買的東西將永遠改變我的人生。我七歲時開始迷上電腦，父親會在週末帶我去他上班的地方，把我放在一台 Mac Plus 前面。這台灰色的長方體，是一九八〇年代的完美工業設計之作。啟動時，它會出現一個小小的笑臉圖案，發出有如貝多芬親手寫的美妙叮叮聲。有些人可能認為我父親失職，把一個七歲的小孩丟在螢幕前好幾小時，好讓他能夠把工作進度趕完。但對我來說，那就像純粹的幸福。

那整個下午，我都在亂玩和搞懂這個按鈕或那個按鈕的功能，或是該怎麼改那些圖案。我一頭栽進字體和色彩、動畫和電玩的世界。我印了一些搞笑的標誌，做了生日派對的邀請函。我還做了假名片，上面寫著「我是安德魯公司的執行長」。我沉迷其中，無法自拔，那台電腦給了我一個屬於自己的小天地。在這片小天地裡，我是個大人，我可以掌控一切。在那裡沒有人可以告訴我該做什麼。

我的癡迷漸漸變成一種癮頭，我拜託父母讓我在放學後，搭公車去當地的蘋果經銷商（當時還沒有蘋果專賣店，只有零售店）。我花好幾個小時沉迷於閃亮的邦迪藍（Bondi Blue）iMac，仔細讀著《Mac 世界》雜誌，就像其他小孩在看禁書《花花公子》（*Playboy*）一樣。

當時，賈伯斯才剛回任蘋果公司，並推出一個極具象徵性的廣告。廣告裡有歌手狄倫（Bob Dylan）、人權鬥士金恩博士（Martin Luther King Jr.）等創新者，以及其他藝術家的黑白照片，上面的標語是「不同凡想」（Think Different）。他讓原本屬於彆扭書呆子的電腦領域，看起來又炫又叛逆。在我看來賈伯斯就像神一樣，我也想成為他的信徒。

問題是，我買不起那台閃亮的藍色 iMac。

十一歲，得到第一份正式工作

十一歲時，我的臉就像遠方星球那凹凸不平的地表，開始冒出痘痘。我開始去百老匯一間叫做 Simply Computing 的不起眼破舊Mac商店，並在那裡假裝自己是店員。我的舉止讓真正的店員覺得很有趣。我會到處走動並和客戶打招呼，雖然我根本不需要去那裡。我的目標很簡單，我想說服完全不懂電腦的老太太購買 Mac，而不是買ＰＣ。長期下來，我的技巧變好了，變得很擅長推銷。

「嗯，你知道嗎，Mac 不會中毒，」我向一位老太太說明。幸運的是，她的身高和我差不多高，而且她的年紀大到沒能質疑我的年齡。

「Mac 的使用者介面比 Windows 系統簡單很多，」我對另一個人說，「來，我示範一下搜尋（Finder）給你看。你知道什麼是圖形用戶界面（ＧＵＩ）嗎？」可想而知，他們完全不知道圖形用戶界面是什麼。

當大多數和我同齡的男孩都夢想成為橄欖球隊隊長或出門約會時，我唯一癡迷的卻是電腦。我入迷得非常嚴重，以至於我不幸地在學校得到「掌上型電腦」的綽號，因為我總會拿著一台黑白螢幕的掌上電腦（PalmPilot）個人數位助理，到處做筆記。這台數位助理是 iPhone 的前身。你可以想像得到，學校的女孩因此對我「無法抗拒」。

在電腦店裡，那些領薪水的真實店員並非自願去上班，所以他們覺得我很奇怪。但他們又覺得我人畜無害，甚至可能感謝我把他們的工作做掉了。當我推了推眼鏡，把新來的老客戶帶到櫃臺結帳，並說：「這位是桃麗絲，她想買一台 iMac」，有些店員甚至會對我表現出感激之情（或起碼假裝感激）。於是，我轉向桃麗絲，禮貌地說：「這位是法蘭克，他是收銀員，接下來他會協助你。」

有一天，我在銷售時解釋百萬赫的速度和硬碟，一位名叫斯莫登（Marcy Smorden）的老太太，問我可否教她如何操作 Mac 的文件夾系統。我講解完桌面的功能後，她對我的知識留下很好的印象，不僅買了一台電腦，還給我第一份正式的工作。

「我可以聘請你教我怎麼用我的新電腦嗎？」瑪西問道。

「當然好，該怎麼進行呢？」我說。

「我付你時薪二十美元，請你到我家教我如何檢查電子郵件、如何使用印表機。」

我真不敢相信，有人要付真金白銀給我，讓我用電腦！透過那家店，不久後愈來愈多老太太找我教她們用電腦。這真是個完美的互利關係。店家賣掉一台電腦，而我教客戶學習如何使用電腦。在我十二歲生日的兩週前，我成立了我的第一家公司「新把戲」（New

Tricks），而且公司還有一句漂亮的宣傳標語：「教老狗學新把戲。」我設計了一個紅藍相間的商標，這個商標取自一個銀髮族服飾的品牌。我還印了名片，上面寫著：

「執行長安德魯．威金森」

生意的本質，就是解決問題

事後回想，我意識到這些老太太可能只是花錢找我陪她們，她們其實沒什麼興趣知道 Mac OS 8.1 和 Mac OS 8.5 的差異。但撇開我當時糟糕的行銷能力不談，那間擁有六位年長客戶的公司，教會了我人生至今最重要的一堂課：即使是一家由十二歲孩子經營的公司，它在本質上也是在幫別人解決問題。

在此之前，我一直以為工作或生意是別人強加給你的東西，我也以為人生有既定的道路。如果你是青少年，你可以在麥當勞打工、當保姆或送報紙。但我慢慢意識到，幾乎所有需求、問題或渴望，都可以變成一門生意。以我的例子來說，我解決的問題是七十多歲的長者，不知道該如何在美國線上（America Online）網站檢查電子郵件時（「歡迎！你有新郵件！」)。

於是，我開始到處找類似的機會。

原來我父親也很喜歡電腦。有些父子會聊籃球隊，以及哪些球隊選了哪些新秀，但我和我父親則經常一起看《MAC世界》雜誌，並到城裡的各個電腦商店。另一方面，我母親則不知道該如何看待這些科技，她不太確定那些會發光的螢幕，到底對孩子有利或有害。我們每天下午都會花幾個小時沉迷於打電動，並剪輯我們和玩偶拍的有趣短片。我們家沒有有線電視，所以電腦補償了這一點。

引發家庭革命的聖誕願望

電腦就像狗，它們衰老的速度比人類快很多。我們家一直都有一台五年或十年的老電腦，這種感覺就像大家都在用索尼隨身聽時，我家卻在用一台一九五〇年代的超大收音機。我不斷強調這一點，一有機會就拜託父母買一台新電腦給我們。

在那十年裡，新電腦幾乎一直高居我聖誕節願望的榜首，直到實現願望為止。當時的我十三歲，變得愈來愈惹人厭，一再強調新的 iMac 對於我做大量的高中作業很重要，並說電腦會提供許多額外的教育軟體。

「你們不懂，新電腦可以讓我的成績變好！」我媽聽了對我翻白眼。可是我看得出來，我爸覺得很難過，他看出我多麼想要新電腦，他想送我一台屬於自己的電腦。

然後有一天，他真的這樣幹了。他逕自行動，把一個閃閃發亮的新盒子帶回家，並當著我的面打開，驚呼說：「這是一台全新的Mac！」我母親則站在一旁怒不可遏。她並非不想給我我想要的東西，而是不希望父親在沒有先和她討論的情況下，就去買這麼貴的東西。但父親知道，討論到最後只會得到一個堅決的「不」字。

那天晚上，我在樓梯上沒有聽到父母的爭吵聲，因為我完全沉浸在電腦螢幕溫暖的光芒裡。當我聽到熟悉的刺耳聲從地板傳來時，我不知道該如何反應，直到我知道父親違反了母親為我們家制定的重要財務規則，那就是父親不應該用信用卡買電腦。我媽氣到七竅生煙，我只能聽到斷斷續續的句子，一字一句就像機關槍掃射那樣：「貸款」、「透支」、「信用卡」、「債務」。這一次，我就像在調整老式收音機的音量旋鈕，選擇忽略那些雜音，專注於手上的任務：設定我的新Mac。

我們「又」負擔不起了

從我擁有第一台電腦開始的四年後，很多事情都發生變化了。我們搬到了加拿大維多利亞的新家，結果開始有人敲門找我。

「今天又有七個包裹，」優比速（UPS）快遞員說。

「太好了！」

「安德魯，祝你有美好的一天！」。

「你也是，吉姆！」

「你也是，戴夫！」

「你也是……！」

沒有什麼比聽到優比速和聯邦快遞（FedEx）運輸車在我家門口停下，更讓我覺得開心的事了。運輸車的車門會「砰」的一聲關上，接著是腳步聲走上我們那搖搖欲墜、破爛的台階，台階兩邊有臨時豎立起來的公版欄杆，那是我父親過去幾年來，利用週末時間拖拖拉拉幫家裡實施改造工程留下來的東西。

接著會有人敲門，然後我爸媽或弟弟會連看都不看一下，就大聲喊說：「安德魯！」

於是我跑下樓梯，經過一面牆壁，上面掛滿父母在幸福時光裡拍的全家福照片。接著，我在家門口看到一堆新包裹，每個包裹上面都貼滿紅色和橘色的標籤，上面寫著「易碎」和「內含鋰電池」的字樣，彷彿在警告如果不注意的話，可能發生可怕的事。

當時我剛滿十五歲，身材瘦瘦長長，就像我家街道旁的那些山鐵杉樹。儘管我已經長到六英尺（約一百八十二公分）高，我的手臂卻像被開了一個令人無可奈何的玩笑，它們垂下來的長度比正常的手臂還長，讓我成了變形的彈力人（Mr. Stretch）玩具。我會用我長長的手臂撈起那些包裹，然後回到我的房間，直到我的房門再次關上為止。

我以前常開玩笑說，那些快遞員是「我專屬的聖誕老人」。當然，那不是聖誕節，他們也不是一般所說的聖誕老公公。此時此刻的我，已經放棄靠別人得到我想要的東西。多年來，我拜託父母支持我對的電腦愛好，他們拒絕我之後我就決定自己來。

我在日常生活的笨拙程度，和一般青少年差不多。我的音調會突然在重要時刻改變，就像我的身體在和我開另一個玩笑，而且我現在還有更多深紅色的痘痘。但在網絡上的我，正在經營一個數位帝國，把我想要的東西直接送到我家門口，而且我都不用付錢。

三年前，也就是二〇〇一年，我父母要我和弟弟在客廳坐好，準備告訴我們一些可怕的事情。當然，他們不用告訴我們事情有多糟糕，因為一切都寫在他們臉上了。

「我們負擔不起在溫哥華的生活了，所以我們要搬到維多利亞，」爸爸笑容緊繃地說。後面那幾個字就像子彈，斷斷續續地打在我身上：搬．到．維．多．利．亞。

我整個人好像沉到水底，父親的聲音依稀變成模糊不清的雜音，我的心跳開始加速。我當時高二，剛認識新夥伴，有一群很棒的朋友。我暗戀過的女孩寫紙條給我，開始有人邀請我參加派對，一切都很美好。但現在，我就像個被身體排斥的移植器官，被迫要住在維多利亞，那個地方爆炸無聊，又小又不體面，我的祖父母就住在那裡。那個城市的大小只有溫哥華的五分之一，最讓人興奮的活動也不過是在帝后大飯店（Empress Hotel）享用下午茶和參觀布查德花園（Butchart Gardens）。

不幸總是接踵而來

雖然我能同理家裡的財務狀況，但我還是忍不住要怪我的父母。他們為什麼不存錢？為什麼我父親沒有聽從他自己的建議？我氣炸了，我整個人生被搞得天翻地覆，只因為同一件事：錢。

搬家是我們那年夏天最糟糕的一件事。雖然我爸媽盡力了，但他們顯然還是很沮喪。

不僅如此，生活為他們帶來多次沉重的打擊，讓他們徹底跌到谷底。搬家後幾週，我伯父傑夫突然在四十四歲猝死，讓父親非常難受，因為他的大哥五年前也突然去世，我父親因此成為他們家中唯一在世的兒子。過沒多久，我的外祖母診斷出罹患卵巢癌第四期。我們在維多利亞的新家，就像世界上最悲慘的冥想靜修營。我們家人會彼此擦肩而過，各自到電視、書本或電腦前做自己的事。我們緬懷的對象有三：我們住在溫哥華的往日時光、伯父和祖母。

我的雪花球被碾成無數的碎片。

網路上的祕密身分

我開始從早到晚都待在電腦前。由於搬家讓人情緒不佳，父母因此幫我們裝了高速有線網路，我醒著的時候幾乎都沉浸在網路文化之中。有一天，我在一個專門討論蘋果新聞的聊天室裡，和三個也是十五歲的電腦怪客聊了起來，他們是克里斯、克拉克和科林。我們四個是散居在北美茂宜島、卡加利市（Calgary）、土桑市（Tucson）和維多利亞的無聊孩子，想在暑假找些樂子。

克里斯告訴我們，他正在重啟一個叫做 Macteens 的網站，這個科技新聞網站的名字不太吉利，一直由幾個熱愛蘋果公司的青少年營運，他們讀大學後便關閉該網站。我們決定一起經營這個部落格，由我和科林負責撰寫內容，克里斯和克拉克則負責設計和開發。我們開始工作，不久後網站重新上線，我們鉅細靡遺地撰寫和蘋果相關的各種故事。謠言、新聞、評論，什麼都寫。

當我瀏覽其他和蘋果公司相關的網站，試著發想該寫什麼內容時，我一直看到類似的網站在開箱各種科技產品。我到處問了一下，發現這些公司會收到「評測樣品」，它們會收到免費的電腦、喇叭、耳機、硬碟，應有盡有，全部由製造商提供，目的是希望網站能夠評價和報導這些產品，進而為製造商宣傳。我的眼睛整個亮起來，對我來說這種好到不可思議的好康，可能成為我們的樂透，讓我們擁有免費又拿不完的科技裝置。

於是，我開始發送數百封電子郵件，就像個寄垃圾郵件的人一樣。我聯絡了我找得到的所有科技公司，要求為他們的產品寫評論，於是優比速的送貨員就開始敲我家的大門了。起初，產品一週送一次，接著是天天都送，然後每隔幾個小時就送。不久後，我的房間就堆滿各種你想像到的科技產品。我覺得自己好像中了頭彩。

我們的網站也大受歡迎，搶先其他媒體之前報導真正的調查新聞。我會在清晨五點衝下樓，按下文章的發布鍵，然後看著數十萬名訪客湧入網站。我們有些故事甚至被主流媒體採用，例如美國消費者新聞與商業頻道（CNBC）和《波士頓環球報》（*Boston Globe*）。

白天，我是個難搞的十六歲的高二生，數學勉強及格，但沒有人知道我另一個身分，是經營網路媒體帝國。在我那又怪又宅的世界裡，我是個舉足輕重的人物，是個大師。

我採訪到賈伯斯了！

隔年夏天，我寄了一封改變我人生的簡短信件。

我已經存夠了錢，準備去紐約參加 Macworld 大會，那是蘋果迷的聖地，賈伯斯通常會在那裡推出蘋果的新產品。我發了一封電子郵件給蘋果公司的公關團隊，並告訴他：

「我下週會去參加 Macworld 大會，希望能夠採訪賈伯斯。可以嗎？」

我知道這樣做很大膽，因為我還是個無名小卒。公司一般都會把這種採訪分配給《新聞週刊》（*Newsweek*）和《華爾街日報》，而不是由小孩子營運的小網站。幾分鐘後，我收到回覆：

「賈伯斯太忙了，但我幫你安排在蘇活區新開的蘋果商店，參加團體導覽好嗎？」

我很震驚。我原本以為蘋果會直接拒絕我，甚至得不到回覆，但現在我居然可以參加該公司第一間蘋果直營店（Apple Store）的幕後導覽。目前還沒有人看過店裡的面貌。雖然我很失望無法親眼見到賈伯斯，但我意識到一件很重要的事：我提出大膽的要求，結果得到很好的回報。如果我只要求參觀蘋果直營店，人家可能會笑我「小子，你想得美」。但因為我提出一個很高的要求，卻因此得到比期望更好的結果。這是我在職涯裡一直使用的策略：問問無妨。

由於我當時尚未成年，所以父親陪我一起到紐約（機票錢由我負擔），我們在約定的日期和時間，來到閃閃如新且尚未對外開放的全新蘋果直營店。這座將美國郵政大樓重新設計的建築物炫麗奪目，地點就在蘇活區中心的王子街（Prince Street）和格林街（Greene Street）的轉角處，大樓有一座讓人印象深刻的懸浮玻璃樓梯。我既激動又鎮定地和一些知名記者聊天，等著公關人員讓我們進去店裡。

然後，一輛黑色的休旅車停了下來，一個男子走下車。

那個人穿著黑色假高領毛衣、黑色牛仔褲、一雙灰色紐巴倫（New Balance）的鞋子，以及一副圓形無框眼鏡。當這些訊號傳遍我的神經系統時，我的心臟開始怦怦地跳，雙手也開始顫抖。「你好，很高興認識你，我是賈伯斯，」那個男子說道，一邊緊盯著我的眼睛，握了握我僵硬的手，然後移步和每一位記者握手。

我完全不敢想像會發生這種事。為了讓自己冷靜下來，我不斷在心裡重複說：「他只是個人而已。」這是我的夢想，我必須冷靜下來。我深吸一口氣，擠過人群，然後像以前對朋友的父母那樣，開始不斷問他問題。「新款 iMac 的設計靈感是什麼？」、「你個人是用哪一個型號？」、「你是怎麼做出這個超炫的玻璃樓梯？」

賈伯斯和大多數的大人一樣，似乎覺得他眼前這個笨拙的青少年很有趣，一個十五歲的孩子表現出一副三十五歲的模樣，還努力不要讓自己破音，並裝得像大人一樣。當我壓過一群記者主導整個提問時，他都在逗我開心。

我站在那裡和賈伯斯說話，被《紐約時報》、《時代雜誌》和《華爾街日報》的記者，以及來自哥倫比亞廣播公司（CBS）、美國有線電視新聞網（CNN）和美國消費者新聞與商業頻道的攝影團隊包圍時，我父親都在一旁看著我。那些記者花了一輩子，才達到可以親自採訪賈伯斯的職涯高峰，而我這個長相奇特的孩子，卻正在和主持人討論最新款 iMac 的設計考量。

新聞業無法讓我發財

和父親回到家後，我又恢復了平日的生活，成為害怕和女生說話的高中生，同時在網站上發表電子產品評測，並同時應付成堆的作業。送貨司機繼續為我送來和蘋果相關的小玩意，包括要給我用的新款筆記型電腦、滑鼠墊和人體工學鍵盤，我們的網站每個月也會靠廣告賺進數百美元的收入，那些廣告就出現在我們的評論旁邊。不過，還是有一些東西對我來說仍遙不可及，那不僅是我的渴望，也是我父親和弟弟的渴望。

過沒多久，我父親腦中那股無法壓抑的聲音又出現了，他又開始買東西了。有一天晚上，我父母再次吵得驚天動地後，我聽到汽車慢慢駛進車道。車門「砰」的一聲關上，外面傳來腳步踏在沙礫上的聲音。然後，前門突然打開，緊接著是我父親大喊：「安德魯！提姆！威廉！誰來幫我把東西從車裡搬出來！」

母親看著我們把一個超大的電視箱從後車廂搬出來，沿著還沒完全整修好的前階梯，同時扶著臨時搭建的公版柵欄，把箱子搬進客廳。當我們打開那台嶄新的六十五吋平板電視，嘖嘖稱奇於它的外型和超薄的體積時，母親走進客廳，站在門口怒氣沖沖地瞪著我父親。事情還沒完。幾個月後，父親把他夢想的一九九〇年代中期紳寶（Saab）九〇〇〇汽車開進車道。對我父親來說，這台車是瑞典工藝的傑作，但對我母親而言，這又是另一筆我們根本無法負擔的開銷。

那天晚上，我弟坐在新電視機前，沉浸在他們最愛的動畫片的喧囂聲中，而我則走進自己的房間。我關上門，意識到即將發生的事情。我打開電腦，開始在我的網站工作，以舒緩我對樓下即將爆發的爭吵的焦慮。父母當時的確在吵架。但這次不太一樣，我必須知道他們都在說什麼，也必須明白為什麼我們一家人老在這個問題上打轉。於是，我走出房間，坐在樓梯上。

我看著樓梯間排滿的家庭照片，我感受到家裡的氣氛變得很凝重，當下我決定自己一定要賺夠多的錢，讓家裡的財務狀況永遠不會成為我、我弟、我父母的問題，尤其是我未來家庭的問題。可是，該怎麼做到這一點？當時我還不知道該怎麼做，但我很確定新聞業無法讓我發財。

第3章

除毛診所救了我

Hair Follicle Financing

我往臉上潑了一些冷水，透過浴室的窗戶凝視窗外明亮的陽光。這是早上嗎？午餐時間到了嗎？還是已經下午了？陽光讓我反胃。當我想弄清楚到底發生什麼事時，我的頭更痛了。我照了照鏡子，這才想起我曾在飯店大廳把信用卡交給櫃檯。

我蹣跚地回到房間，房內一片漆黑，只有窗簾縫隙透出一絲微光。我頭痛欲裂，光線像利刃般刺進我的眼睛。在我開始翻箱倒櫃找止痛藥之前，我得先弄清楚自己在哪裡、怎麼來的，以及睡在我床上的女孩是誰。

我瞥見床頭櫃上的記事本，上面印有舊金山瑞吉酒店（St. Regis Hotel）的浮水印。「好，我人還在舊金山，這是好事，」我心想，接著環顧這個寬敞的房間，意識到自己應該在頂樓的豪華套房。我認得這個房間，我一直夢想著要住在這裡。這裡一晚要價兩萬美元，問題是誰付的錢？是我嗎？二十三歲的我？我在房間裡跌跌撞撞地走動，努力克服暈眩，昨晚的片段逐漸浮現出來。吧台上放了一杯滿滿的威士忌調酒，我認為把它乾掉不是個好主意，但還是把它一飲而盡。還有更多飲料，一瓶又一瓶褐色、透明和冒泡的調酒。我曾和……那個穿著臉書（Facebook）T恤的人乾杯嗎？但那個人是誰？

我從床頭櫃拿起電話，看到臉書副理發來的訊息，說他要雇用我。一個新創公司創辦人的助理，氣沖沖發電子郵件給我，說我午餐會議遲到了三十分鐘。還有一個來自維多利亞團隊的簡訊，問我一大串和我們各種專案有關的問題。

當我滑過一條又一條被塞爆的訊息，走進客廳看到地上橫七豎八躺著幾個年輕男女，他們像被隨意棄置的假人偶，以各種扭曲的姿勢沉睡著。我注意到有幾個人穿著臉書的T恤，這是我昨晚記憶中的一幕。其中一個人被一堆小酒瓶包圍，那些小酒瓶就像玩具士兵一樣排列整齊。當我走進另一個房間，看到我的幾名員工在休息，把毛巾當成毯子用。

我躡手躡腳地避開所有人，急著逃離這間我夢寐以求的豪華套房，因為它現在看起來就像有著高級床單的兄弟會宿舍。

上大學、休學、回家啃老

幾年前，我很期待這種場面。我想要錢和女朋友，並和朋友一起玩樂。我想要頂樓的套房，連吻痕都想要。但這些絕不是我刻意追求來的，全部都不是。

大概十年前，我的科技新聞網站 Macteens 突然大獲成功後，我認定寫作是我的天職，我要去探索世界，成為一名勇敢的記者。我會報導蘋果公司，採訪賈伯斯，讚美他們公司最新發表的產品和相關傳聞，並評測所有新設備。是的，我想像自己可能會先在維多利亞當地的《殖民者時報》（*Times Colonist*）科技版當記者，然後轉戰多倫多的《環球郵報》（*Globe and Mail*），接著很快加入新聞界的頂尖機構——《紐約時報》或《華爾街日報》。

二〇〇四年我年剛從高中畢業時，告訴三位在 Macteens 的夥伴我要去讀大學，並放棄了我四分之一的股份。然後，我把我所有東西塞進兩個大紙箱，搭上飛往多倫多的飛機，準備開始我在加拿大頂尖新聞學校懷雅遜大學（Ryerson University）（譯註：現已改名為多倫多都會大學）的第一學期課程。

在學校的前幾個月，我意識到自己犯了一個可怕的錯誤，我的幻想最後變成殘酷的現實。我的教授說新聞業的好日子就在眼前，說得一副我們即將迎來如一九五〇年代的黃金時期，以後每個人都可以在《生活》（*Life*）、《紐約時報》或《倫敦時報》找到工作，但我環顧四周，卻發現自己就要一腳踏進因嚴重商業問題而垂死的產業。

這種感覺就像當數位攝影問世時，我還在學習如何沖洗底片，並把照片沖印在四×六的相片紙上。即使是當時，我也已經在像 Engadget 和 Gawker 這類部落格看新聞，而不是看紙本報紙。就算我真的受到新聞界的聖光眷顧，成為地球上少數成功的記者，我真的成為《紐約時報》記者的可能性也只有〇．〇〇〇一％。至於富貴就別談了，畢業後我能夠找到一份有薪水的工作就要偷笑了。

所以，我做了一件再合理不過的事——我輟學了。我父母為此操碎了心，因為我不只是退學，更重要的是我完全沒有任何配套計畫。我離家的時候，父母揮手和我告別，以為他們成功地讓我成為獨立的成年人，但現在我又回到他們的房間打電玩。他們只要逮到機會，就會提醒我他們支應不了我，不斷灌輸我殘酷的現實。「這個月的電費是一百四十美元」，早上我父親邊說邊喝他的咖啡。「你敢相信現在的衛生紙有多貴嗎？三十四美元！」我媽提醒我。有一天，我父親看著我，在沙發的一邊說：「要花三十四美元，才可以把這台富豪汽車的油加滿，比我平常花的還多。」他們說這些時，常常搭配視覺效果，例如列出收據清單，告訴我住在他們家要花很多開銷。

父母成為我的「新房東」

我搬回家不久後，他們就不想再當我的父母了。我爸媽和我許多朋友的父母不一樣，我朋友的家人會提供免費舒適的地下室給他們住，甚至幫他們的派對啤酒買單，而我的新房東卻非常無情。他們開始和我收取每個月五百美元的租金，每個月一號要付租金。這個租金高於當時的行情，他們顯然是要提醒我趕快長大，並且趕快搬出去！他們並非存心對我刻薄，而是他們原本以為最不需要操心的大兒子，卻在離家幾個月後，又風風火火地回到他們的家。我很快就花光存款，身無分文。有一天早上，我在兒時家中的客房醒過來，意識到我的房東爸媽不是在開玩笑。如果我找不到工作，他們會把我趕出去。

我一直很喜歡咖啡，所以我決定去當咖啡師。我把履歷表印出來，並在維多利亞周遭十幾家咖啡店投履歷。隔天，有一人打電話給我，請我去面試。

這是一家叫做 2% Jazz 的咖啡廳。諷刺的是，它就在我家鄉報社《殖民者時報》的辦公室旁邊。我退學之前，一直以為自己有一天會在那裡工作。當時，你在維多利亞唯一找得到的是糟糕的餐廳濾掛咖啡，這種咖啡烏漆墨黑，還有持久不散的酸澀尾韻。但是家咖啡廳不一樣，這裡專門提供第二波咖啡浪潮（譯註：指一九六〇年至一九九〇年間，連鎖咖啡廳的全球化趨勢，義式濃縮咖啡在這個時期逐漸風行）的義式咖啡。我以前從沒看過拿鐵的拉花，而他們的拿鐵上面有心形和美麗的花卉圖案。它們自己烘焙咖啡豆，還會播放美妙的音樂。這家店讓咖啡看起來很酷。

我走進去，穿著我最潮的嬉皮服裝，那是滑稽的寬鬆牛仔褲和最反骨的復古T恤。老闆瓊斯（Sam Jones）請我坐下，說他要幫我做一杯濃縮咖啡。他告訴我他的豆子來自南美洲的一個農場，並示範他用了很多年的研磨機。他解釋義式咖啡機內部的運作方式，然後做出一杯完美的濃縮咖啡。他看著我喝咖啡，問我有什麼感覺。我急忙隨意說了一些形容詞來形容「風味」、「味道」和「果香」。雖然我不確定自己是否真的能夠分辨，但我覺得這樣說聽起來不錯。不管我說了什麼，效果都很不錯，他當場就錄取我。他一定是在情急之下才錄取我。

我很喜歡這份工作，山姆一直在背景播放很棒的音樂，我在研磨咖啡和濾滴濃縮咖啡時，美國ＤＪ和唱片製作人 DJ Shadow 的音樂常在我的耳邊響起。我的身後總有一群能量滿滿的咖啡愛好者，他們敲著鍵盤並交流各種想法，彷彿一支低吟的交響樂團。我很享受一邊和常客聊天，一邊練習我的拿鐵拉花。有不少客人支持我退學的決定，因為他們告訴我隔壁的報社最近的日子不好過，似乎一直在裁員。

原來，我想成為喝咖啡的人

和大家聊天，加上看到客人忙著用筆電工作，讓我意識到我必須整頓自己的生活，找到一份更長久的工作，因為我不可能一輩子都當咖啡師，其中一個原因是我缺錢。我當時擔任實習咖啡師的時薪只有六美元，身為一家小咖啡店的基層員工，客人也不會把我當一回事。

幾個月後，我在咖啡廳工作的興奮感逐漸褪去，我開始討厭鬧鐘叫醒我的聲音，討厭在早上五點搭公車上班。當我必須拖地和清點收銀機時，我覺得真是無聊透頂。由於薪資微薄，一旦我付了房租給爸媽之後，就幾乎剩不了多少錢。

於是，我開始自我探索。我註冊了當地的社區大學，但開課一週後就沒再去上課。我試著在我經常讀的熱門科技部落格 Engadget 找工作，但他們對我這種普通的輟學生沒有興趣。我覺得迷茫、疲憊，而且窮困潦倒，我的銀行帳戶和職涯都一片空白。除了企圖心之外，我一無所有。我隱隱約約覺得，比沉浸在 DJ Shadow 的音樂聲中擦拭溢出的咖啡，我的人生應該做一些更有意義的事。

我的改變始於一本叫做《翻動世界的 Google》（*The Google Story*）的書。我之所以都讀和科技公司相關的資料，不是因為我有寫程式的天賦，或有什麼讓人驚喜的創業點子，而是因為科技世界感覺起來閃閃如新，對於我這種一年內輟學兩次的年輕人來說，這是嶄新的開始。我偶然翻到這本書，決定試試看，想知道是什麼成就了世界上最大的搜索引擎。我一頁一頁地讀下去，意識到網路泡沫多半是不成熟的炒作，當時幾乎每一家網路公司都以荒謬的價格募到太多的資金，然後就崩潰了。但是，新一代的網路公司卻截然不同，它們實際上有獲利。

當我讀完這本書的最後一頁，把書放在我面前時，突然領悟到科技界即將掀起一場淘金熱，而我也想成為其中一份子。加入淘金行列的唯一的辦法，就是搬到矽谷。當然，我也知道我必須真的具備某個技能才行，所以我開始讀更多科技相關的書。

在咖啡館學到的創業之道

有一段時間，什麼都沒有改變。我只是讀書、拖地、煮咖啡。我被困住了。直到我遇到兩個每天都來咖啡廳的人，一切才開始改觀，他們是傑夫和克里斯。克里斯有一頭金色的爆炸頭，身上散發出悠閒的嬉皮氣息。傑夫則用髮膠固定俐落的頭髮，經常穿著一系列熨燙過的 Polo 衫。他們可以說是奇特的一對。他們會來咖啡廳，在濃縮咖啡的吧台前面坐上幾個小時，一邊喝卡布奇諾，一邊使用免費的無線網路。一開始我會偷瞄他們的螢幕，問他們在做什麼，原來他們在經營一家名為 The Number 的小型設計公司，專門幫當地公司做網站。我會在幫客戶點餐的空檔，不斷問他們業務營運的問題。

「那麼，你們怎麼學習HTML和CSS？」（譯註：HTML指超文件標示語言，是網頁的架構；CSS指串接式表單，是網頁的格式）我會在做義式濃縮咖啡時，一邊問他們問題。

「這樣的網站你們怎麼收費？」我一邊在他們身後拖地，一邊提問，「你們去哪裡找客戶？」

他們非常樂意分享他們的成功祕訣，而當他們一一和我說明時，我簡直不敢相信自己的耳朵。他們告訴我，他們可以同時進行三到四個專案，每個網站收費五萬到十萬美元。我用我那差點不及格的高二數學程度來計算，他們每個月大概有兩萬到四萬美元的收入。和我每個月只有一千五百美元的咖啡廳薪水相比，那簡直是一筆可觀的財富。

和他們說話時，我會偷偷在收據背面做筆記、潦草寫下各種縮寫，這時我才意識到自己一開始就弄錯了：我雖然在做濃縮咖啡，但我其實想成為喝咖啡的人。

這兩個人可以一邊笑著喝濃縮咖啡，一邊在一週內做出一個網站。清早五點我已經在拖地時，他們還沉睡在夢鄉。他們爽爽睡到十點才起床，然後悠哉地喝著我親手煮的濃縮咖啡。當我努力工作時，他們聰明地工作。

他們確實很聰明，這一點無庸置疑，但他們做的事情絕不是什麼難度很高的東西。我在 Macteens 時期，已經學會用影像編輯軟體 Photoshop 設計網站，並用基本的HTML做網站。我現在對這些只不過有點生疏，但我相信自己可以重新熟悉。

掉進最美好的兔子洞

某天下午，我下班後去附近的書店，買了一些和網頁設計相關的書。錫德霍姆（Dan Ceberholm）的《無懈可擊的 Web 設計》成為我愛不釋手的書。我饑渴地讀完書中每一個字和每一行程式碼，也因此上了幾門線上課程，我簡直掉進最美好的兔子洞。

過沒多久，我開始針對丹的所有網站進行逆向工程，想搞清楚他如何做出陰影，模仿他使用的字體，並學會如何做出像他網站裡的那種超光滑按鈕。我從另一本書得知，這種風格叫做「擬物風」，是蘋果公司帶動的風潮。我深深著迷於丹的簡潔設計，很欽佩他對細節的要求，讓他的作品能夠與眾不同。

我夜復一夜地自我提升，擺脫了難用的網頁套裝軟體 Dreamweaver HTML，進展到現代風格的精緻網頁設計與開發。我意識到，只要幾個晚上徹夜不眠，再加上幾本好書，基本上我可以學會任何東西。我發現大學教育實在無聊透頂，無法給我真正想學的東西。現在，我靠自己讀書和高速學習，變成一位「自學者」。這是一種自負的說法，意思是我比較喜歡自學而非他學。一切盡在書中。

設計網站對我來說再自然不過，我從小就在父親的建築公司幫忙和玩電腦，本能就了解網頁的版面。我知道訪客的目光會先停在哪裡，知道該如何引導訪客從一個部分看到下一個部分。我會花好幾個小時對知名網站進行逆向工程，並一點一滴微調像素，讓所有設計看起來都恰如其份。最讓我驚訝的是，這一切感覺起來不像在工作，因為我玩得很開心。我會在午餐時間坐在電腦前，不知不覺天就黑了。有時候我會熬夜做網頁，清晨去附近一家餐廳吃早餐，再到咖啡廳工作。我整個人入迷了。

問題是，興趣賺不了錢，所以雖然我只是個新手，但我認為自己該去找一些真正的設計工作來做。於是，我找到一個叫做 Authentic Jobs 的人力銀行網站，在上面找網頁設計的臨時工作。我應徵了上面所有工作，應該有超過一百個，然後不知道為什麼，有人給我一個機會。他的名字叫斯圖亞特（Kavin Stewart），是 Offermatica 公司的產品經理，他出價兩千五美元請我設計兩個頁面。

我覺得自己像中了頭獎，開始設計和排版，結果我居然在沒有人發現我不夠稱職的情況下，完成了這個工作。對凱文來說，這只是一個普通的專案；但對我來說，這是有史以來最神奇的機會。我不知何故找到一份完全適合我的工作，它結合了我無薪擔任電腦銷售員，以及擔任咖啡師時學到的銷售技巧和與人交談的能力。這份工作也結合了我在爸媽那台破電腦安裝電玩學到的技能，以及我從父親那裡承襲的設計和商業興趣。更重要的是，它深深打動我內心的那個小男孩。沒有人——我是指沒有任何一個人——可以告訴我該做什麼。我是創業家，是公司的所有人，是老闆。

當我收到第一筆款項時，轉到我帳戶的錢比我開的發票高出約三〇％。我請該公司的出納再核對一次，告訴她客戶一定搞錯了。她和經理談過話後，回覆我是匯率問題。在美國，一美元等於一．三加幣，我之前完全不知道這一點。現在，一個兩千五百美元的專案，變成三千兩百五十元加幣的案子。

當我走出銀行數錢時，我告訴自己我中獎了，我要把我的賭注都壓在網頁設計。有了新發現的財富，我馬上辭掉在咖啡廳的工作，並搬出爸媽的家。這個決定不太負責任，因為這下子我多了公寓的租約，卻沒有穩定的收入。但我本來就沒有把負不負責任考慮進去，因為我知道租約的壓力會讓我火燒屁股，所以我必須成功。

弄假直到成真

在這些早期的日子裡，我一直為錢恐慌。我長期壓力過大，連吃晚餐的錢都沒有，更不用說繳房租了。我開始瘋狂尋找更多自由接案的平台，想找到下一個客戶。幸運的是，我新學到的技能非常搶手。雖然第一代網路在一九九九年泡沫破裂，數兆美元消失在科技市場，但到了二〇〇六年愈來愈多新創公司開始營業。

我不會假裝自己是先知，說我早就知道即將到來的網路科技時代會被稱為「網路二・〇」，並引領社群媒體時代的到來，但我確實知道每一個新創公司都需要一個東西：網站。所以，我首先要有一個自己的網站，來展現我的設計才能。

但這裡有一個問題，那就是到目前我只完成過一個專案。誰會聘用一個來自加拿大維多利亞的人做網站，而且他的網站上只有完成一個專案的紀錄？這就是我人生裡第二個徹底改變我的重大領悟：認知會成為現實。

人們願意付錢給我，請我幫他們設計看起來很正式的網站，我何不也幫自己這樣做？如果我假裝自己是一家成熟的接案公司，而不是某個住在沒有裝潢的公寓的十九歲年輕人，我可能會接到更多生意，並收取更高的費用。我要做的是讓自己看起來有模有樣。

這個過程的第一步是先找到合適的名字，這個名字要吸睛又有質感。在HTML裡，有一個標籤叫 Meta，這個標籤是用來定義頁面的資訊。我覺得 Meta 聽起來不錯，臉書當時還沒採用這個字，所以我才會想到 Metalab 這個名字。

我設計了一個很潮的網站，裡面都是我剛學會的設計手法（感謝錫德霍姆）。我還做了一個頁面介紹我的專業設計師和開發團隊，旁邊還有一句如今讓我很尷尬的標語：「我們幫客戶做酷炫的產品。」當然，我其實沒有團隊，所以我請一些程式設計的朋友，讓我在網站上放他們的照片。我告訴他們，如果我真的接到案子，我會聘請他們參與專案。夠多人同意之後，我就開始寄送陌生開發的信件給潛在客戶，幫我這家大型接案公司 Metalab 找案子。

回想起來，我根本沒有創業的條件，但我認為這點出網路一個重要的真相：任何人——真的是任何人——只要付出一點努力與汗水，再加上一點吹噓和運氣，就可以創辦一家網路公司。這種「弄假直到成真」（fake-it-until-you-make-it）的老套策略，在大多數產業顯然行不通。比方說，我無法弄假一家麵包店，無法弄假一家汽車修理廠、律師事務所，或任何需要相當訓練或投資的生意。但我意識到，網路讓我這樣的年輕人可以鑽到一個重要的漏洞，讓我可以自力更生創辦我的假公司，直到公司變得愈來愈像真的。

當然，這個策略的後面是超級自以為是。我只做過一個專業網站，但我認為只要有人聘用我，我就可以再做一個網站。由於市場上對設計師的需求量很大，不久後我就有更多客戶。在我第一批客戶裡，有些人想要重新設計他們的行銷網站，想要「創造出現代又精緻的感覺」。當他們願意付我五千美元給我執行這個專案時，我表面上裝得很鎮定，內心其實驚訝到想要尖叫。

幾天後，我就把我的初步設計寄給他們，那家公司很喜歡我的設計，馬上要我用 JavaScript（譯註：一種程式語言）寫一個原型。我開始慌了，因為我真的只會寫基本的網站，我確實不知道如何做出包含所有精美設計的東西。

「沒問題！」我和新客戶說，額頭上卻冒出斗大的汗珠。

我在情急之下聯繫一位工程師友人，把網站的設計寄給他，問他寫程式碼要多少錢。

「大概一千美元？」他回我。

我預計對方會討價還價，所以我告訴新客戶，撰寫原型程式碼需支付兩千美元的費用。結果客戶在信中簡短回覆我：「沒問題。」我驚訝得合不攏嘴，我不是故意這樣做，但我把錢付給朋友後，自己得到五〇%的利潤。

世上不變的真理：風險和報酬相當

我讀過許多商業和設計類書籍，但一直到我以中間人的身分賺錢後，書中的一切才開始對我產生意義。打從那一刻起，我再也不以咖啡師的身分，或甚至客戶的身分看待這個世界，而是以老闆的角度看世界。

創造需求、建立系統和流程、雇用員工完成工作，然後收取足夠的費用以賺取利潤，這就是所有企業的運作方式。讓人意外的是，你實際上並非自己完成大部分的工作，卻因為整合了這些工作而獲利。不久後，我的工作量便超出負荷，我需要真正的員工，而非只是把照片放在網站上的團隊。

我的第一位員工是盧克。他的條件如何？他是我女友的閨密的男友，他很有很幽默感，而且會寫程式。我開出每小時三十美元的薪資給他，比他當時在當地大學的計算機中心擔任支援人員的薪水高兩倍。我從用 JavaScript 寫程式的專案汲取經驗後，決定向客戶收取每小時六十美元的程式撰寫費。這樣一來，我意識到如果你根據時數出售自己的時間，例如你是外包人員或員工，你一天最多只能賣八到十二個小時，你能賣的時數有上限。但如果你賣的是別人的時間，或者更棒的是，提供服務並在你的成本上加價出售，你就可以不用做日常工作，收入仍無限成長。

我意識到，我在咖啡廳的老闆山姆，一直在用相同的方式做事。他也許每天從我和同事的勞動裡，賺到數百甚至數千美元的利潤，他有時候好幾天都不來店裡。但我必須承認，他是冒了很大的風險才做到這一點。

他一開始開餐車在路邊賣咖啡，自己做了很久之後，才租了一間店面。他是自己想到要這樣做，努力爭取媒體報導，並在社區製造口碑。他雇用、訓練並打賭員工會認真工作。責任和龐大的壓力，終究都落在他的身上。如果生意好，這樣做可以享受回報，但我還不知道如果生意不好，我要領受什麼教訓。

目前，我一直都這樣做。我曾暗自納悶，為什麼盧克和其他同事不自己做這些事，但我很快就明白，理由往往是他們渴望確定性。雖然我一直不太想理會我共事過的老闆，總想自己掌舵，但我發現大多數人其實都厭惡風險。部分的人渴望安全和保障，想要一份穩定的薪水和職涯，而我完全不想要那些。我總是差一個月就要破產，不斷把賺到的利潤重新用來聘雇新人，簽下我看不懂又可怕的合約。和我簽約的公司，似乎隨時可以把我告到破產，而且我必須以個人擔保公司的信用額度。

只能不斷地催油門

在這種情況下，風險和報酬相當。但隨時間過去，我的報酬逐漸增加。我開始去高檔餐廳，告訴我遇到的女人我是個「創業家」（我知道這樣做很蠢）。我開始幫朋友奢華的夜生活買單，第一次不看帳單就刷了信用卡。

然而，我確實覺得自己無法勝任，我在挑戰自己的能力極限。談到生意，我完全不知道自己在做什麼，我對會計一竅不通，也沒有商學院或任何正式的訓練。我唯一知道的是，每個月底銀行帳戶裡的錢一定要比月初多，而一般來說我也確實做到了這一點。然而，我始終有一種預感和煩悶感，覺得一切可能會崩潰。

我認為要避免這件事情發生，唯一的方法就是不停地踩油門。與其靠網路求職板找新客戶，我開始拓展人脈，我參加我可以在網路上找到的所有會議，包括ＴＥＤ大會（譯註：ＴＥＤ分別是英文「科技、娛樂與設計」〔Technology, Entertainment, Design〕的縮寫）、峰會系列（Summit Series），以及Y Combinator在帕羅奧圖（Palo Alto）的新創學校。我會在一堆無趣的會議中心和飯店會議室裡走來走去，狂喝咖啡、發放名片並與人寒暄握手。

我開始寄陌生開發信給剛從創投那裡募到大筆資金的新創公司，因為我的想法很簡單，大多數執行長都會親自檢查他們的電子郵件，而且他們的信件地址很容易就可以猜得到。只是寄個信給他們，我會有什麼損失？每當我在科技新聞網站 TechCrunch 看到某某公司宣布取得大量資金時，我就會設法猜出該公司執行長的電子郵件，並和他們聯繫。我有信心只要用一行的句子就可以表達我的來意，所以我寄出的內容通常是：「嘿，我超喜歡你的事業，很希望和你合作。」信不信由你，這些大多數花不到我一分鐘時間隨機寄出的陌生信件，後來幫 Metalab 獲得一些重要的客戶，也讓我和一些最成功的商業人士建立友誼。

有一天，我在飛往另一個會議的航班翻閱《企業》（*Inc.*）雜誌。我在一本雜誌讀到一篇文章，裡面談到一家叫做 Basecamp 的公司。該公司由兩個芝加哥人經營，他們是弗里德（Jason Fried）和漢森（David Heinemeier Hansson）。他們用自己的網站設計接案公司賺到的利潤，開發了自己的專案管理軟體。他們在部落格分享自己一路走來的非主流做法，建立起一群如信徒般的追隨群眾。一般的科技公司會從創投募資，並承擔巨大的風險，但傑森和大衛的做法不一樣，他們採取更能長久經營的方法：單純經營一家能夠獲利的公司。對其他領域的商業人士來說，這是經營公司最基本的原則，但信不信由你，這種嶄新（又古怪）的概念，在矽谷卻冒犯了絕大多數的人。

努力增加「睡後」收入

他們的方法吸引了我內心深處那個厭倦父母告訴我該做什麼的小男孩，他們完全掌握自己的命運，不向任何人負責，並因此成為千萬富翁。經營網頁設計公司雖然比當咖啡師好幾百萬倍，但也非常累人。世界上任何一家設計公司，隨時有可能在二到三個月內倒閉，Metalab 也不例外。

相形之下，他們用賺到的利潤創辦一家軟體公司，這家公司比接案公司有更大的優勢：用戶可以在不需要與開發商互動的情況下，註冊並使用軟體。整個過程可以自動化完成。不需要打電話、不需要安排會議，也不用飛來飛去參加會議，只為讓一群人喝醉酒。用戶只要註冊使用軟體，輸入信用卡資訊，每個月軟體就會自動扣費。別再說賴床不好，因為傑森和大衛睡覺時也能賺錢。他們每個月的經常性收入不斷增加，慢慢如滾雪球般累積成一座山。他們很快就成為我崇拜的商業英雄，和我新的設計偶像作者錫德霍姆並駕齊驅。我無可救藥地迷上他們的部落格〈訊號和雜訊〉（Signal vs. Noise），甚至設定手機推播通知，確保新文章一刊登我就可以第一時間讀到。

我也想在睡覺時賺錢。我試著模仿他們的非主流的做法，開始專門設計像行動應用程式和網頁應用程式等數位產品，藉此讓 Metalab 和其他設計公司有所不同。我開始自稱為「介面設計公司」，我覺得這樣講聽起來很高大尚。

我在ＳＸＳＷ會議酒吧裡，喝了一口廉價的美國啤酒後，對滿坑滿谷的新創公司創辦人說：「我們是北美頂尖的介面設計公司。」我沒有告訴他們這個稱號是我自己杜撰來的，我們可能是北美唯一一家介面設計公司，因為根本就沒有其他公司。

雖然我之前沒有意識到，但這種銷售和行銷能力，其實才是真正讓我在競爭中脫穎而出的關鍵。我有不錯的品味和設計感，而當過咖啡師的經歷，則教會我如何和任何人交朋友。我大多數的競爭對手都在經營設計公司，他們都是一些宅男程式設計師，和潛在新客戶說話時總是害羞地低頭看自己的鞋子。我的銷售技巧很簡單：和對方喝酒時要輕鬆有趣，並多問他們各種問題。這一招超級有效。

我很快就在會議上發現，最重要的商業人脈，是在酒吧裡和醉醺醺的高階人士閒談來的。買一輪酒請大家喝，通常可以為你帶來豐厚的回報。例如，有一次在臉書在奧斯汀舉辦一場大型派對，我用信用卡請一群新創公司創辦人喝到爛醉如泥，那天晚上我付了不只一百杯龍舌蘭的錢。這次的帳單金額很高，但幾個月後再看卻完全值得，因為當臉書需要有人幫它們設計時，其中一個人記得我的名字（我顯然沒讓他喝得夠醉）。

他後來聯繫我，想知道我的「介面設計公司」是否可以接新業務。就這樣，雪球效應開始了，我很快就獲得來自世界各地的客戶。隨著 Metalab 名聲鵲起，人們開始主動找我，而不是我去找他們。來找我的其中一個人是傑瑞・肯奈利（Jerry Kennelly），他是在特拉利（Tralee）出生的愛爾蘭創業家，他最近把他的公司，以數億美元賣給美國圖庫公司蓋帝影像（Getty Images）。我飛到愛爾蘭南部的啟羅格林（Killorglin）見他，他在那裡長大並創業。當我們走到當地一家酒吧喝酒時，沿途上每一個人都和我們打招呼。

「傑瑞，你好嗎？」

「傑瑞，午安。」

「好，那就這樣，傑瑞！」

他說他在市中心的鬧區有許多房子，他就像鎮上的資本家市長，是大家的大老，他令我非常嘆服。我們坐下來喝了兩品脫的健力士黑啤酒（Guinness），我問他變成這麼有錢又成功的人是什麼感覺。他有那麼多錢，有那些房子，有人們的尊重。

「我喝的啤酒也和你喝的一樣，不是嗎？」他回答說，顯得有些悶悶的。

儘管知道自己已經遙遙領先

他的答案不斷在我腦海裡迴盪，我完全沒想到會他會這樣說。我心想，也許他那天剛好心情不好？我很快就把這件事拋諸腦後，開始洽談彼此的合作案，由 Metalab 幫他設計他新創公司的全新應用程式。

這個案子特別的地方在於，一切發生得如此之快，快到我甚至沒注意到我已經賺到這麼多錢。我整個人生都被錢困擾，如今我真的受夠了。現在的我賺到了真金白銀。我雖然不富有，但也不至於窮困潦倒，這也是我人生第一次在看銀行戶頭時，沒有恐懼的感覺。當我大部分的高中同學還在兄弟會的派對上喝得爛醉如泥時，我已經在經營自己的生意了，而且還做得有聲有色。

當然，我有點可惜自己錯過大學生活，但我對現況很感恩，這種感覺就像比賽才要開始，而我知道自己已經遙遙領先。

就是在這段其間，我們接到新創公司 Mogulus 第一個大型合約。該公司的創辦人馬克斯・霍特（Max Haot）是比利時籍的連續創業家。他有一個瘋狂的想法，想要做一個平台供人們二十四小時直播影片，這是臉書直播（Facebook Live）問世前的十五年，當時還沒有簡便的方法可以讓人們玩直播。

這是很大的挑戰，但他賣掉上一個新創公司後，已經籌到大量資金，於是請我們協助設計。我們做了一個漂亮但閃亮到不行的介面（當時非常流行這種設計），用了吃奶的力氣盡可能讓網站顯得鶴立雞群，做出許多如今已成為串流影片的標準設計元素。

幾個月後，馬克斯找我到紐約進行為期幾天的密集會議。第一天，我們兩個在拉法葉街（Lafayette Street）一家叫 Noho Star 的熱鬧餐廳見面，他認識那裡的服務生，點了一道桌邊現做的凱撒沙拉，和一系列美味的隱藏版開胃菜。在和他見面的過程裡，我一直不知道他為什麼如此大費周章地見我，或者他為什麼要對我這麼好。

他顯然都把精神放在工作上，正為某些事焦慮，然後他又點了一輪飲料。於是，我終於看出端倪，心想他大概想和我談判。我在面對新客戶以及可能聘用的新員工時，也遇過很多次一模一樣的事。他們都會用美酒佳餚款待我。

我馬上想到是否出了什麼壞事。也許他想壓低我們的月薪，或甚至更糟的是要解雇我們。我的雙手覺得一陣刺痛。我當時雇了一個團隊來處理他的專案，他是我們最大的客戶，占我們總收入的七成。我開始在心裡怪自己沒有好好管控公司的財務。

「我們很喜歡你們的作品，你們真的是最棒的……」，他開始說，一邊撕下一塊麵包，沾著盤子裡的奶油醬汁。他喝了一口琴通寧調酒，接著說：「但是……」。天啊，我心想，那個「但是」出現了。他接著說：「我們希望把案子從以案子計費，改成每個月以固定費用計費，因為我們必須加快進度。」

我的大腦迅速恐慌起來，忙著計算數字，心想新的報價可能會很低，最多每個月可能只有五千美元。果真如此，我可能要解雇一兩個設計師，然後砍掉一個工程師。但我又開始想：「如果我可以把每個月的費用拉高到七千美元，那就沒問題了。」

他放下手中的食物和飲料，問我：「我每個月付你兩萬美元怎麼樣？」

我低著頭看著聞風未動的雞肉，他也保持沉默。我必須極力克制自己，才不會整個人手舞足蹈起來，我的血液就像被注射某種美妙的藥物，讓我興奮不已。

「我想沒問題，」我假裝在腦中計算，並娓娓說來，「只要你每個月一號付款，那就沒問題。」

「我們可以一起完成這件事，」他說。我同意他提的數字，讓他鬆了一口氣。

潮水退了，才知道誰是混蛋

後來，我把這件事告訴我請來處理另一個專案的工程師盧克，希望他也會很高興，但他知道這件事完全不會讓得到加薪，反而讓他多出更多工作要做，我卻賺到更多錢。其實，有幾個月我光是利潤就賺了一萬美元，剩下的用來支付盧克的薪水，以及其他自由接案設計師和工程師的薪水。可惜的是，當時的我太年輕又經驗不足，沒有意識到自己太貪心，也沒能調整我們的獎勵措施，讓大家都因為公司的成長而賺到更多錢。為了打消他的疑慮，我幫他加了一點薪水，然後自己開始瘋狂揮霍。

我在短短二十四小時內，前往附近的購物中心買了一台 PlayStation 遊戲機、一台最大的電視、一個環繞音響系統、一台 Canon 5D 相機，然後和一位從多倫多來的朋友，一起享用價值五百美元的豪華牛排晚餐。我會這樣做，單純只是因為我想這樣做。

曾幾何時，購物成了我的癮頭，我不知道閒暇時間該做什麼，於是開始買我夢寐以求的所有東西：昂貴的衣服、鞋子、音響設備。有一次我甚至買了一輛賽格威（Segway）平衡車，但沒多久就把它放在儲藏室的陰暗角落。

彷彿是某種奇特的宇宙現象，我錢賺得愈多，客戶來頭就愈大。數十家《財星》一百大的公司與我們洽談合作，並主動聯繫我們。於是，我買了更多東西，得到更多客戶，賺到更多錢。我很快就發現，人類天生不懂得感恩，很容易習慣已經擁有的東西，不斷追求下一個新東西。心理學家稱這種現象為享樂跑步機（hedonic treadmill），意思是我們必須愈跑愈快，買更多東西，才能維持一樣的幸福水準。不久之後，我已經在跑步機上衝刺，卻不覺得比較快樂。最糟糕的是，我差點一頭撞到牆上。

到了二〇〇八年夏天的尾聲，我忙著打造事業和購買不必要的電子產品，沒有注意到全球經濟情勢的變化。在我的世界裡，每個人似乎都過得很好，我被數位泡泡保護得密不通風，因此當房市開始動盪時，我很自然地輕忽來自華爾街的地震。然而到了同年九月，市場顯然並非只是暫時性下跌，而是整個都正在崩潰，將帶來非常嚴重的衝擊。

在這種情況下，設計公司面臨的問題是，設計這種東西似乎變得無足輕重，因為設計只不過是次要和感受性的東西。當你的股票暴跌且收入腰斬時，你會先砍掉每個月要付的兩萬美元高檔設計費用。

舊網站湊合著用就可以了。事情就是這樣，一旦大公司認為市場即將大衰退，它們會馬上終止和我們的合約，我們每個月數萬美元的收入將在一夜間蒸發。那些能讓我在大客戶之間維持生計的小公司，也不會再聯絡我了。

巴菲特有一句話說：「潮水退了，才知道誰在裸泳。」不幸的是，你也要等到潮水退了，才知道誰是混蛋。市場崩盤前，我們其中一個最大的客戶是一家尚在早期階段的新創公司，該公司如今市值已達數十億美元。我們一直勤勤勉勉地幫他們工作，打造他們的行動應用程式，他們對我們也很滿意，給我們很高的評價。但股市暴跌後的第二天，他們突然開始抱怨我們工作不佳，甚至要求退錢，整個感覺很不對勁。我們不只一直努力工作，而且表現堪稱完美，幫他們做的產品向來佳評如潮。

當我問他們發生什麼事，並明確要求他們支付當下已經完工的費用時，他們寄了一封恐怖的法律信給我，威脅如果我們不退錢就要告我們。那時的我開始恐慌起來，如果我把錢還給他們，我的銀行帳戶會只剩下幾百美元。但我又有什麼選擇？畢竟我負擔不起律師費。我在驚恐之餘把錢退給他們。

好險我還有蘋果的股票和一堆馬鈴薯

於是，一切來得快，去得也快。我幾乎在一夕之間，從賺不完的錢，到一毛錢也賺不到——真的，一毛也賺不到。過了幾天，我去雜貨店把購物車裝滿，卻又不得不把買不起的東西放回貨架。那一晚，我買了一大袋馬鈴薯離開商店。如果我在接下來的幾週每天吃幾個馬鈴薯，我想那些馬鈴薯可以幫我度過破產危機。這個想法很荒謬，但當時的我就是那樣想。某天晚上我在超市走廊的燈光下閒晃，這才意識到自己有多蠢。

我非常幸運，過去幾年賺到的錢，比我想像自己一輩子能想賺到的錢更多。我從在咖啡店拖地，走到和矽谷最頂尖的公司合作，然而我竟然把賺來的每一塊錢都花掉了，全都浪費在一些我不需要的東西上。我有好幾櫃沒穿過的衣服，還有已經過時的電子設備，酒櫃裡甚至還有我不喜歡的高檔酒。這是我第一次真正被當頭棒喝，讓我意識到凡事有起就有落，我必須開始學會儲蓄和投資。

我想到父親在我小時候告訴我的複利奇蹟，如果我當時把所有錢都拿去投資，而不是花在這些無謂的東西上，也許我現在已經財富自由了。

後來，有兩件事拯救我免於破產。

第一個是我叔公送我的蘋果公司股票。叔公是業餘的股票投資人，曾在一九九〇年代末期，把股票當成生日禮物送給我這個迷戀電腦的侄子。當時，這些股票價值幾百美元，但到了二〇〇八年，這些股票的價值漲到約兩萬美元的驚人數字。我無路可走了，於是打電話給叔公說我要把股票賣掉，叔公聽了以為我瘋了。「現在不是賣掉的好時機，現在你應該什麼都不要做，」他對我說。

但我別無選擇，我有快過期的帳單，銀行帳戶卻空空如也。最後他終於讓步，幫我賣掉股票，讓我的公司可以營運下去。但他說得對，這是我一生中最糟糕的投資決定，如果我當時繼續抱著那些蘋果股票，現在的價值是幾百萬美元。

第二個讓 Metalab 能夠存活下來的，是一家在亞利桑那州的雷射除毛診所。景氣好的時候，我很挑剔要接哪些案子，如果是某個新創公司要做分享照片的 iPhone 應用程式，我一定馬上接！如果是某家剛從紅杉資本（Sequoia）募到兩千萬美元的新創公司要做新網站，我一定馬上說好！至於其他不太光鮮亮麗的品牌，我則會說：「抱歉，我們現在真的太忙了。」

感謝毛囊炎的照片

可如今，我買了一堆馬鈴薯，努力讓公司繼續營運，所以什麼案子我都接。我壓力大到以為我的頭髮會全部掉光，但諷刺的是，最後讓我們得以重生的卻是一家想做新網站的除毛診所。這個案子一點都不光鮮亮麗，大部分的工作要用影像處理軟體Photoshop，巧妙地修飾頭皮毛囊炎和毛髮倒長的奇怪照片。這家雷射除毛公司也和在帕羅奧圖的時髦新創公司不一樣，這家公司信守承諾、準時付錢，讓我們順利度過難關。

Metalab 經歷了一段艱困的時光，至於我們的競爭對手，它們堅持不幫毛囊炎的照片修圖，所以就沒那麼幸運了。我們大多數競爭對手要嘛倒閉，要嘛被以極低的價格賣給更大的企業。說穿了，就是賣掉他們整個團隊，讓收購公司用很低的成本招募到人才。

我這樣過了幾乎快一年，不斷處理毛囊炎和吃馬鈴薯。最後，大約在二〇〇九年左右，科技公司開始再次小心翼翼地投資。

春燕回來了

過去幾年裡，我學到很多寶貴的經驗。我學到如何弄假直到成真，學會如何招募員工，當然還包括如何向客戶收取適當的費用。但我學到最寶貴的一課，莫過於最頂尖的公司都懂得全方位備戰，隨時準備因應任何狀況。

你可以裝出你想要給別人的所有印象，但你裝不出資產負債表上的現金。

經歷過一次生死關頭後，我發誓從今往後，我的生活開銷不會超過利潤的一〇%。我會把剩下的資金拿來儲蓄、投資或做新生意。我不會再發生這種事情了。

和最不光鮮亮麗的客戶合作，讓我們最後得到回報。Metalab 從經濟衰退崛起後，幾乎沒有遇到任何競爭對手，還吸引到全世界最熱門的公司成為我們的客戶。在接下來的幾年裡，我們還重新設計 YouTube，協助沃爾瑪開發其電子商務技術，甚至為蘋果公司完成超機密的專案。然後有一天，我接到一個專案，這個專案將把 Metalab 在設計圈的地位推到全新的層次，並鞏固我們身為頂尖設計公司的名聲。

這個專案是要幫一個叫做巴特菲爾德（Stewart Butterfield）的人，設計出當時還不知道是什麼東西的應用程式。

我一直很崇拜巴特菲爾德，他是加拿大少數成功的科技傳奇，他創辦了照片分享網站 Flickr，並在二〇〇五年把 Flickr 賣給雅虎（Yahoo），之後又推出一款大型多人遊戲 Glitch。那個遊戲以慘敗收場，但當史都華在大裁員時，他寫了一封電子郵件給我，問我們是否可以談談。

他在電話裡告訴我：「聽著，我們現在日子很難過，但銀行裡還有幾百萬美元，所以我們想試試看我們想到的新產品。」當時，他說他的想法是幫團隊設計聊天平台。「我們打算叫它 Slack，」他告訴我。

聽完他的說明後，我開始替他覺得可惜，因為已經有很多人做過這樣的產品。許多人嘗試開發聊天類產品，而且當時這個領域已經有很多競爭對手，包括 Basecamp 的傑森和大衛開發的 Campfire。但另一方面，我真的很想和史都華合作，他是設計圈的傳奇，Flickr 的設計和品味在當時都很顛覆。

他告訴我：「我可以支付你們一筆八萬美元的固定費用，但我需要你們做很多東西。」他接著說他需要一個商標、網站、以及行動和網頁應用設計。「我真的覺得這個產品會很轟動，」他說。儘管這筆酬勞微不足道，但我還是吞了下去，因為我真的很想和他合作。他建議我用他們的股票來支付一部份款項，但我拒絕了。我在二〇〇八年的這場教訓裡，學到股票往往是世界上最貴的壁紙，白花花的銀子才真的算數。是的，二〇二〇年 Slack 以兩百七十七億美元出售時，我知道自己錯過賺取數千萬甚至上億美元的機會。

我把我們最好的設計師安排到這個專案，我們勤奮工作，不僅徹夜加班，還睡在辦公桌底下，幾乎沒時間洗澡。我們反覆修改作品無數次，只為了讓史都華留下深刻的印象。我們的出發點是希望這款生產力工具，能夠帶給人們真的在打電動的感覺，而不是一個死氣沉沉的藍灰色企業軟體，或長得像臉書的東西。我們想要讓它有特色、生氣和亮點。最後，我們設計出商標、網站、移動應用程式和網頁應用程式。也就是說，Slack 早期設計的靈魂，大部分都由我們團隊操刀。

最後的結果不用多說了——Slack 成為有史以來成長最快的軟體公司之一。雖然我沒有從 Slack 的出場裡賺到一毛錢，但我們的努力提高了 MetaLab 的知名度，讓業務在接下來的幾年內成長五倍。突然之間，每個人都渴望擁有將 Slack 變成價值數十億美元的神來一筆。

這不是我想要的生活

當然，並非所有客戶都像 Slack 一樣美妙。有些客戶不付錢，有些人惡整我們的團隊，和那些人合作簡直糟糕透頂。有人請我們工作，卻暗中挖走了我的頂尖設計師。

我發現在整個矽谷裡，每個人都表現得很和善，身穿搞笑的連帽上衣和 Allbirds 鞋款，看起來就像友善的大學生，但實際上他們大多數人和華爾街的人一樣冷酷無情。不久後，我更喜歡和直來直往的真小人合作，討厭偽君子。長久以來，我發現在高談闊論公司使命和價值宣言的創辦人，往往才是最惡劣的偽君子。

我愈是和那些賣毛囊霜的（好）人合作，同時愈和那些想要「改變世界」（通常是糟糕）的人合作，就愈知道我應該用新策略幫我的公司找客戶。

用由上而下的方法找客戶會適得其反。我被一些老練且有時十分無情的執行長占便宜，我心想解決這個問題最好的方法，是去這些公司較低的層級找新客戶，我必須和那些公司裡有權採用我們公司服務的專案經理和產品經理交朋友（好讓他們可以在上司面前表現得更出色）。

這就是為什麼我會在瑞吉酒店昏過去的原因。我也因此意識到，這些中低階經理為什麼在他們公司出不了頭。他們喜歡參加派對，而既然他們是我的客戶，我就有責任讓他們開心。然而，那天早上的感覺卻不一樣。我的頭痛得比平常更嚴重、我的肝臟在抗議——我再也無法承受這一切了。

我拚命想逃出那個讓我每晚豪擲兩萬美元的房間。我悄悄關上門，盡量不要吵醒在客廳睡覺的工程師。我嘴裡有一股嘔吐的味道，完全不記得昨晚到底發生什麼事。

我關上身後的大門，非常確定這不是我想要的生活。

第4章

失敗與抽身

Scratch and Destroy

「安德魯，我在這裡！抱歉，我遲到了幾分鐘。我剛剛才結束另一通電話。」
「我得趕去參加另一個電話會議。」
「你好，我是安德魯。抱歉，我遲到了。」

這就是我一天的寫照，日復一日都是如此。開會也是一樣，我總像個孩子發傳單那樣，熱情地遞出我的名片。「我是安德魯，安德魯．威金森。是的，我的電子郵件在下面」，我說，心裡卻暗自害怕真的有人寫信給我，把我已經堆滿信件的收件匣塞得更爆。

我的生活塞滿了視訊會議、電子郵件和出差。我晚上幾乎都要熬夜，在電腦前工作到天亮，或是靠喝啤酒來逃避腦海中那些無窮無盡的待辦事項。我每週的行程表就像輸掉電玩俄羅斯方塊時的畫面，總是塞得滿滿滿，容不下一點空閒時間。但即使如此，我還是覺得不安。週末更糟，我陷入鬱悶的空虛之中，覺得孤獨又不踏實。有過差點要在金融風暴失去一切的焦慮後，我唯一的目標就是讓銀行帳戶的數字增加，這件事無時不刻占據我的腦海。

我最大的問題是我創業已經成功，但生活裡的其他部分卻很失敗。我沒有任何興趣，沒有好朋友，也談過幾次完全不適合的戀愛。我剛和分合多次的女友艾莉森徹底分手了，我們就像兩塊湊不起來的拼圖，什麼事情都可以吵。有一次，我們為了我該不該買一台福斯汽車，激烈爭吵到哭了起來。她已經有一台福斯汽車，認為我們都開同一個牌子的車很奇怪，但我顯然不同意她的看法。我們完全無法好好相處，不停地爭吵和分手，然後又在激情之中重歸於好，最後又因為一些無聊的爭執再次分手。

這段關係結束後，我的生活幾乎只剩下工作。我幾乎都用奢侈的夜生活填滿週末的空閒時間，覺得乏味又空虛。隔天我會瘋狂購物，在陽光下再次感受乏味和空虛的滋味，至於剩下的時間我都用來工作。如果我沒有在做生意，我就在讀和生意有關的書。我的床頭櫃堆滿了無數商業書籍、知名企業家的傳記與商業雜誌，這是我唯一的所思所想。破解成功的祕訣，持續做大，提高效率，想出辦法。

別信「最好的商業點子，來自個人經驗」

為了填補分手後的空白，我養了一隻可愛的暹羅拉格多小貓。但是我家幾塊地毯和沙發被它抓壞後，我就發現要找一些東西給貓抓和破壞。這隻毛茸茸的小東西可以蜷縮成一團，在豪華舒適的地方悠閒度過一生。

問題是，我找到的貓家具都很醜。為什麼所有的貓咪用品，都要用一九七〇年代汽車旅館用的粗毛地毯包著？業者為什麼非要用奇怪又難看的形狀做貓家具？為什麼我找不到不是臭水溝顏色的貓砂盆？

當時我忙著讀創業書籍，而如果這些書都講過同一個陳腔濫調，那麼那個陳腔濫調就是「最好（也是最顛覆）的商業點子，來自你個人的經驗。」如果你解決了自己的痛點，很有可能別人也有一樣的痛點，並且願意付錢請你幫他們解決痛點。經典的電視購物廣告在凌晨兩點大聲說：「一定有更好的方法！」

某天下午，我在參加另一個視訊會議時，看到我家到處都是醜到不行的貓咪家具，突然靈光乍現：我應該開始做設計貓咪家具的生意。一定也有人想要不是鋪滿絨毛地毯和復古顏色的貓抓柱，我的貓應該有個舒服的地方玩耍和睡覺。我應該給它一個既能玩樂又能睡覺的地方，而且不會醜到讓我覺得刺眼。

有過成功的創業經驗的我（畢竟，我靠 Metalab 成功過一次），認為只要假以時日，我嶄新的貓家具設計就會顛覆傳統業者，徹底改變寵物用品市場的格局。我算了一下：如果我做一款產品（例如貓抓板或貓沙發），一個賣五十美元，加上美國和加拿大有超過一億隻家貓。如果我每年只賣給其中一%的貓，每年將帶來五千萬美元的收入，這個生意可能會非常成功，以至於讓 Metalab 相形失色。此外，由於我常被找去開各種會，經營 Metalab 是個繁重的工作，我心想也許這是我脫身的機會。這是另一道護城河，另一個收入來源，內容更多元，也更自由，還可以減少貓咪破壞我的客廳。

更別信貓咪帶來的靈感

就在這時候，電子商務才剛起步。當時是網路商店的初期，愈來愈多人認為像Shopify這種軟體的出現，可以讓零售工具變得更普及，任何人都可以在網路上銷售他們的產品。受到這個想法的鼓舞，我花了一個週末，大致做了一個 Shopify 商店，準備銷售幾個目前設計得比較好的貓家具品牌產品（我在其他貓商店找到這些產品），以測試這個生意。

接著，我認為我很快就可以設計出自己的貓家具。我心想，這將是貓界的 Design Within Reach 公司！（譯註：Design Within Reach 是一家現代家具設計和零售銷售公司。）我把公司取名為 H.J. Mews，並運用我的設計能力，把它打造成一家世界級的貓咪用品店。到了星期一早上，我已經開始營業了。然後，我聯繫了那些生產最美觀貓用品的廠商，並訂購了我第一批價值五萬美元的貨，這些貨將從亞洲運到我租的一個倉庫。這樣做怎麼可能行不通？

好消息是，我的 Shopify 商店確實收到一些訂單，我顯然不是唯一厭倦傳統貓咪用品的人。壞消息是，我每一筆交易都賠錢。我以三十美元購入漂亮的貓砂盆，打算用五十美元賣出，但最後不得不把價格降到四十四元，才足以和大型連鎖店競爭。我那十四美元的利潤根本無法負擔運輸、物流和營運成本。我正在角逐「史上最糟糕資本家」的頭銜，居然想方設法開了一家每賣出一件產品就虧更多的公司。

不久後，我每個月的虧損達到一萬美元。我知道自己失敗了，不斷砸錢進這個無底洞，卻完全不知道該怎麼辦。如果我提高價格，銷量就會暴跌；如果我在臉書和谷歌搜尋花更多廣告費，那麼當有人透過廣告購買我的產品時，我只會花更多錢，進一步加劇我的損失。事實上，我做的所有事似乎都只會讓情況變得更糟，感覺我都在白費力氣。

我最後的希望是買一個還沒在美國上市的高級貓砂盆，這個貓砂盆設計得很漂亮，也將帶來更高的利潤。我訂了一個貓砂盆寄到我家試用，到貨後我把包裝拆開，並幫貓把盆子組裝好。接著那天晚上，我就出門去我家附近的酒吧和一個朋友見面。

幾個小時後，我踉踉蹌蹌回到家門口，一股惡臭撲鼻而來，燻我眼淚直流。我整個房子都像化糞池一樣臭，我捏著鼻子，穿過走廊來到餐廳，看到我一輩子也忘不了的畫面。

看來我的貓並不喜歡我對家具和貓砂盆的品味，貓砂盆裡的沙子分毫未動，它從我離開後到現在這段期間，都在貓砂盆周圍的地板大小便。我的掃地機器人按照每晚既定的行程運作，結果地上的貓屎就像克萊恩（Franz Kline）的畫作一樣，在地上抹成一層薄薄的圓形圖案。現在，我那台小小的 Roomba 掃地機器人，就在角落裡羞愧地嗶嗶叫著。

最後，貓家具的生意徹底把我擊垮。經過一年的嚴重虧損後，我辛苦賺來超過二十萬美元的現金全都化為烏有，於是不得不接受殘酷的現實：我的貓家具生意根本無利可圖。我無法改善和優化這個生意，該收手不玩了。隔天，我直接把網站關掉，告訴倉庫把剩下的存貨都處理掉，然後關閉了一切。

所有生意都會教你一些東西，包含最糟糕的

但所有的生意——就算是糟糕的生意——也會教你一些東西。我這才意識到，我第一個事業實在非常幸運，其中一個原因是它超級簡單，只要處理一個不複雜的問題：找到客戶，然後按時薪向客戶收費，再以更低的時薪付錢給承包商，兩者的差額就是我的利潤。我只需要一台連上網路的電腦，無需辦公室或實體地點就可以做生意。我最大的開銷是修

圖軟體 Adobe Photoshop 的授權費。如果生意變得清淡，我的承包商會去找其他工作，我也可以隨時取消我的軟體訂閱費。在這種情況下，我幾乎不可能失敗。

但在商業競技場上，線上零售卻是一樁挑戰性極高的運動：競爭激烈、資本密集、物流複雜且利潤微薄，很多事情必須順利進行，才能確保客戶有良好的體驗。然而在 Metalab，客戶只要喜歡和他們合作的設計師即可。經營貓家具的生意是個苦澀的教訓，但我熬過來了，可以告訴大家這段經歷。我只受了一點皮肉傷，希望這些傷可以變成痂，但很多人就沒我這麼幸運了。

當時的我並不知道，這只是我多次商業失敗的第一次而已。後來，我的夥伴克里斯說這是「燒錢」。計畫執行不力，數字對不起來，找不合適的人來管理。再說，和我們後來引爆的核彈相比，這次的失敗簡直就只是小小的營火而已。

但是，每一次創業都會讓我學到某些東西，關鍵在於確認自己不會把所有精力都放在同一件事上，也就是同一門生意，而且不僅要向每一個錯誤學習，也要在我做的每一件事上都這樣做。每一個企業的成功或失敗，都可以成為其他企業的借鏡。我們喜歡開玩笑說，我們靠「把叉子插進電源插座」維生，希望每次觸電都能學到一些東西，最後讓我們更懂該如何經營事業。

痛苦還沒結束！

雖然我已經學到再也不做電商新創，但還是必須疲憊不堪地經營 Metalab。我如果不是在醉醺醺地嘗試爭取更多生意的路上，就是在和新客戶握手和做簡報的路上。這種生活方式可以讓我在一週內，跑遍紐約、西雅圖和舊金山等五個不同城市，所以讓我真的很想改變這種生活型態。

我也厭倦了不斷參加會議的生活，即使內心覺得極度無聊，也必須強顏歡笑和他人握手致意。某天我在溫哥華一場科技會議上，身邊坐著一位知名創投。他看了我的名牌，問我我的新創公司在做什麼。我告訴他我沒有新創公司，而是用自己的資金打造了一個能夠獲利的生意。

「嗯，一門有生活風格的事業，」他笑著說。在創投的世界裡，「有生活風格的事業」是貶義，意思是一家規模很小的公司，只付得起創辦人的日常開銷，而且沒有什麼發展性。他立刻轉過身去，和坐在他對面那位更有意思的創業家聊天。我面紅耳赤，心裡忿忿不平，不明白我為什麼還要參加這種糟糕的會議，還要和這些傲慢的人為伍。我決定休息一下，讓自己冷靜一下。

不過是歐洲背包旅行，能出什麼問題？

當時，有一個朋友隨口邀我去歐洲背包旅行，我馬上接受這個機會。後來，我很快就因為兩個原因後悔了。第一，雖然我非常想改變我的生活，但我也有公司要經營，我不希望只為了去歐洲旅行就毀掉 Metalab。其次，我仍然在 Metalab 做所有執行長該做的事，我要回覆客戶問題、簽訂新業務、管理設計師、測試程式碼，幾乎所有事情都是我在做。所有責任都落在我身上。

「拜託，老兄」，我朋友催促說，「你會玩得很盡興。如果世界上有誰需要放鬆一下，那非你莫屬！」我絞盡腦汁想找個人來接手，這樣我才能休息一下。這時，我想到我的老朋友馬克。我們在懷雅遜大學認識，我在那裡待了幾個月後發現新聞業不適合我。我在第一個（也是唯一一個）學期的前幾天，曾去過學校的餐廳。餐廳裡擠滿了人，充斥著聊天聲和刀叉碰撞的聲音。

我環顧四周，看到角落有一張桌子，那裡坐了幾個我在宿舍認識的人。其中一個人正準備起身，我準備坐他的空位。這時，一個臉色蒼白、頭髮花白，並有一雙淘氣大棕眼的人，用濃濃的阿拉巴馬口音開玩笑地脫口說：「那個位子有人坐了！」隨後，他把手伸到我正要坐的位子上。當他隨意提到電影《阿甘正傳》（*Forrest Gump*）時，我們兩個都忍不住大笑起來（指電影裡阿甘搭公車時，沒有人願意把座位給他坐的那一幕。）

「你好，我是馬克，」他邊說邊把手移開。「我是安德魯，」我回答說。

我們倆一見如故，覺得彼此都很有幽默感，喜歡同樣的書籍和電影，而且都很迷《辛普森家庭》（*The Simpsons*）的寫作風格。不久後，我們因為都很討厭學校而私交更篤，常常一起混到凌晨四點，還抱怨都認識不到女生。我們接受自己的厭世態度，我們就像小說《麥田捕手》裡的考菲爾德（Holden Caulfeld）雙胞胎，哀嘆周遭所有人的虛偽。如果你覺得我們的態度很討人厭，你說得沒錯。

我在大學讀了一個學期後就輟學了，但馬克比我更刻苦，他堅持到底。雖然我搬回維多利亞，馬克則仍在多倫多，我們依然保持聯繫，每天都會聊聊我們的存在焦慮和感情狀況。隨著 Metalab 成長，我開始推薦客戶找馬克處理自由撰稿的工作。馬克總是按時、按預算交稿，而且他的稿子完美襯托我們的作品。於是我打電話給他，問他有沒有興趣在我去歐洲的幾週裡，代我管理 Metalab。

「什麼意思，經營嗎？」馬克問我。

「比較像替別人照顧房子，」我告訴他，「你只要澆花、餵貓，確保房子不會失火就可以了。」

我看得出馬克有興趣，但也有一點害怕，他合理表示他對於設計、做網站或MetaLab的工作方式一無所知。於是我告訴他：「我有個想法。你要不要跟在我身邊幾天，我教你怎麼做？」

於是，我們就這樣做了。我已經訂好飛往倫敦的機票，開始打包行李，而馬克則開始旁聽客戶的電話。他聽到我怎麼處理投訴、寄送帳單、打銷售電話，並完成設計流程。這些工作就像許多商業工作一樣，都不是獨立單一的技能，通常是無法在教室裡學會的軟性能力。這些都是隱性知識（tacit knowledge）你要訓練你的直覺，學習如何應對其他人的怪癖和小毛病。

哈佛商學院可不會傳授這種招募人才的策略。其實我的道理很簡單：我喜歡並信任馬克，大多數我認識的人看起來喜歡並信任他，所以我假設我的客戶也會喜歡並信任他，所以他應該可以勝任。我靠的是直覺判斷。馬克答應試試看。

「能出什麼問題？」我緊張地前往機場時，心裡這樣想著。腦袋給我的回答是「真的要出問題的話，可以出很多問題」，但這不是我想要的答案。當我坐在機場的休息室，再過幾分鐘就要登機時，我寄出給馬克最後一封電子郵件，信裡附上我在歐洲的手機號碼，並告訴他：「有緊急狀況再打。」

飛機起飛時，我想像自己在歐洲應該會頻繁和馬克聯繫，而非只有「緊急狀況」才聯繫。我心想他大概每天都會打電話給問，問我業務上的問題。我很興奮要去旅行，想像我將在歷史悠久的餐廳用餐，享受精緻的甜點。我會入住豪華飯店，和當地人詩情畫意地談著藝術和文化。然而，實際上我和我的朋友艾瑞克都住在便宜的青年旅館，和在推特認識的陌生人喝得爛醉如泥。

這次旅行唯一有歐洲文化氣息的地方，是我和艾瑞克問當地人：「啤酒的德文怎麼說？」、「啤酒的荷蘭文怎麼說？」、「葡萄酒在法文就叫葡萄酒嗎？」我確定我吃了差不多的食物，但我真的記不起來了。至於藝術，嗯，「羅浮宮右邊的酒吧」是我們最接近藝術的時候。我就是需要這樣的旅行，遠離瘋狂的工作，好好休息。

公司少了我會怎樣？

就這樣過了一個月後，我覺得自己煥然一新。然而，在漫長的回程班機上，我開始恐慌起來。我玩得太開心了，竟然沒有發現馬克從來沒打過電話給我！從來沒有。旅行一開始的前幾天，我連電子郵件都沒檢查過。當我以每小十五百英里的速度飛行時，腦海閃過讓人不安的念頭：我的事業還在嗎？我的客戶會怒氣衝天嗎？我會不會連客戶都沒了？

我一到溫哥華，就慌慌張張地打電話給他。「馬克？」

我氣喘吁吁地接通電話，問他：「一切都還好嗎？」

他困惑地問我：「為什麼不？」「呃，我只是有一陣子沒聽到你的消息。」

他打斷了我的話，並說：「我可以等一下回你電話嗎？我手邊有個新客戶正在講電話。」

「嗯，好，當然，」我一邊說，焦慮感也煙消雲散了，「當然好。」

結果，Metalab 不僅仍在營運，馬克還在我不在公司的時候，成功簽下新客戶，甚至改善了我們幾個流程。他以將軍般的精準度，妥善管理這個地方。所有專案都按時完成，似乎沒有人注意到我已經離開公司將近四個星期。所有專案都在沒有我參與的情況下進行，客戶連我的名字都沒提過。

我本來以為自己會因此覺得受傷，畢竟我白手起家創辦這家公司，少了我公司怎麼會運作得這麼順利？但當我走過溫哥華機場時，卻感覺到深深的放鬆感，這是我多年來第一次覺得自由。

我會犯錯，但我的事業可能不會

於是，我有了新的領悟：過去我一直把我的事業當成……我自己，一切都由我打理，我把各種方法湊合著用，我肩上壓力的不斷增加，壓得我在爬坡時步履蹣跚。所有問題都是我的錯，如果沒有我，就不會有問題。

現在，我的事業顯然不必再依賴我，我可以設計一個機器來打理一切。一台機器如果經過精心設計，再搭配合適的人員和流程，就可以將原始材料（潛在客戶、機會和推薦）轉化成一個完全成型的產品（無論客戶想要的是什麼，是應用程式、網站、商標都好），而我不必插手。我身體力行一句箴言，一遍又一遍地重複它。我是個「不沾鍋」——我再也不要做可以讓別人完成的事了。隔天，我打電話給馬克，請他在公司全職工作，並讓他成為 Metalab 的總經理，接管我大部分的日常工作。

我告訴他，我仍然會協助簽新客戶和開發業務，但我不會參與任何日常營運。他將負責和客戶討論設計概念，分配工作給設計師和工程師，並確保專案在預算內按時完成。基本上，他負責和客戶打交道，確保專案順利進行，並確定客戶的付款狀況，我不想再做這些事了。同時，我會靜靜地處理我喜歡做的事：市場行銷和策略。事後回想，這是再合理不過的決定，但當時我認為這種想法很不正常，不正常到讓我覺得羞愧，這是許多創業家很怕做的決定。

總會有人熱愛你討厭的工作

我開始接受我所謂的懶人領導法（Lazy Leadership）：執行長無須事必躬親，更重要的是設計出一台機器和系統。執行長不是球場上的球員，也不是教練，而是坐在球場高處小包廂裡的老闆，安靜地觀察一切，直到他必須出手做出下一個重要決定時才會現身。

面對要接手這麼高的職位，馬克顯然很緊張，因為他唯一有過的相關商業經驗，是曾經短暫在伯靈頓某家購物中心的星巴克擔任咖啡師。不過，由於他仍和他父母住在多倫多郊區，所以當我要提供穩定收入給他時，他很快就答應了。

不久，我就發現自己有很多空閒時間。

過去那種不停忙碌、不斷從一個會議飛到另一個會議、熬夜搭紅眼航班工作的日子，已經一去不復返，那些事情如今大多由馬克處理。最棒的是，他很興奮可以做這些事。他和我不太一樣，過去幾年他都窩在多倫多過著窮大學生的生活，所以能夠飛到各地招待新客戶，對他來說很有吸引力。

這讓我領悟到，總會有人熱愛你討厭的工作。你可能覺得會計很無聊，但我和你保證，一定有人覺得花八小時處理 Excel 樞紐分析，是個美好的夜晚。有人認為寫程式是世界上最繁瑣費力的工作，但也有人不敢相信你願意付錢請他們寫程式。你可能很討厭經營公司，但那卻是某人夢寐以求的工作。以我的例子來說，那是馬克的夢想。

我成功了！

我創辦的事業非常成功，而且現在還可以撒手不管它。現在，我的事業運作得有條不紊，銀行的存款一天比一天多。我相信我做對了。我成功了，很快就不再需要任何東西。

現在，我得想想閒暇時間該做些什麼。

第5章

我們的金礦

Gold Mine

我匆忙地從口袋掏出手機，撥號後死盯著手機螢幕，等父親接電話。我笑得合不攏嘴，我笑得很開心，笑到臉都痛了。我低頭看著剛從會計那裡拿到的一份紙本文件，年度財務報表詳細說明我的公司在過去一年賺到多少錢。我用拇指輕輕撫平紙張，小心翼翼地不要弄髒列印的字。下面的數字顯示，我的年利潤已經超過五十萬美元，比幾年前我當咖啡師的收入高出二十多倍。

當父親接聽電話時，我興奮地大叫：「爸，你相信嗎？我們公司今年賺了五十萬！」

「哇」，他回，「但你記得繳稅了嗎？」

「什麼意思？」我不安地問。

「繳稅，你分期付款繳稅了嗎？」

他焦急地說，「如果你不按時繳稅，政府會罰得很重。」

「喔，對……好的，我會的，」我沮喪地喃喃自語。

你總能從父親的故事了解兒子

我父親一直是個樂觀主義者，但在長達幾十年的財務壓力下，他的樂觀精神早已消磨殆盡。多年來，他成立了幾家建築公司，這些公司總面臨一個接著一個的挑戰。他和像我一樣，努力在一個需求不斷變化且難以預測的服務產業做生意。我們要嘛工作太多人手不夠，要嘛工作太少人太多。

房地產市場有起有落，他有很多客戶都是身價不菲的房地產開發商，並從一個極端擺盪到另一個極端。他們可以從滿手現金，瞬間走到破產，背了一屁股債。父親總是保持樂觀，即使日子難過也絕不裁員，他寧願背債也要保住大家的工作，甚至一度冒著可能失去我們家的風險。最後，他知道自己不適合經營公司，於是完全退出。

他以微不足道的價格，把他的建築公司賣給一家大型美國企業，並在公司裡留任多年。後來，他離職獨自為政府專案提供諮詢，那是一份穩定、安全，薪水也不差的工作。事後來看，對他來說這份工作最重要的是他不必承擔員工的壓力，因為員工有貸款要還，也有家人需要照顧。他在艱困的產業裡奮鬥，滿身傷疤。

而我呢？我是運氣好嗎？我偶然進入一個產業，當時是個未經任何訓練的咖啡師。我第一天就可以開始做生意，並以每小時數百美元的價格收費。我常常在想，如果父親晚出生三十年，他的設計長才是否會用在網頁而非建築上？他是否是在錯誤的時間選了錯誤的產業？我不知道，但我發誓要接下他的棒子，努力向前奔跑。這次我一定要成功。

我記得最近看到一個訪問，導演柯波拉（Francis Ford Coppola）說了一句讓我深思的話，他說：「你總可以透過父親的故事了解兒子，父親的故事總深藏在兒子心中。」我看過父親在事業上的掙扎，如今那樣的掙扎也深植我心。我人生唯一的目標，就是解決這個懸而未決的問題。

雖然我知道父親以我為榮，但我感覺得到他很擔心我的財務最後會出問題。他似乎在提醒我，事情不可能永遠一帆風順。事情終究會出錯，這是墨菲定律。

如今，要向我領薪的人不僅愈來愈多，其中兩個人還是我弟，因為提姆和威廉都加入我的公司了。我的大弟提姆負責人力資源的工作，幫我建立公司文化並確保一切順利運作。我的小弟威廉，從高中時期就開始擔任設計師，他會盡量不要接聽客戶的電話，小心翼翼地隱瞞自己只有十六歲的事實。我沒有掉以輕心，因為現在我家一半的人都要靠我這個成功的生意。

我爸說得沒錯，我可能真的漏繳幾期稅款。我知道我需要有人來互補我，需要一個能用數字思考的人來確保我不會不小心去撞牆。

愈無知，愈容易高估自己

我內化了這個想法，知道到目前為止，我絕大多數時候都在靠運氣過關斬將。如果要我對自己老實說，我會說我幾乎不懂會計或商業知識。我最近加入了創業家組織（Entrepreneurs' Organization），這個創業家網絡在全球各地皆有分會。我還參加過他們所說的「論壇」，這個保密的商業互助小組原則上每個月聚會一次，與會者會討論各自公司的狀況。大多數創業家的確需要心理治療，但我們很少去做心理治療，所以這種聚會可以把我們聚在一起，讓我們實際上一起進行團體治療。

我第一次參加論壇時，坐在一個叫史帝夫的人對面，他雖然只比我大十歲，但他讓我覺得自己像個小孩子。他看起來就像每個星期都會理髮，頭髮一絲不亂，身穿淺灰色的商務西裝，腳上穿著一雙光亮如新的棕色皮鞋。他甚至還有兩個孩子，這對當時的我來說簡直無法想像。剛開始，我不知道該怎麼看待他，他給人的感覺很嚴肅，甚至有點拘謹，但幾次在論壇聚會後，他開始展現出熱情和超棒的幽默感，我們很快就成為好朋友。後來，我們發現彼此的辦公室只隔著一條街後，我們就常一起吃午餐。我們通常去幾條街外面的三明治店用餐，那是當地一位廚師開的店。

他的辦公室和我的辦公室有明顯的差異。Metalab 的辦公室一團亂，幾乎就像一群二十幾歲的人擠在一個小盒子裡。辦公室裡面都是宜家家具，牆上掛滿了古怪的平面設計海報。但史帝夫的辦公室則非常整潔，比我們大五倍。玻璃辦公室、磚牆上掛著原創畫作、有一位接待員，還有身穿西裝的人。

雖然我們的辦公室反映出我們迥異的性格，但我也發現史帝夫是個成熟的人。他從商至今已超過十年，辦公室的圖書館堆滿他讀過的商業書籍。他似乎對任何領域都有涉獵，從會計、人力資源到人才招募等等都懂。吃午餐時，我會請教他各種商業問題，他總能給我完美的答案。他經歷過一切，而我則從中受益。和史帝夫談話後，我才意識到自己因為達克效應（Dunning-Kruger effect）而高估了自己的能力（譯註：達克效應指愈無知的人，愈容易高估自己的能力）。換句話說，我其實對商業一無所知，我還有很長的路要走。

就在這個時候，我遇到斯帕林（Chris Sparling），也就是那位在道格拉斯街當地銀行工作的克里斯，當年有人用聽起來像對長輩的稱呼——「斯帕林先生」——把他介紹給我。可是，他看起來非常年輕，簡直像是斯帕林先生的兒子。他就是我當初說服他辭掉銀行工作，來我們公司擔任財務長的克里斯。

對克里斯來說，離開規律又安穩的銀行工作，過來和我一起工作，顯然讓他非常震撼。我都靠直覺做生意，而銀行則按部就班工作；銀行都按照規則和協議做事，甚至在特定時間營業，在下午五點打烊，而我們公司則像全天候營業的餐廳。

那些失敗的生意

他第一天上班時，穿西裝打領帶在辦公室外面等著，迫不及待想開始工作。那時我正趕往參加另一個會議。我趕著去吃午餐時，把車子急煞在他面前，然後把後車廂打開，將三個塞滿資料的箱子放進他的懷裡。「這是公司所有的財務文件，請你到隔壁去敲室內設計師的辦公室，他們會帶你去你的辦公室。」他要開始工作的前一天，我才發現我們現有的辦公空間都滿了，沒有多餘的位子給他。

我跑到隔壁，想辦法在室內設計師辦公室的地下室，弄到一張書桌。站在那裡的克里斯震驚不已，心裡可能在想，自己為什麼要辭掉加拿大大銀行的工作，跑來這個破公司。「對了，別穿西裝，這裡沒有人穿西裝。我得走了！」和他說完話後，我立刻衝回車裡，疾駛趕往開會地點。我從後照鏡看著身穿灰色西裝的他，手裡抱著一堆滿滿的箱子，一臉茫然。

雖然一開始一團亂，但克里斯還是振作起來，把事情都處理妥當。突然之間，大家都準時收到薪水了，大家都知道公司最新的財務狀況，大家還可以申請銀行貸款和信用卡。我因誤解或分心而未能思考的所有事情，其實都是很重要的事情。

不僅如此，克里斯還為我們的事業帶來財務角度的觀點。他開始分析我們的利潤率，找出提高效率的機會。從辦公室租金到大量採購咖啡豆，所有事情他都會去和廠商談判，他真是太棒了。我沒有興趣做的事情，他全部都很喜歡做又十分擅長，我簡直不敢相信自己的運氣居然這麼好。

馬克接手公司後，我試著盡量不要工作，卻發現難度很高。當時我買了一台唱片用的唱盤，並開始以玩票性質擔任ＤＪ。不久，我在維多利亞當地一家俱樂部固定演出，很快便萌生出創辦線上ＤＪ學校的好點子。我還是不知道，這個點子到底是因為和我經營過的寵物家具事業一樣糟糕，還是因為我領先時代超過十年（當時線上課程還不普及），但不管原因是什麼，我的ＤＪ學校終究還是失敗了。

我不斷發想各種商業點子。有一次，我發現手臂上出現一堆小小的粉紅色隆起時，我做了一些研究，得知那是「雞皮病」（chicken skin）。這種問題不大的皮膚狀況，可以用非處方簽的皮膚霜輕鬆解決，於是我馬上做了一個網站，網域是 ChickenSkin.org，並訂購了數百瓶由皮膚科醫生幫我配製的乳霜。最後，我一瓶乳霜也沒賣出去，就我所知那些乳霜還堆在我們舊辦公室的地下室。

我在極度自負的情況下，甚至和幾個朋友開了一家披薩餐廳，結果則不出你所料。我們都是技術創業家，過份高估自己的技能，結果造成災難性的後果。我們在餐廳裝潢過份超支，幾乎回收不了我們的資金。後來，我們接二連三雇用亂七八糟的經理（我們迅速解聘其中一人，因為他把餐廳變成他私人的夜總會和公寓，下班後不僅在餐廳裡狂歡並偷走我們的啤酒，還在餐廳的包廂過夜）。

我需要更穩定的生意

每次生意失敗時，我就會重新想另一個點子。我不在 Metalab 的這段時間，看著 Basecamp 的傑森和大衛，從百萬富翁躍升為千萬富翁，甚至可能是隱形的億萬富翁。他們和我不一樣的是，他們似乎只做自己喜歡的事，而且睡覺時也能賺到穩定的利潤。當我的設計公司在為新創公司開發軟體時，我們自己卻沒有任何產品。我們就像賣鏟子的人，非常羨慕那些真正在淘金的人。

我渴望擁有更穩定的生意，不用再沒完沒了地承受搶客戶的壓力，以及員工的諸多抱怨。我受夠了這種起起伏伏，我的淨資產和我那不斷起伏的公司緊密相連。小時候聽到父母為了電視和電腦爭吵，那種焦慮感仍在我心中迴盪，久久徘徊不去。我查看銀行帳戶時，有時候會看到裡面有一大筆現金，但接下來幾個月公司的業績低迷，然後我會很焦慮，想像自己只能吃馬鈴薯，父母又要變成我的房東。我決定打造自己的金礦，所以我回去工作了。

創新又能賺錢的事業，往往在日常中

雖然我的寵物家具生意一敗塗地，卻讓我因此發現一家叫做 Shopify 的加拿大小型電商軟體公司。有一次，我在溫哥華一場科技大會上，碰到時任 Shopify 執行長的芬克史坦（Harley Finkelstein）。他告訴我，他們正在找合作夥伴幫他們的平台設計模板，而他很喜歡我們的作品。

基本上，他們想為開店商家提供一系列精心設計的主題，讓商家在開設網路店面時有更多選擇。例如，販售電子零件的商店，需要的商店外觀可能和護膚品牌不一樣。Shopify

想像要讓客戶註冊時，能夠一鍵選擇使用不同主題。

他告訴我，他們的做法不同於 Metalab 典型的付費專案，他們想要我們設計並製作主題，並在 Shopify 新的主題市場銷售這些主題設計。它很像 iPhone 的應用程式商店（App Store），每個主題的售價從四十九美元起跳，到兩百四十九美元都有。

這個機會聽起來太棒了，我們喝咖啡詳細討論完細節後，接著談到管理逐漸成長的團隊所面臨的挑戰。當時，我們兩家公司各自都有約三十個員工，也都無法想像團隊將來會超過五十個人。回頭看，我們當時的對話實在很有趣，因為我現在有超過一千名員工，而哈利目前管理的人數是我的十倍之多。

我忙得焦頭爛額，手上的各項業務都亂得像核災現場一樣，於是決定找人專門負責我們和 Shopify 的合作。我再次聽從自己的直覺，決定拚一把。我把當時還只是在Metalab 當實習生的薩斯菲（Liam Sarsfield）拉到一邊，帶他進我的辦公室。

「你知道什麼是 Shopify 嗎？」我問。

「呃……」他說，嘴角勉強擠出一絲驚恐的笑容，心裡納悶為什麼幾乎從沒和他說過話的瘋狂老闆，會突然找上他。

「你知道他們的主題程式語言是什麼嗎？」

「我懂基本的ＨＴＭＬ。」

「好。我要在接下來的兩個月內做出五個 Shopify 主題，我想讓你負責這個工作。明白嗎？」

他答應了。面對能夠從實習生躍升為專案經理的機會，他覺得既興奮又恐懼。他找了幾個設計師和工程師處理這個案子，經過幾晚不眠不休的努力後，他們終於如期完成專案。Shopify 的哈利對成果表示驚艷。這些主題美觀又實用，他馬上要我們做更多主題，並鼓勵我們開發 Shopify 的應用程式。

不久之後，Shopify 推出他們的主題市集，我們的業務也因此像野火般迅速發展。我的手機開始震動，就像口袋裡一台小型的顏料搖勻機，每次震動都表示我們又賣出一個主題，我們銀行帳戶又多了五十美元。一開始，我的手機一天震動幾次，接著是每小時都會震動，再來是每分鐘都響個不停。世界各地的商家不分晝夜購買我們的主題，並用主題打造他們的網路商店。過沒多久，我就不得不關掉手機通知，因為還沒到中午用餐時間，手機就震到快沒電了。

現金像洪水一樣湧入公司帳戶。每個月從五千美元、一萬五千美元，再到三萬美元。我於是明白，我們在偶然之間發現一個不可思議的商業模式：我們只需要花一到兩週的時間把主題做出來，就可以把它賣出無限次。我們唯一的持續性費用，是修復漏洞和支援客服的成本。不久後，從小型新創公司到像特斯拉（Tesla）和洛杉磯湖人隊這種大公司，都開始使用我們的主題。

在整個過程中，連恩的表現非常出色。雖然他曾是個低階的實習生，但他顯然具備領導才能，很快就像執行長一樣掌握全局。我們把公司分拆出去，給他一個專門的團隊，並把該公司取名為 Pixel Union，向連恩的左派立場致敬。

隨著 Shopify 持續成長，我們也隨之壯大。

我們就像附著在 Shopify 這頭大鯨魚的藤壺，掌握了一個美好的事業。這個事業和 Metalab、貓家具創業或我的網路ＤＪ課程不一樣的地方，在於自動化銷售。錢就這樣湧了進來，我們終於擁有自己的金礦。

看得到花不到的錢

伴隨這個事業而來的，是一個很好但又複雜的問題。從帳面上來看我很富有，但實際上我當時非常缺錢。雖然 Metalab 和 Pixel Union 均有獲利，但我必須馬上拆了東牆補西牆，把所有利潤都用來幫我其他的事業招募員工。我之前的每一次商業失敗都是一次學習，但現在的我應該從成功裡學到經驗。我要弄清楚如何把利潤留在銀行，而不是把所有利潤都重新投入事業裡。

這時候，克里斯證明了他是個天才。他徹底改造我們的財務，強調每一分錢都很重要。他花了幾個月的時間，針對各種業務談判出最適價格，每天會好幾個小時向客戶催收帳款。有他共事後，公司的嚴謹程度前所未有。

他的性格幾乎完全和我相反，但我們互補得很完美，我們就像兩塊精心切割的拼圖，彼此完美地契合。他是我加速時的剎車，約束我那些瘋狂的創業點子。他不斷製作詳細的圖表，強調我在那些稀奇古怪的副業上浪費了多少錢。「你難道不知道嗎？你已經很富有了！」他大聲吼叫說，「如果你別再搞那些新事業，幾年後你就可以退休了！」

我揮霍無度，他卻精打細算。他開著一台車齡十年的車子，吃的是普通便當，每次購物都願意不厭其煩地議價。有一次，他花六個月和業務討價還價，最後業務終於投降，讓他接近成本價買到另一台二手車。

他在高中妥善管理他從麥當勞賺到的微薄收入，後來在銀行工作時，逐步升遷並存了一筆積蓄，並以保守的方式在股市投資，將存款成長到數十萬美元。我卻完全不一樣。我隨心所欲地花錢，從不討價還價，也不買那些說實在聽起來很無聊的股票。

合適的夥伴和合適的伴侶一樣重要

當你可以創辦公司時，誰想做那些事？選擇合適的商業夥伴，就像選擇結婚伴侶一樣重要。如果你的伴侶會決定你的家庭幸福，那麼你的事業夥伴則會決定你的事業是否順遂。但是，我們和事業夥伴的關係比伴侶更強烈，因為不能輕易和事業夥伴分道揚鑣。除非你可以談判好收購他們的股份，否則你會永遠被困住。和其他創業家聊過後，我知道商業夥伴的關係有很大的風險。有些合夥人彼此爭奪控制權，許多合作關係在憤怒和不滿中結束，有人毫無保留地貢獻，而其他人卻經常逍遙放假。商業夥伴之間也可能出現各式各樣的問題。

幸好，克里斯完全沒有那些個性。我們並非刻意選擇彼此當商業夥伴，而是自然而然地成為商業夥伴。隨著時間過去，他不再只是我的財務長，而是我的夥伴，並漸漸用他自己的資金在公司入股。

由於我們擁有不同技能，我們關心業務裡雖然不同但一樣重要的環節，因此我們可以分工合作，避免互相干涉。我們都有幾個重要特質：深入理解他人的能力、熱愛閱讀和學習，而且都有正義感。除了這些基礎之外，他也擅長一些我不擅長的東西，反之亦然。我是魔術師潘恩，那個在前面大聲宣傳的人；他則是魔術師泰勒，默默確保每一場魔術表演都可以順利進行。

我和克里斯常開玩笑說，如果我們兩個人都有公寓大樓，他的大樓一定破舊不堪、年久失修，而且沒有任何設備，對租客來說剛好堪用就夠了。他的大樓會賺大錢，但你自己不會想住在裡面，也不會告訴別人那是你的大樓。至於我則相反。我的大樓一定是一棟光輝奪目的建築傑作，擁有各種設施和穿制服的員工，以滿足住戶的所有需求。我的大樓一定漂亮得不得了，各種細節都考量到了，唯一的問題是它賺不了錢。

這兩種方法都有各自的問題，但當我們結合兩人的個性時，就會創造出一些很棒的東西。我們是一對活力十足的搭檔。

克里斯成了我重要的監督，防止我引爆太多炸彈，我則督促他去冒險做他本來不會做的事。我們的合作無法解決所有問題，但我的問題現在變成我們的問題。我們開始開玩笑說，我們是兩位將軍，一起指揮一個排的士兵。當時的我們還不知道，我倆即將並肩展開一場惡戰。

—第6章—

一場歌舞伎表演

Kabuki Theater

有位朋友介紹我認識一個叫布萊恩的創業家，他認為我們會合得來，我們還真的合得來。他午餐時到我這裡，把一個花俏的腳踏車背包丟在桌上，然後平靜地嘆了一口氣，用僧人般寬宏大量的眼神看著我，好像在傳遞善意的氣息。

「天哪，很高興終於見到你。我一直關注你的公司，你『太棒了！』」他說。

「你太客氣了，」我回答說，心裡還在琢磨他是不是真心讚美我們。

布萊恩年約五十，頭髮梳得服貼無比。他看起來很精實，後來才知道這是因為他很喜歡跑步，而且他身穿海軍藍的磨毛牛津襯衫，身材顯得相當修長。如果他是一隻狗，那麼他會是一隻得獎的獵犬——身材精瘦，輪廓分明。我注意到他戴著一款由拉姆斯（Dieter Rams）設計的簡約百靈（Braun）手錶。大多數我遇到的典型商業人士，都穿灰色西裝和休閒鞋，而這個人顯然很有品味，看起來也很正常。我把他看成是我希望在未來十年到十五年內成為的樣子，馬上對他有好感。

認識布萊恩

「我打造過許多事業，但我在像你這個年紀時，做過的事情還不及你現在的一半。實際上，我那時候還在幫別人工作，」他對我說，顯然對我印象深刻。

我聽了臉都紅了，因為我不太習慣接受讚美。

他告訴我一些精彩的商戰，包括董事會有一群不知道自己在做什麼的人，或者短短幾個月內他就讓另一家公司的營收成長十倍。他告訴我，他過去十年經營過的一些事業，從音樂製作公司到最近賣掉一家成功的薪資軟體公司。

「去年賣掉公司後，我整個夏天都在西班牙和義大利騎車。雖然我的銀行帳戶有數百萬美元，但我也知道我不能在莫希多島度過餘生，我還沒要退休。」他說。

「喔，天啊，」我笑著回他，「如果有人懂這種感覺，那個人就是我。」

「你好，我是布萊恩，我對做生意上癮了，」他笑著舉起他的手說。

他笑了，我也笑了。

「好了，別再說我了……我想聽聽你的事。」

他開始不斷針對我的故事、我的公司以及我未來的計畫提問，我滔滔不絕地講了將近一個小時，詳細介紹我做過的每個生意。目前我做過的生意共有五個：Metalab、Pixel Union（Shopify 主題）、Flow（專案管理軟體）、Ballpark（發票軟體），以及 Clients From Hell（我們的熱門部落格），每一個業務都有各自的問題。有些業務運作得來，但大部分的成長速度都不夠快，有一些甚至在虧大錢。

我在這五個事業疲於奔命，每天醒來都像在刀光劍影裡作戰，這一切只是為了生存和付薪水，並讓大家都覺得滿意。分享這些讓我的心靈得到釋放。除了克里斯，我沒有其他人可以談這些事。我告訴他，我的高階主管都是我的朋友，而且大家都沒有相關經驗，我也告訴他我靠「直覺」聘人，他聽了皺起眉頭。我告訴他我這些業務的一些指標，他聽了眉頭鎖得更緊了。

「你辦公室有白板嗎？」他問。「有，幾十個，」我說。

安德魯的問題

「太好了，我們吃完午餐就過去，」他說，「我們可以好好談。」

我付完帳單後，不久布萊恩就站在白板前面，而我則坐在會議室裡，完全被他即將說的內容吸引住了。

「好吧，如果我理解得沒錯的話……」他一邊說，一邊在白板上用大寫字母寫下「安德魯的問題」筆在白板上吱吱作響。我很有興趣知道他要寫什麼，但同時也覺得這個畫面有一點超現實，彷彿我正置身在屬於我的真人秀節目裡。攝像機在哪裡？這個人是誰？他為什麼要幫我？

他接著說：「你的主要問題，似乎是需要聘請一個執行長來管理 Metalab，因為這家公司是你的金雞母，可以負擔所有費用，讓你可以繼續創辦更多有趣的事業。」

「對，我覺得有點累，」我說。即使馬克負責處理 Metalab 大部分的業務，我還是經常被迫要解決問題。「嚴格來說我做的是執行長的工作，但我幾乎沒有在做。另外，我不知道自己能否一直創辦新事業，這一切實在讓人筋疲力盡。」我說。他聽了點點頭。

「還有呢？」他問，「你還有其他問題嗎？」

「嗯……這些事我做了快七年了，表面上我有兩個獲利的事業，但賺到的錢都在其他投資花光了。我看起來有賺錢，但我在財務上沒有安全感。我要想辦法建立起真正的資產，」我回答，對於要承認這一點覺得不太舒服。雖然我當時只有二十七歲，但我每次做決定時都信心滿滿，因為我覺得員工需要看到這樣的我，而此時此刻的我，正和布萊恩分享我所有不安。這樣做讓人緊張，但也有一種情緒釋放的感覺。

「你會考慮賣掉其中一個事業嗎？」他站在一旁看著白板問。

「老天」，我揉著脖子說，「我不知道耶，那要怎麼做？」

這種感覺就好比，他提議我賣掉自己的孩子來換酒錢一樣。我的事業對我意義重大，從沒想過要把它們賣掉。

「Pixel Union 顯然是最好的選擇，因為它很潮，Shopify 現在炙手可熱，它很賺錢，有自己的團隊，而且很容易拆分獨立出去。」他轉身看著我的眼睛，停頓了一下說：「我打賭我一定知道有人願意用划算的價格買下它。要不要我來處理銷售過程？」

第一次賣公司

我彷彿受到神啟一樣，偶遇能把我從自己的愚行拯救出來事業守護天使。布萊恩提議由他幫我賣掉 Pixel Union，他則會從中收取小部分比例當作佣金。

果然，他做到了。

他聯繫他一位有錢的朋友鮑勃，幾週後我們就和鮑勃整個管理團隊見面。鮑勃是影片出租業大亨，在一九九〇年代和二十一世紀初期，賺了幾千萬美元。由於影片出租店幾乎已經絕跡，所以他開始涉足其他領域。鮑勃對於收購這種他所謂的「家族辦公室」很有興趣。後來我才知道這是商業用語，意思是「我有錢到可以組織一個團隊，專門管理我的個人資產」）。

我們花了幾週和他的執行長理查見面，他們不斷盤問我們，好像我是某個壟斷集團的線人一樣。但即使如此，我還是很喜歡理查。他顯然是個商學院出身的人，總把牛津襯衫紮進卡其褲裡，而且至少比我年長二十歲。但是，他有一股溫暖的商業前輩氣息，似乎真的懂我們在 Pixel Union 做的事。幾週內，他就提議用兩百萬美元收購 Pixel Union。

剛開始我不知道該怎麼回覆他，因為兩百萬美元是很大的數字，所以我愣住了，拿不定主意。我一直都在處理幾千美元這種數字，現在卻看到數字旁邊出現「百萬」的字樣。我的猶豫讓理查提高了他的報價，他把金額翻倍到四百萬美元。

這讓我更加恐慌，不確定這是否是有史以來最好或最糟的決定。如果對方這麼快就願意提高一倍的報價，那麼賣掉公司是不是等於放棄可能在未來更有價值的東西？

就在我陷入是否該賣掉公司的存在危機時，理查打電話給我，並再次提高他的報價。接著，相同的事又發生了，此時報價已高達我年度利潤的十四倍。「七百萬，」我靜靜地坐著聽到他在電話裡這樣說。

每個談判都有極限，談判到後來，你會發現你其實是在和自己談判。我知道如果我不接受這個價格，他們可能就會沮喪地放棄了。最後，在布萊恩的拜託下，我簽名同意了。

我們不賣了！

這是我第一次賣公司，我以為我會說「太棒了！」然後過幾天就會有一筆錢電匯進來。但結果，這只是談判的開始，真正的攻防才要開始。一旦我簽了「意向書」，這份文件就會把我綁住，避免我和其他潛在買家談判。與此同時，他們會查看我的財務狀況、銀行對帳單、稅務申報和營運結構等細節。整個氣氛為之丕變，理查從不斷讚美和稱許我們公司的好朋友，變成一個認為我們公司似乎有數不清問題的人。

有一件事尤其讓我想笑。由於一條奇特的會計準則，我們公司每月的收入會出現小小的偏差，會有一筆微不足道的金額兜不起來，大概是幾百美元。其實我們的營收沒有任何問題，這只是談判的手段。他告訴我這件事讓他們「很擔心」我們的會計品質，並表示雙方必須重新談判。

我們覺得自己受人擺布，所以我和克里斯決定打退堂鼓，告訴布萊恩我們不賣了，但他還是要我們繼續下去。

「我告訴你，我們快搞定了，我做得到。你就要變成百萬富翁了，不要因為一點小小的重新談判就放棄。我會支持你，我會幫你爭取，」他告訴我們。

我們勉為其難地同意再和理查見最後一次面。

當我們走進他們的辦公室，顯然將面臨問題。我們的新辦公室明亮又現代，充滿自然的光線，員工面帶笑容有說有笑。但是，他們的辦公室卻像美國NBC電視台的節目《我們的辦公室》（*The Office*）那樣，地毯就像從老氣的灰狗巴士剪下來的，整個空間都是單調乏味的隔間和笨重的Windows電腦。

理查在電梯旁邊迎接我們，帶我們走到會議室。我們除了偶爾聽到業務員的低語聲，以及不斷敲擊鍵盤的聲音之外，整個辦公室安靜到快讓人窒息。理查在前面帶路，不時停下來和我們介紹不同的團隊成員。我環顧四周，忍不住注意到那裡瀰漫著一種揮之不去的不安氣息。

我們在一間灰暗、沒有窗戶的會議室見面，理查的心情馬上就變了。他的臉變得鬆垮又面無表情，像一隻帶著深沉目光凝視我們的獵犬。他的變化如此之快，讓人不寒而慄，他顯然對這筆交易沒有興趣了。我的直覺告訴我，一切都結束了。

「理查，我們來談談你的擔憂吧，」布萊恩拿起一支白板筆說道。理查針對我們公司說出一連串的抱怨，有些似乎過於誇大，想故意讓我們措手不及。然而，在各種誇大其詞的說法裡，他也的確提出一些很有道理的看法。

他說，從實習生變成執行長的連恩，由於沒有經營公司的經驗，因此會為公司帶來風險。這一點他說的沒錯，但我很信任連恩，也不想把他換掉。我們和連恩已經是朋友，雖然主動提出把他換掉可能是個明智的選擇，但考量到他成功提升公司的業務發展，那樣做並不恰當。

理查還指出其他讓人擔憂的問題，例如我們完全欠缺多元化的業務發展，以及過於依賴 Shopify 是很危險的事。公司沒有決策團隊，員工幾乎全是新人，整個公司看起來毫無方向感。理查說話時，我的焦慮感變得益發嚴重，不禁懷疑我們這艘船是不是已經在下沉。

理查在談及每一個隱憂時，布萊恩都聳聳肩，點頭表示認同，並把它寫在白板上。我不禁覺得這整件事有點像排練過的，也許布萊恩和理查事先談過，他知道事態會如何發展。整個感覺起來就像在看一場歌舞伎表演。

那間豪宅、九一一有寫我的名字！

我變得愈來愈有戒心，但與此同時，現在我也想要那筆錢。之前我對於要不要賣公司覺得猶豫不決，但現在的我比以前都更想賣。當我想像自己有一天睡醒，陽光灑進我不久前才和房屋仲介參觀過的幾百萬美元豪宅的主臥時，大家說的話漸漸隱沒成為背景。我想像高十四英尺（約四公尺）的天花板，到處都是玻璃窗。我想像自己在後花園喝咖啡，看著綿延半畝（約十五坪）大的花園。我想像自己開著全新的保時捷九一一駛出車道。

「你聽我說，我保證這個生意會在兩年內成長兩倍，因為 Shopify 正在迅速成長。至於會計，那些都不會是問題，營收都好好的，我們完全沒問題，」我從自己白日夢中驚醒，脫口說出這些話。

我看到布萊恩眼中閃過一絲光芒，他瞄了一眼理查。

「嗯……理查，我們如何各退一步？」布萊恩說，像個老師一樣引導學生回答他們已經知道答案的數學題目。理查看起來在沉思，他閉著眼睛，摸著下巴，最後才終於說：「看起來，這筆交易要能繼續下去的唯一方法，是用盈利結算（earn-out）的方式併購。」（譯註：盈利結算是指當買賣雙方對公司的價值產生歧見時，可將傳統一次性支付的付款方式，改成按照將來一定時期內的業績表現來支付的模式。）

「安德魯，如果你這麼有信心兩年後會規模變成兩倍，何不給個承諾？」

我不太熟悉那個詞。布萊恩說：「如果我們這樣做呢……」

他開始在白板潦草寫下可能的交易結構。「你還是可以拿到你的七百萬美元，但我們只先付三百萬美元。當業務真的翻倍後，再支付另外的兩百五十萬美元。」

他在白板上寫些更多東西：「接著你可以拿到價值一百五十萬美元股票，某個時間點過後你就可以賣掉那些股票。」總共七百萬美元，但分期支付。「對，我喜歡這個做法，」理查德點頭表示同意。

此時，所有人的目光都回到我身上，而我不知道發生了什麼事。然而，當我開始回想發生過的事情時，覺得有一點不太對勁。幾個星期前，理查還對我甜言蜜語，現在卻像個惡犬一樣和我談判。我看過他的辦公室，後來有了這些奇怪的經歷，我直覺有點不對勁。但是，我又想到那台保時捷，想像我開車在路上奔馳，敞開的天窗讓清風吹過我的頭髮，想像自己有錢到無法想像的地步。

於是，我忍住內心的疑慮。「來吧，安德魯。我們大家握握手，把這件事完成吧，」布萊恩說，「他將讓你成為百萬富翁。」

我看著克里斯，他焦慮地用手敲著會議室的桌子。身為公司財務長的他，很清楚經營事業有多累人，而且我們都喜歡手頭充裕的感覺。他對我微微點頭。

於是我說：「來吧。」

理查露出笑容，我們握了握手。頃刻之間，他又成了我的好朋友。

「好極了！」他大聲說，「這真是太棒了！」

布萊恩用筆修改意向書，接著我們都在新條款寫上自己的名字縮寫並簽名。我正在賣掉自己的寶貝。

這就是幸福的感覺吧

從這一刻起，事情發展得很快，他們原本有疑慮的會計問題，似乎都煙消雲散了。我們花了幾週和律師往返討論後，我簽了一疊堆得和電話簿一樣厚的文件。我最後簽字並握手後，交易就完成了。

在那之前，我的私人銀行帳戶隨時都有幾千美元，但從來沒有超過一萬美元。那天晚上，我收到簡訊說錢已經匯到我的帳戶。我拿起外套，走到附近購物中心的自動提款機。

我按下提款機上小小的方形按鈕，一陣嗶嗶聲後，我點選「查看帳戶餘額」的選項。我站在商場停車場的街燈下等了一下子，不久聽到提款機發出嗡嗡聲，一張紙條隨之彈出。我拿起紙條，把它拿到我面前凝視了一會兒，讀了上面的數字：

三百〇一萬一千六百四十美元。

三．百萬．美元。那一年我二十八歲。再過兩年半，如果一切順利的話，我還會有更多錢。望着這串數字，一陣溫暖酥麻的感覺從我的脖子蔓延上來。

這就是幸福的感覺嗎？

這是我七年來第一次有安全感。不，這是我人生第一次有安全感。當我走回家，眼睛仍盯著手中的數字時，卻沒有意識到我才剛和一個無人能出其右的商業惡棍，做了一筆交易。我正要和一個打算毀掉我人生的人做生意。

不過，我們目前還沒宣戰。我口袋裡有我留不住的三百萬美元，我得先把它花掉。

—第7章—

比利時松露屁

Belgian Truff le Farts

他在擦車子。

我坐在朋友伊恩的臥室窗台上，這裡距離他家的車道有兩層樓高，我目不轉睛地看著他父親在工作。他父親和一九九〇年代溫哥華的富爸爸一樣，也是一位房地產開發商，但今天他唯一在乎的是頭上戴著保時捷棒球帽，這個帽子和他專心照顧的寶貝車子很搭。我們看著他用人類學家小心翼翼對待文物的態度，進行他每週六早晨的儀式。車子的每一吋都在晨曦中閃閃發光。那是一台一九九六年份的保時捷九一一 Carrera S 汽車，是我見過最漂亮的車子。

如今二十年過後，當我在本地的汽車經銷商那裡，輕撫一台火紅色的保時捷九一一汽車的引擎蓋時，那一幕的記憶在我的腦海裡浮現。我慢慢走過一排排閃閃發亮的九一一車款，欣賞那些流線外型和優美的車頂線條。我流連徘徊時，想到伊恩父親那輛漂亮的黑色保時捷，這時候又剛好看到一台閃閃發光的黑色九一一 GTS，配有鮮紅色的煞車夾。那些漂亮的圓形車頭燈正盯著我看，挑釁地要我靠近它。

「我可以試駕這一台嗎？」我問那個業務，他像商店的保全一樣，把我當小偷似的全程尾隨在後。

他整個人散發出汽車業務的氣質，身穿皮夾克，頭髮梳得油亮發光，慢慢地打量著我。我穿著一雙破舊的耐吉運動鞋、一件連帽衫和一條牛仔褲。二十七歲的我依然顯得稚嫩，每次買啤酒時都必須出示證件，因為大家很容易就覺得我比實際年齡小五歲。

「這個……我們簽完成文件後再試駕，」業務員眉頭一皺地回答，他的表情就像一副不得不應付那些只想兜風、浪費他時間的惱人車迷。

「這台多少錢？」我問他。

「十八萬美元，」他得意地笑著回答。

「價格我沒問題，我們去試駕吧，」我說。他看著我，不確定我是否真的有財力買車。我眼睛瞪得很大看著他，彷彿在說——相信我，你最好相信我。

二十七歲，現金買下保時捷

片刻之後，他整個態度完全不一樣了。我們就像坐在重力模擬器的太空人，身體被牢牢壓在皮革座椅上。當我加速駛過布蘭斯哈德街（Blanshard Street），引擎的轟鳴聲在街上轟轟作響。十分鐘後，我在經銷商的店門口猛然煞車，讓車子保持怠速。

「我該開始處理貸款嗎？」他看起來滿頭大汗，臉色慌張，就像剛從遊樂園的遊樂設施下來一樣。

「沒關係，我會轉帳給你。」

「這就是人生啊！」我心想，當我從經銷商那裡高速開往我新買的漂亮房子時，風兒正輕撫我的頭髮。

當然，我其他生意也賺過一些錢，當大筆收據結算後，我會發一筆小獎金給自己，然後去買新衣服或新電腦之類的東西，但那些東西都無法和現在相提並論。我覺得自己真的很有錢，尤其如果把我的年紀也考慮進去的話，而且我還有其他事業仍持續帶來更多獲利。和我同齡的人此時剛從大學畢業，如果他們幸運的話，目前正在大企業升遷制度裡的底層慢慢努力工作。

看過自動提款機收據上那個驚人的數字，尤其是再想到我的童年，我決定去做一件再理所當然不過的事：把這筆錢變成我以為能買到的美好人生。

我已經開始買一些以前負擔不了的電子產品來裝點我的家：全新的家庭劇院，配備高解析度的投影機、杜比環繞音效、一百吋的螢幕和麥金托實驗室（McIntosh Labs）的音響。我的客廳看起來很像唱片行，到處堆滿我新買的專輯。我像囤積狂一樣把商店的貨掃光。

我想擁最好的一切

我想擁有一切最好的東西。我在餐廳會點全餐：牛排、生蠔、魚子醬，再來一瓶和我年齡一樣的老紅酒，離開時給五成的小費。有過創業開餐廳損失數十萬美元的教訓後，我發現給很多小費比擁有餐廳便宜很多，卻能得到同樣的效果。

我在維多利亞各地查看各式各樣的豪華公寓和豪宅，有些地方有落地窗，還有一些地方的房間數量是我童年住家的三倍。有些房子還有游泳池。「這個房子有自己的熱水浴缸，」當我們穿過一間現代化的豪華公寓時，我的仲介這樣說。接著，我們去下看下一間房子，她會說：「這裡有熱水浴和無邊際泳池。」

有些房子有酒窖和迷你吧台，也有小型電影院可以招待朋友，還有可以停十輛車的車庫。有修剪整齊的花園和綿延的楓樹、栗樹以及鵝掌楸樹，甚至有一個房子還有直升機停機坪（但如果你沒有直升機，顯然就沒有意義了）。我本可以毫不猶豫地把我全部的淨資產都拿來買其中一間房子，但我雖然很興奮要花這筆錢，但我還是知道花錢要有限度。

最後，我決定在南橡樹灣（South Oak Bay）買一棟設計精美的房子。這棟房子座落在一條林蔭大道上，很像我小時候的家。總面積不超過三千平方英尺（約一百一十二坪），有三個房間，其中一間我打算當作辦公室，另外兩間準備給來訪的朋友使用。房子裡有一個大理石壁爐，還有一個簡約但設備齊全的現代化廚房。那裡有半畝（約十五坪）大的後院，而且最重要的是它很寧靜祥和。我可以走到海邊或附近的溫莎公園。

如果把這裡當作永久住所，我可以在這裡養育孩子，幸福地生活下去。

生活升級後最困擾的事：該不該買單？

搬進來後，我開始豪奢旅遊。我會包下私人飛機，帶朋友去陽光明媚的地方過週末。私人飛機的價格高得很離譜。短程飛行可能讓我花超過一萬美元，但行程卻可以暢達無阻。以前，我必須花兩到三個小時通過安檢，並在沉悶的機場大廳等轉機。但現在，我可以直接開車到飛機旁邊，然後直接登機，並在幾分鐘內起飛。這種感覺就像以前都搭市區公車，現在則享受勞斯萊斯的禮車服務。

但奇怪的是，對二十七歲的我來說，每次生活升級後的興奮感，很快就消褪了。我就像吃美食一樣，只能暫時得到滿足，不久很快又餓了。我沉迷於悲慘的癮頭，抗拒不了每一次生活升級帶來的短暫多巴胺刺激。我開始每隔幾個月換一次車，然後開始參加愈來愈貴的度假。第一次的體驗美好得無話可說，接著我又在找下一個目標。更大的飛機，更貴的房子，更快的車子。

還有一件事讓我很驚訝：這些東西不僅沒有拉近我和朋友的關係，反而阻礙我們的關係。我一直都是個身無分文的孩子。高中時，我常纏著同學借我幾塊錢去自動販賣機買可樂；大學時，我則常從朋友那裡蹭來一手啤酒。因此當我一夕致富後，我想和朋友分享我的財富。每次帶朋友出去，我都是那個搶著買單的人，我會買演唱會門票、買飲料，甚至後來還買機票和飯店食宿。但我很快意識到，在很多情況下，這種慷慨反而會適得其反，產生反效果。

有一次我和一個老朋友和他女友吃晚飯，我上完廁所後就先去買單。他似乎有點不爽我去買單，覺得我好像在炫耀，或暗示他買不起。有了那次經驗後，我開始傾向各付各，或如果對方主動要請客，我就讓對方買單。但奇怪的是，這又出現另一種煩惱，大家還是會不爽我。他們覺得我太小氣，認為我現在既然這麼有錢，就應該買單。

這真是兩難，我要嘛暗示他們負擔不起，故意讓他們難看；要嘛我很無禮又小氣。結果，這引發一連串奇怪的羨慕和妒忌，帶來各種沒說出口的裂痕和問題。我開始聽到一些朋友（很快就不再是朋友），用有點酸的話和我說話。

「你一定過得很爽⋯⋯」

「感謝你願意抽空見我⋯⋯」

「那對你不算什麼吧？」

我覺得他們不再是我的朋友了，我現在是個競爭者，讓他們臉上無光，他們要棒打出頭鳥。當我告訴他們我最近的斬獲時，他們臉上露出豔羨的表情（我很快就知道不要談這些）；當我談到失敗時，他們的神情嚴肅但嘴角卻在一瞬間微微上揚。

我和另一位成功的朋友談及此事，他告訴我《蒼蠅王》（*Lord of the Flies*）作者高汀（William Golding）的故事。當時，高汀剛剛贏得諾貝爾文學獎，一位年輕作家問他獲獎後有什麼感覺，他的回答很生動：「你會知道誰討厭你。」

只有第一口冰淇淋最美味

錢也會引來狐群狗黨，有些人把我當成享受奢華生活的人入場券，包括享用無限量的酒水。忽然之間，高中時期對我粗魯又輕蔑的傢伙，現在都想當我的好哥們。當年搶走我畢業舞會舞伴的傢伙，現在居然想賣一間公寓給我。很多人都去當房屋仲介或銷售員，對他們來說我不只是值得追隨的有趣生活方式，更是確實能給他們薪水或工作機會的人。

還有一個人花了將近一年慢慢和克里斯當朋友，某天終於開口問他能否認識我。當克里斯介紹他給我後，他馬上開始試探我如何管理財富。當我告訴他我自己管錢時，他笑了，告訴我應該分散投資，並說他可以幫忙。他果然是個財富管理師，不久後我知道所謂的財富管理師是金融業的行話，意思是指「完全不懂投資的業務，把客戶的錢放進共同基金，然後收他們每年二%的佣金一輩子。」我當然沒有這樣和他說，而是禮貌地告訴他：「不用了，謝謝。」他似乎很淡定，不再說什麼。

幾個星期後，他請我喝咖啡。我告訴他，我很樂意和他見面，但我不需要他的服務，他則告訴我他只想和我做朋友。那天陽光燦爛，我們坐在星巴克的露臺，才剛喝幾口咖啡他就不斷把話題轉到投資上。然後，他亮出他的底牌，告訴我他有個好點子。他說：「要不然這樣……你拿一百萬美元自己投資，然後給我一百萬美元讓我幫你投資。五年後我們看看誰的投資成效比較好，就算誰贏！」我再次禮貌地拒絕他。

類似的事開始每個月都會出現，包括銀行員想用音樂會門票吸引我，或是失聯很久的家族朋友想重新和我聯繫，往來後的結果是他們向我推銷他們的新創計畫。還有人用一些不知真假的故事，想從我這裡借錢，況且那時候我還沒那麼有錢！這一切都在我賣掉一家小公司的消息傳出去後發生的。

奇怪的是，很多有錢人居然會上這些當。我在溫哥華長大時注意到一件事：那些對我很惡劣的混蛋和惡霸，對有錢孩子的態度往往完全不一樣，甚至連對待書呆子的態度也不一樣。說到底，那些惡霸都想去有錢孩子家的游泳池和遊戲室，享受他們豐盛的點心。但他們卻對我冷嘲熱諷，或在走廊撞我。他們會熱情地和學校的富家子弟打招呼，請他們參加派對。

如今，同樣的事情再次出現在我成年的生活裡，只不過這一次，我成了那個有錢的書呆子，大家不管怎樣都想成為我的朋友。

幾個月後，那筆交易帶給我的興奮感消失了，欣喜的感覺也消褪了，我奢華的新生活再次變得平淡如水。我覺得自己無精打采。

根本就沒有所謂的「終點」。那第二十口冰淇淋，吃起來永遠沒有第一口那麼美味。那台享樂跑步機一直在跑。

錢製造出的新問題

我不是說錢都不好，錢實際上好處多多。錢可以讓生活變得比較好過，就像某種神奇的萬能潤滑劑。當年我在咖啡廳工作時，開車只要二十分鐘的車程，我卻必須花超過一個小時搭兩班擁擠的公車才能抵達。現在，我和很多人一樣擁有一台車，而且很久沒搭過公車了。這就是錢的效果，它可以掃除障礙，但是錢也可以製造出新問題。

隨著時間過去，我發現我開始渴望我原本不知道自己會想要的東西。我從來沒戴過手錶，但我很熱衷研究手錶。我發現我認識的其他有錢商業人士，經常討論並炫耀他們的手錶。我不知道為什麼。我已經有一台精確到毫秒程度的手機，為什麼還要花幾千（甚至好幾萬）去買一支每天都要上發條的金屬錶？

但是，我還是在看相關的 YouTube 影片，閱讀專門談手錶的部落格，了解機械的「機芯」，以及為什麼不同的牌子比較好或更有名的原因。我開始注意成功人士佩戴的手錶，最後我也開始收藏手錶。

這種事情不斷發生，而且不只是物品而已。我發現，不管周圍的人在意什麼，我也開始在意那些東西，例如商業獎項。像ＴＥＤ大會和達沃斯這種專屬會議，像富豪爭相參加的火人祭（Burning Man）和巴塞爾藝術展（Art Basel）這類活動。其他成功的企業家似乎很關心這些，我也想追求這種模式。

我後來才知道，這原來叫做模仿欲望（mimetic desire），意思是無論你周遭的人認為什麼有價值和重要，你也會無意識地關心和想要那些東西，不管這些東西是單純的時尚選擇，例如手錶，或是比較複雜需要你花數十年才能得到的花俏頭銜。

對大多數學者來說，沒有什麼比在權威期刊發表論文更重要了，因為他們的成敗取決於論文在哪裡發表，以及論文被引用的次數。他們的口頭禪是：「發表或死亡」（Publish or perish）。但對其他人來說，發表論文一點意義也沒有，對世界上九九．九％的人來說，這件事毫無意義，但在學術界這就是一切。作家想要登上暢銷書排行榜，演員和音樂家想要贏得獎項，或甚至像爭取公司職位或角落那間辦公室那麼單純的事，都是一樣的道理。我們都是根據同儕來告訴自己應該要什麼，並尋求外在的滿足。

這種模仿現象之所以可悲，在於它讓人們為了達到同儕認同的目標而犧牲自己的幸福，即使我們並非真的渴望那些東西。這種現象無所不在，很早就開始鎖定最沒有安全感的人侵襲。你可以去看任何一所高中的走廊，每個小孩都想和別人看起來一樣，說著和別人一樣的話。看看社群媒體上的網紅，他們隱隱約約都在告訴我們該怎麼做。

我現在很有錢，但也更焦慮了

我讀到一則故事，說一位法國廚師得到米其林二星，這是餐飲業的極高殊榮。米其林要求得獎者要保持嚴格的標準，而且必須以特定的方式營運餐廳。他們的美食評論家經常隨機拜訪餐廳，確保餐廳維持一貫的高標準。餐桌布必須是某種樣式，服務也必須完美無瑕。矛盾的是，這位法國廚師得到米其林星星後，卻比過去更痛苦。他努力維持米其林的標準，過度擔心自己會因為稍有差池或灑了一點醬汁，米其林就會摘掉他的星星。他在意的已經不是他原本熱愛的事——烹調美食。

這位廚師活在外在的標準，害怕失去同儕認為有價值的獎項。如果我戴著卡西歐的手錶現身，其他商界領袖會怎麼看待我？那簡直是無法想像的尷尬。雖然我現在很有錢，但每天還是很焦慮。就某些方面來說，我更焦慮了。我當時經營多家公司，努力做完我的待辦清單，但現在狀況加劇且利害更大。我的責任更多，甚至有更多東西可以失去。以前的我為了賺取所需而努力工作，現在的我則是被恐懼推著走，害怕失去擁有的一切，也怕在同儕面前出醜。

不出所料，那個熟悉的聲音又在問我：「那接下來呢？」。那個聲音不再只屬於我父親，而是我心中那個置身在沙塵暴裡的農夫。「接下來呢？」「接下來呢？」「然後……」

每一個成功的創業家都會遇到一個問題：「為什麼還要繼續往前？你還不滿足嗎？」在我職涯早期，我記得我弟威廉曾經這樣批評過我，因為他認為我們不該把業務擴大到超過十個人，因為十個人的人數可以給人親密感，又易於管理。但人們沒有意識到的是，事業就像寄生蟲，它們必須成長才能生存下去。沒有成長，就無法增加收入，長期下來也無法逐漸提高薪資。如果一位明星員工來找我，要我幫他升遷，而我卻告訴他：「我們今年決定停止擴張，所以我沒辦法幫你升遷」，他們還會留下來嗎？不太可能。

所以，我們要成長。成長，繼續成長。大多數年份我們每年至少成長二五％，其他年份我們每年成長一倍。直到有一天，我在辦公室廚房遇到一個人，他問我：「你在這裡是做什麼的？」這種感覺很奇怪。

一定是因為不夠有錢！

從表面上來看，我就像一座閃亮城堡裡的國王；但在我內心深處，我對城堡的弱點瞭若指掌。我知道城牆需要擴建和重建，護城河也要挖得更深。如果我的人民——也就是我的員工——沒有機會在公司向上流動，他們可能會不守規矩。最重要的是，如果我忽視第一要務，忙著蒐集各種紅寶石，在宴會上喝得酩酊大醉、追求美眉，我的王國一定會被敵軍四處劫掠入侵。

我坐在剛蓋好、精心設計的家中客廳，看著我那台最先進的電視，麥金托音響系統的音樂響徹耳際，我開始在心裡盤算：在這些奢華縱情的採購後，我還剩下幾百萬可以投資。如果我能夠在股票或房地產得到平均值的回報，我大概可以賺到八％的報酬率，我就可以過著舒適的生活而不必工作。而且，這是假設如果我其他的生意都消失的情況來說。實際上，我還有 Metalab 和其他幾家公司，其中幾家已經開始有不錯的獲利。

但是，我的焦慮依舊。我心想，如果有了三百萬美元但這種感覺仍揮之不去，那麼我一定需要更多錢。我一定要先讓事業成長，然後——然後只有到了那個時候！——我心裡的那個聲音才能停下來，那個不斷重複問「那接下來呢……那接下來呢……那接下來呢？」的聲音。

「那接下來呢？」

第二部

不可避免的損失

第8章

世界上最無聊的好工作

The Most Boring Amazing Job on Earth

如果想哄我入睡，只要和我聊股票就可以了。在我看來，股票是無聊書呆子才會感興趣的玩意，做股票的人只會處理文件卻不會增加價值。我不懂為什麼有人不自己創業，卻只會買股票。我覺得創業非常刺激，又有很大的潛力，畢竟我用兩萬美元創辦的 Shopify 主題事業 Pixel Union，在短短幾年內變成為每年可帶來數百萬美元的豐厚收入。

經營事業很好玩，我熱愛從零創造出東西的感覺。

但是，我注意到一些狀況。我常常在洗澡或散步時，想到很棒的商業點子，但想到要付出大量精力去做後，我就放棄了。我已經不像過去那麼精力旺盛了。我對於創業所需承受的壓力，覺得精疲力盡。老實說，我其實不想再做我在做的事了。

我該好好了解投資這回事

我已經開始適應我的新生活，一種新常態和新節奏。經過多年不斷的工作、旅行和派對，我終於可以定下來，找一間房子，和某個人約會。我在當地的夜總會認識荷莉，當時我們同時走到酒吧去拿飲料，她給了我一個微笑。有了酒精助陣後，我鼓起勇氣直接走到她面前，我們聊了起來。她擁有一頭烏黑的長髮，一雙翠綠色的眼睛，而且她似乎給我一種熟悉感。經過彼此確認後，我才知道我曾和她哥哥讀同一所高中，而她和我弟弟威廉是同年級的學生。

我和她要電話號碼，幾週後我們第一次約會。第一次約會後，我們又約了第二次會。我們墜入愛河，不久後開始同居，並討論成家的事。我們進入我從未體驗過的家庭生活節奏，這種關係健康又平靜。她不喝酒也不喜歡參加派對。相反的，她比較喜歡晚上安靜待在家裡或看電影，所以我放棄了DJ和會議派對的生活。我很喜歡這種改變，畢竟過去十年我幾乎每天晚上都在外面奔波，陪伴我的就是公司那張信用卡。我們在二〇一五年結婚。如果我想要維持平靜的生活，就必須徹底改變我的工作，我不能一直創新事業。

雖然這些都是甜蜜的問題，但依然是個問題：我坐擁一大筆現金，卻沒辦法繼續創業，於是我心不甘情不願地心想，我該好好搞懂投資這件事。有一天在我下班回家的路上，在我最喜歡的當地書店 Bolen Books 停下來，並在投資類區域隨意瀏覽。我馬上看到《巴菲特勝券在握》（*The Warren Buffett Way*）這本書，這是多年前我在父親辦公室書架上，看到許多經營書籍的其中一本。我不假思索地把它拿起來，走向到櫃台付款。

我一直聽說巴菲特是有史以來最偉大的投資人，但我真的完全不在乎，因為我想不到有什麼事情比投資更無聊。畢竟，我心想，巴菲特除了他的控股公司之外，從來沒有創辦過任何公司——他只是個買進股票並和別人交易股票的人。他看起來像是個好人，但我不明白為什麼買股票和債券可以讓世界變得更好。回到家後，我坐在沙發上翻書。我以為只要翻個幾頁，我就會像個無聊到不行的小孩，把書丟到一旁。

但讓我意外的是，書裡的內容深深吸引我，我像個上癮的人貪婪地讀著那些文字。事實證明，巴菲特已經破解成功的祕密，知道如何不用做他不想做的事情，並取得最高層次的成功。他彷彿發現商業的祕訣，而這些祕訣都呈現在我手上這本書裡。我熬夜到凌晨，像個正在批改精彩論文的瘋狂教授一樣，把書頁折角並用螢光筆畫線。

我很快就折服於巴菲特的天才，明白我之前完全誤解他了。他完全不是那種只會紙上談兵的股市投機者，而是個非常出色的經營者，能夠把業務抽象化到高度授權的程度。雖然他的控股公司波克夏有超過三十七萬名員工，分屬六十五家企業和兩百六十家子公司，但他本人卻在美國內布拉斯加州（Nebraska）奧馬哈市（Omaha）一間只有二十六人運作的小型總部辦公。

他不但沒有壓力，反而好像無憂無慮。據我所知，他完全按照自己想做的事情做事，主要是讀報、讀書、看財務報表和一堆年度報告，其他一切則委由經理人處理。他擁有的每一家公司，都有各自獨立的執行長全權負責，他則在奧馬哈默默監控成果。除非公司主管有事情要問他，否則他不會干涉他們的營運。他每年或每兩年會收購一家公司或進行一項投資，但大部分時間他什麼都不做，只是看書。

巴菲特為什麼能這麼輕鬆？

巴菲特很喜歡開玩笑說，他的管理策略是「善意忽視，近乎懶惰」（benign neglect, bordering on sloth）。執行長都喜歡為他工作，因為他和大多數企業老闆不一樣，他不會執著於短期成果，或質疑他們的策略。其實，如果大家很久都沒去找他，他也會很高興。

與此同時，大家也喜歡把公司賣給他，因為他以速度快又公平的交易風格得名，更重要的是，他不會亂搞別人鍾愛的公司。他會讓人們以最合適的方式把公司賣給他。當其他人要耗費六到十二個月激烈談判，讓交易陷入像我在交易 Pixel Union 時遇到的泥沼，巴菲特卻在一通只講了五分鐘的電話裡做好決定，並在幾週內用一頁的合約把一億美元匯給創辦人。交易完成後，他會讓公司以原有的方式獨立經營。

除此之外，他也不過豪奢的生活。他當然不用靠買愚蠢的跑車來讓自己感覺良好，更不用說買一艘大遊艇了，但這些都是他那個財富等級的億萬富翁常做的事情。對巴菲特來說，賺錢就像在打電動，錢是用來計分的分數。他仍住在他在一九五八年在奥馬哈買的那間小房子，當時他還不是億萬富翁。

當我翻閱這本書時，我意識到一種全新的商業思維方式。我完全誤解他了，他的方法無痛多了。當時的我都從零開始創業，但其實買下一間已經運作良好的公司，並讓它自己成長會輕鬆很多。

我想到一個比喻：想像一下你想從西雅圖搭船前往夏威夷。我的方法就像用我在海灘撿到的木頭，和幾個從來沒造過船的朋友，一起徒手做出一艘船。當然，我們有可能抵達夏威夷，但那將會是一趟讓人緊張不安的艱辛旅程，我們也有可能淹死。

但是，巴菲特則是找到一艘有專業船長的郵輪，這個船長已經規劃好航線，準備起航。他要做的是買一張船票（取得一部份股權），然後在日光甲板上好好放鬆，享受這趟旅程。你很快就可以清楚看出誰會獲勝。

找到資產的護城河

巴菲特喜歡投資他所說的「護城河」事業。如果我們把企業想像成城堡，那麼護城河就是能夠保護這座城堡的一些特質。有了護城河，攻擊城堡就成了一件非常困難的事。以可口可樂（Coca-Cola）為例，這家公司是他最大的投資之一，該公司擁有極其強大的品牌，讓其他公司幾乎無法與之匹敵。當然，你可以做出口味很像可口可樂的可樂，但如果麥當勞用的不是真的可口可樂，消費者會很生氣。可口可樂是消費者的首選，這種護城河讓該公司成為巴菲特所謂的「無腦」投資，因為它擁有出色的品牌護城河。

巴菲特不像我這樣，嘗試創辦有風險的新創公司，他專門在找美好、簡單且競爭有限的企業。你願意的話，可以搭上遊輪。

他在找三樣東西：有護城河的高品質企業、聰明又有道德的管理團隊，以及合理的價格。讓人意外的是，雖然他採取不干涉的管理風格，但是他投資的許多企業依然蓬勃發展。有一些公司打從他收購以來，規模已經成長了五十倍。

雖然我和巴菲特很不一樣（我寧可吃一碗碎玻璃，也不願意整天看財報），但我還是想登上這樣的遊輪。我再也承受不了驚險刺激的漂流之旅了。隔天早上，我迫不及待地打電話給克里斯。

「我發現終極的人生之道。你知道巴菲特是誰嗎？」

「知道啊」，他回答說，語氣中帶著一點驚恐，以為他又要迎接我另一個瘋狂的創業點子。「我爸總是說到他。我告訴你，你一定要看這本書，」這本書會改變一切。

雖然我知道自己想去的方向，但我其實不知道該如何抵達目的地，我以前從沒投資過任何東西。到目前為止，我唯一的股票投資就是叔公給我的禮物——蘋果公司的股票，而我卻在最糟糕的時機把它賣掉。

不久後，巴菲特和他的商業夥伴蒙格，就成了我在商業世界的偶像。他們將成為我學習投資和交易企業的指導原則，最後再根據我學到的經驗，融入自己的見解。但首先，當時的我完全不知道，我即將展開的新旅程，竟然充滿聞所未聞的背叛與陷害。

—第9章—

把老奶奶推到屋頂

Put Grandma on the Roof

我差點就要贏了。我剛剛破了他的發球局，現在我們平分。我發球失誤，隨後大罵一聲，並擦掉額頭上的汗水。那是星期四的下午，我正在激戰。我把煩惱拋諸腦後，腦中唯一想得到的就是那顆小黃球。我全力以赴地擊球，讓對手跑動起來。

當我在網球場時，整個世界都消失了，只剩下我、對手和那顆主宰一切的螢光色黃球。我渴望聽到球拍擊中球的聲音，以及當我全力奔跑時，運動鞋在地上滑動發出尖銳的摩擦聲。來來回回的啪嗒、啪嗒、啪嗒聲響。打球就像一支舞，每次擊球都是一次對話：先提出一個有挑戰性的問題，隨後緊接著提出迅速而確定的答案。我每天都要靠一大複雜的人幫我完成事情，網球場是我的避風港。在這裡，我一個人就是一個軍隊，完全融入當下，一心求勝。

然後，我突然感覺到我的蘋果手錶在震動。我忽略震動繼續打球，成功贏得我第二個發球局。我的分數在對手之上，這樣很好。手錶又震動了，我把它關靜音。接著它又震動了，我低頭一看，原來是馬克。

這陣子馬克只要打給我，就只有壞消息。我離開球場去接電話。

「你不會想聽到這個消息，」他告訴我，「但是 BookMonster 的帳號又快出包了，你要再次施展你的魅力攻勢。」

BookMonster 是 Metalab 最大的客戶之一，占我們月營收三〇%以上，那家公司反覆無常的執行長是個難以預測的人。他本想付我們幾百萬美元，要我們把團隊人數擴大三倍以達成他短到不能再短的期限，但幾個月後卻為了之前說好的費用和我們大發雷霆，常常好幾個月都沒有付帳單。

他們必須支付這些帳單，我們才能夠發薪水，並讓我許多虧損的業務得以營運下去。除了 Metalab 之外，我還有幾家新創公司需要我挹注資金，每一家都還沒上軌道，繼續燒著驚人的資金。如果 BookMonster 不付錢，我們的麻煩就大了，因為有數十個員工靠我付他們的薪水。

你陷入小土丘了

雖然 Pixel Union 每個月都能帶來穩定的現金流，但我其他的新創公司卻在消耗我有限的資金。這種感覺就像看著沙漏不斷地漏沙，祈禱狀況能出現轉折，以補足我日漸匱乏的資源。賣掉公司之前，我覺得自己沒有什麼可以失去。我在嘗試大膽的舉措，但風險很小。如果我失敗了，那又怎樣？我可以重新開始。現在，我的資產逐月減少，我必須找到投資資產的方法，以及知道該把資產放在哪裡，才能降低它消耗的速度。

差不多這時候，有一次我和我的朋友拉吉夫在碧根山公園（Beacon Hill Park）散步，我告訴他我的問題。

「啊哈，你陷入小土丘的心理，我很清楚這一點，」

他睿智地說。「你是什麼意思？小土丘？」

「你有了一點錢，一個『小土丘』，你想保護它。你現在擁有不能失去的東西了。我開始賺大錢時，也遇到一樣的狀況。」

他說的對。這是我人生第一次覺得自己真的有什麼東西可以失去，這種感覺讓我害怕。我突然覺得恐懼，我的熱情不再，我很害怕。打完網球後，我和馬克通話，絞盡腦汁思考 BookMonster 的狀況，並體認到馬克雖然是個優秀的經理，但他並不想當執行長。他是個了不起的二把手，所以我仍然是……第一把交椅。遇到這類問題時，大家第一時間還是會找我處理。

除此之外，我對公司來說也是個失職的老闆。我幾乎沒把心思放在上面，出問題時我才會出現。公司需要一位更好的新爸爸，但那是誰呢？我在出售 Pixel Union 的過程中，布萊恩是唯一的亮點。他穿著得體，言行一致，他說會順利幫我賣掉公司，結果他真的做到了，促成一樁超乎我想像的交易。

布萊恩是個成熟的人，也是個經驗豐富的商業專家。在談判的過程中，我們很快成為好友，並對於該如何經營公司有相似的理念，同時展現出豐富的經驗。他比我大十五歲，外表和聲音都顯得比我年長。談到商業時，他會用一連串的縮寫，例如ROI、ARR、ARPU、IRR、LTV等等，我必須偷偷在桌子下面用谷歌查詢，才跟得上他的談話。對我來說，他不只看起來很出色，我親眼看到他吸引並說服無數其他商業人士，包括買下 Pixel Union 的理查。每一個我介紹他的人，似乎都很喜歡他。他有能力把任何東西賣給任何人。

他都自稱為連續創業家，常說：「安德魯，第一次成功是運氣，第二次就是真的厲害」，並說他創辦過各種公司的精彩故事，以及他從每一家公司賺到多少錢。（「我把那家公司以一千兩百萬美元賣給一位億萬富翁。」）

他還點出整個 Metalab 沒人看出的問題，包括我和克里斯也沒有看出。當我說Metalab總在苦苦掙扎，我們要嘛太忙要嘛速度太慢，而且我不知道如何平衡這些狀況時，布萊恩立刻知道問題出在哪裡。「安德魯，你的事業缺乏系統，而且你沒有推銷自己，」他冷靜地說，「你就像一間在小巷深處、沒有招牌的好麵包店，完全靠大家的口碑做生意。如果沒有人在外面推銷，你要怎麼預測需求和聘用優秀人才？」布萊恩給我看他寫滿商業術語的複雜矩陣，例如綜效（synergy）和顛覆（disruption）等，我不懂這些術語的意思，他於是解釋他如何用這個策略，讓他上一家公司的營收達到數千萬美元。雖然我不完全懂他的意思，但還是點頭附和並照單全收。

小心說你有天賦的人

布萊恩似乎可以看出我們因低估而錯過的機會。這些東西沒有很難，但我心想自己要和他一樣花十五年創辦公司，才能完全懂這些課題。我打電話給布萊恩，約好一起吃午餐。我又告訴他我所有的擔憂和問題。

他吃拉麵時告訴我：「我喜歡你所有公司，我認為你的想法很棒。」

「謝謝，」我說，「但我其實不想再創辦公司了，我想開始投資。」

「你會的，」他回我，「你是我見過少數有潛力擁成為億萬富翁的人。」接著，他把身體往前傾，用手將他柔順光滑的頭髮往後撥，並和我說：「安德魯，你有天賦，真正的天賦。」

雖然我覺得這些讚美有點過頭，但聽起來很舒服。我現在二十八歲，他是我最親近的導師，而且他已經知道公司一切的狀況，包括缺點在內，但他仍給我高度的肯定，這位經驗豐富且成功創業多次的創業家，正摸著我的頭髮，相信我一定做得到。

「我來幫你解決這個麻煩怎麼樣？聽起來我可以幫上很多忙，」他說，我們吃飽喝足後坐在椅子上，並偷偷打了飽嗝。

「這樣真的太好了，」我說，很榮幸他願意和我一起工作。

我們討論了必要的細節，我也分享過去幾年的一些看法。我需要幫我所有新創公司聘任執行長，並收掉經營不善的公司，以騰出時間讓我和克里斯可以專心投資。

「別擔心，我可以搞定，」他說。他的話就像美國總統對我說「我會支持你」一樣，讓人覺得安心篤定。布萊恩來了，這位新創圈的大人物剛剛成功讓一家公司漂亮出場，現在要加入我的團隊來幫我。他提議讓他飛到維多利亞，我們一起花幾天用白板好好討論，細說我們的危機、預算和未來計畫。

這個人為什麼要幫我？

一個星期後，布萊恩抵達我們辦公室參加會議，討論各種想法。他和我想像的一樣好。實際上是更好。他能夠一針見血指出每個問題的核心。克里斯和我把他帶進會議室，當太陽把金色溫暖的光芒灑在對面海灣的船隻時，我們一一陳述公司遇到的所有問題。沒有廢話，沒有修飾，沒有情緒。我們不斷說明棘手的問題，也得到源源不絕的解方。聘用這個人，開除那個人。收掉這個生意，重組這個組織。

隨著時間過去，我感受到一股前所未有的輕盈感：就算布萊恩不確定該怎麼做，但他也會和我保證他會處理好一切。我們開始每週舉辦腦力激盪會議，我每次都像在看俄羅斯方塊的世界冠軍玩家，毫不費力地解決最困難的關卡。

把這塊移到那裡，把那塊移到那裡，然後問題就解決了。我要老實說，在開這些腦力激盪會議之前，我有點擔心布萊恩可能只是個華而不實的業務員，只是個好看的繡花枕頭。在賣掉 Pixel Union 的最後幾個小時，我對他有點疑慮，因為他的談判看起來好像經過排練。但到了最後，他幫我把我原本願意用兩百萬賣掉的公司，以七百萬美元賣出。

如今，我看到他親自出馬解決我們長期的問題，讓我更了解他卓越的才能。為了這些問題，我們已經苦苦掙扎好幾個月，甚至好幾年，而布萊恩幫我們直接權衡取捨，找到正確的前進方向。我們不想在兩條不完美的道路裡選擇，一直在等某個罕見的C計畫出現。

布萊恩逼我們承認根本沒有第三個選項。從頭到尾，我都不禁在想一個再明顯不過的問題：「這個人為什麼要幫我？他可以從中得到什麼好處？」布萊恩從來沒提到薪資、認股權或股票，連他的差旅費和旅館費用都不是我付的。

但我後來想一想，如果我是他（我認為他有千萬身價），我發現一個和我很像的年輕人，而且我可以指導和訓練他，那麼我一定會盡一切幫他。我心想，布萊恩甚至可能覺得日子無聊，因為他覺得「夠了」，所以他現在用這種方式付出，透過比自己年輕一半歲數的人，重新再搞一次事業。我心想，也許布萊恩正在經歷中年危機，而我是他擔憂害怕的解藥。

幾週過去，我們一直在檢討我們的業務問題。他和我們公司重要的人見面，每個人都很喜歡他。我說的就是每一個人都喜歡他，就算是不習慣談生意的那些創意人士也喜歡他。他有一種不可思議的能力，能夠視不同對象來調整自己。他會知道對方的個性以及他們喜歡談什麼，然後調整自己的表現以適應彼此。看他說話真是令人嘆服。

有些員工很怕我不按牌理出牌的點子，不確定公司是否又要改變方向，但他們對布萊恩卻有一種安心感。我們總算有個大人在公司裡幫我們，一個真正的商業人士，一個每天都會刮鬍子、穿著西裝外套而不是穿連帽衫的人。

感覺每個問題只要到他手上，都會出現解答。例如，Metalab一直想要接到更大的案子，布萊恩幫我們解決了這個問題。他聘請優秀的業務員，這些業務開始成功談到大型專案，我們的生意幾乎馬上就開始蓬勃發展。我們的銷售數字上升，團隊似乎比以前都更有動力。

他能做我們做不到的事

他最後一定會想要錢，所以當那天到來時，我一點也不驚訝。他開口要求，反而讓我鬆了一口氣。「嘿，安德魯，」某天布萊恩在例行的午餐時間說道，「我想開始收取我工作至今的一些報酬。」

我擔心的不是付錢給他，而是我不知道該怎麼付錢給這麼有價值的人。他已經在各種交易裡賺到數百萬美元，我還能為他帶來什麼？

「好的，」我說，「有道理，你有什麼建議？」

「我在想，也許我們可以先按時薪計算我的薪資？」

「按時薪計算？」我說，覺得大感意外。為什麼這麼有身價的人，會以時薪計價？

布萊恩看出我的神情變化，很快就讓我放鬆下來。「這樣做比較簡單，我們不用找律師簽合約，只要用老派又方便的方法按時薪結算即可，」他說。

他的理由很有道理。他解釋過他的想法後，選擇按時薪計費變得有道理。經過一番討論後，我們達成共識，以每小時兩百五十美元計算。

這個價格似乎很高，但考量到他取得驚人的成果，這個價格完全合理。用布萊恩最喜歡的縮寫ＲＯＩ來說，即使按照這個時薪的十倍來計算，我還是可以從他的建議裡，取得不可思議的投資報酬率。

對任何新創公司或小公司來說，人和人之間都有一種親密感，大家的界線不是那麼明顯，每個人都知道其他人在做什麼，彼此之間幾乎沒有隔閡，階級也比較少，因此我們很快就更了解布萊恩。我們一天花十四個小時並肩工作，一起討論每個決定，從人員配置、客戶關係，甚至到訂哪一家午餐都會徵詢他的意見。有些時候他會表現得很無情，我問他是否真的有必要做到那個份上時，他說有時候做生意就必須那樣做。有時候你必須看透對手，判斷該溫柔地收服他們，還是用鋒利的刀子解決他們。

就像連恩那樣。當我們賣掉 Pixel Union，理查已經表示當時的執行長連恩缺乏經驗是個問題，但我不同意這種看法。連恩任職期間，大幅擴展公司的業務，我相信他的能耐。他雖然是個新手，但我覺得他學得很快。

但理查是個老派的人，他認為公司需要他所謂的「前輩」來掌舵，一個年長且經驗豐富的執行長。他想把他在影片出租公司的一位老員工，派去接替連恩的職位。這樣做似乎很不搭——把影片出租公司的主管，派去當 Shopify 主題公司的執行長？我和克里斯為了這件事和他起爭執，但幾個星期後我們意識到公司最後會變成他們的事業。

理查告訴我們，連恩是我們聘用的人，而我們已經把公司賣給他，所以我們應該負責請連恩走人。

奶奶，我帶你去頂樓看風景……

截至目前為止，我的職業生涯從沒有解雇過任何人。我是個經驗不足的經理人，我討厭給別人壞消息，所以我會逃避現實，忽視困擾我的問題，希望不適任的人最後會自己離開。我們把這件事告訴布萊恩，他說他會處理。布萊恩決定開鍘。幾天後他到我的辦公室，告訴我和克里斯最新進展。

「你知道的，我認為這是把老奶奶推到屋頂的時候，」他在談他的計畫時說。

我打斷他的談話並說：「你說把老奶奶推到屋頂是什麼意思？」布萊恩因我們的天真發笑。「這是一句古老的商業諺語，意思是當老奶奶變得又老又多病時，身為子孫的你顯然希望她能夠好好安息，而不是粗魯地把她從屋頂上推下去。」我和克里斯緊張地互看一眼，不知道事情會演變成什麼樣子。布萊恩繼續說：「首先，你要讓老奶奶坐得很舒服，然後在家裡幫她泡一杯好喝的茶。然後你要和她說：『奶奶，我想帶你看看這間房子。』接著你帶她上樓，然後說『外面的風景真美，我們去看看吧。』然後，當老奶奶在屋頂欣賞風景時，你就把她推下去——『砰』的一聲！」

我和克里斯面面相覷，不確定這到底是個笑話，或真的只是個商業比喻。

「那樣做有一點……」克里斯以柔和深沉的語氣說。

「過分。」我接著說，把克里斯要說的話說完。

「孩子們，當你要擺脫某個人時，就是要做這種事，」布萊恩自信滿滿地總結。

「這個比喻真他媽的爛透了，」我說，意識到那不是玩笑話。

布萊恩於是解釋說：「商業的世界有很多爛透了的比喻，但重要的是你要確保是你在用這些比喻，而不是你被別人用這些比喻。」

他站了起來，把手放在我的肩膀上說：「這就是為什麼我在這裡的原因，我是來幫你的，確保你不是那個被從屋頂上推下去的老奶奶。」

當我走出去，意識到我一手栽培且表現非常出色的連恩，如今將被推下屋頂，我覺得非常不安。

布萊恩用讓人訝異且不舒服的方式執行他的計畫。接下來幾週，他和連恩建立起良好的導師關係，並得到連恩的信任。他花好幾個小時和連恩共進午餐，讓連恩覺得有人傾聽自己的聲音，並聽他表示他擔心公司賣掉後可能出現的變數。

幾個星期後，連恩告訴布萊恩自己真的需要幫忙，並會協助招募能夠加入團隊的高階主管。當然，這是布萊恩精心設計的手法，他「打著燈籠」終於找到理查說的那位前輩來當高階主管，而這個人後來成為公司的執行長，最後取代了連恩。

老奶奶被推下屋頂了。在這整個過程裡，連恩一直以為一切都是他自己出的主意，直到「砰」的一聲，一切為時已晚。

做生意就是這樣

我和克里斯的表現就像懦夫，我們裝聾作啞，把時間拿來讀投資書籍，讓一位實習生搖身一變成為我們最大公司的執行長，幫我們賺到數百萬美元。但是，他現在卻被不留情面地從他打造的公司解雇。局面很難看，但當時的我卻懷疑是不是自己的觀念有問題，也許這個狗咬狗的商業世界本來就是如此？

可是，並非所有人都接受布萊恩所謂的「商業」世界。和布萊恩工作幾個月後，我弟弟提姆找我談過他的疑慮。他告訴我：「我認為我們應該和這個人保持距離，他做了很多很棒的事，但他身上有一些讓人不安的地方。」雖然我也有疑慮，卻對我弟說的話表現出很強的防衛。

我對他說：「你在說什麼？你看看他帶來多好的成果！他幫我們賺到幾百萬美元！」接著，我說了和我的導師一樣的話：「做生意就是這樣。」實際上，布萊恩給我的超過我的想像——我賺到的錢更多了，我變得愈來愈有錢。當其他人有類似疑慮時，我就複述布萊恩和我說的話，宛如自我催眠地談論零和遊戲，以及我們不斷上升的ARR（譯註：指annual recurring revenue，年度經常收入）還有EBITDA（譯註：稅前息前折舊攤銷前利潤）。

作家辛克萊（Upton Sinclair）說過一句名言：「如果一個人必須裝睡才可以賺錢，你就很難叫醒他們。」此時此刻，這句話完全可以套用在我身上。

這一切都強化了我當初和布萊恩往來的真正原因：我想尋求建議，想知道該如何從公司日常營運裡脫身。他一直在表面上幫我做到這一點，例如聘請新的業務團隊，或幫我得到可以增加公司營收的新客戶，但還是避免不了我在 Metalab 覺得很痛苦的事實，因為最後的責任還是落在我身上。身為執行長，面對公司正在發生的一切改變，大家都把矛頭指向我。

我不玩了

不只員工帶來很大的壓力，我們整個設計公司的日子都不好過。善變的客戶、起起伏伏的景氣、開不完的管理會議，以及往返舊金山只為了與自大魔人見面，我不知道自己還能撐多久。

有一天我坐在辦公室，剛和我弟提姆（當時他是 Metalab 的營運長）與一個不願意付錢的客戶，結束一場壓力山大的線上會議，然後我整個人崩潰了。

我站了起來，穿過大廳走到克里斯的辦公室，那裡有個好笑的小玻璃魚缸，還有很大的窗戶面對戶外的平台。我無力地坐在他對面的椅子上。這幾年來，我和克里斯因為一起工作而變得非常熟，熟到我們還沒開口之前，就會馬上察覺對方有什麼不對勁，而且還知道問題出在哪裡。

「今天不好過，對嗎？」克里斯一邊蓋上筆記型電腦，一邊看著我說。「我們銀行裡已經有幾百萬美元，為什麼壓力還是和以前一樣大？」我搖了搖頭說，「我不玩了。」

克里斯看著我，好像我發瘋似的。「我們打造出很棒的事業，感覺我們就要有斬獲了，」他說。

「我知道這個事業很棒，」我說，「但我不玩了。」

克里斯懂我的意思，這不是某個單純心情不好的一天，我是認真的。我不想再經營這家公司，我想要啟動脫身計畫。「我想收掉這個公司，停止這些荒謬的事。」

「我們不用那樣，如果你覺得筋疲力盡，」克里斯努力讓我冷靜下來說，「我們找其他人來經營公司吧。」

我們討論這個計畫的可行性，克里斯說服我說，如果我們找到有能力的執行長接手，公司就可以自己營運，我就可以專心做我們接下來想做的事情——投資。

「但是，誰可以幫我們找新的執行長人選？」我問。「我們去找布萊恩談談，」克里斯說。

「好主意！」我回說，「他會知道該怎麼做。」我在克里斯的辦公室拿起電筒，打電話給布萊恩。布萊恩說他很樂意協助，會馬上搭飛機過來。

那天晚上，他坐在會議室與我和克里斯面對面，而我則來回踱步，無奈表示為什麼我想離開Metalab。布萊恩什麼都沒說，他只是點點頭，全盤接收我的想法。最後我說完了，布萊恩停頓了一下，仔細思考我說的一切。這段安靜的空白就好像過了好幾分鐘，我唯一感受得到的是布萊恩在思考。最後，他終於開口說話。

布萊恩坐在我們對面，穿著羊絨V領毛衣，露出成熟而自信的微笑說：「孩子們，什麼都不用擔心，我會處理好一切。」

「是嗎？」我說，整個覺得放鬆起來，「怎麼做？」克里斯同聲問：「對啊，怎麼做？」「我會幫你們找到業界最優秀的執行長，」他說。「這樣太棒了，一切都會沒事。」我頓時安心不少。

我和克里斯鬆了一口氣，互看一眼，覺得能夠認識布萊恩就像中樂透一樣。他會像之前幫我們解決十幾個問題那樣，也把這次的問題解決掉。他站在會議室裡，開始在白板寫下我們希望執行長人選具備哪些特質。

就在他這樣做時，我開始幻想這個人加入公司後，我的生活會變成什麼樣子。我覺得我會很輕鬆或很興奮。布萊恩幫我們公司的未來發展，描繪出感覺起來很正確的願景。只要能稍微從日常營運中抽離出來，我和克里斯就可以專心邁向我們下一個階段。

小心鯊魚

那天晚上，我和我弟弟坐下來談，告訴他們這個消息。他們和布萊恩一樣耐心聽我說，然後提姆說話了。

「你要讓布萊恩去找你的接班人嗎？」他緊張地問。

「他會找到最適合管理 Metalab 的人選，他會處理整件事，」我說。

「安德魯，他有點狡猾，」我另一個弟弟說。

「我知道，但他是我們的鯊魚，」我自信地說。接著，與其說我想讓弟弟安心，不如說是讓自己安心，我再次強調說：「一切都會好轉，他會打點好一切……。」

第10章

第一個五千萬美元最容易

The First $50 Million
Is the Easiest

看著收件匣時，那種再也不用擔心受怕的自在感真是美好。天哪，如果連收件匣都不用看，那就更自在了。我還要感謝即將讓我獲得自由的人——布萊恩。

首先，我知道我們要先找到我的接班人。布萊恩告訴我什麼都不用擔心，我也真的就不擔心了。

「我已經幫你們安排十幾個人見面，這些人都有豐富的高層經驗，管理過數億美元的企業，」布萊恩告訴我和克里斯。

面試前，我就像孩子在聖誕節當天早上一樣，興奮得不得了，充滿了期待和想像。我迫不及待想見見布萊恩相中的人選——那些最優秀的人才，那些可以做到我做不到的事情的領導者。品味是教不來的，所以他們應該要有出色的設計眼光，同時必須是商業管理的高手。他們會照顧我既有的員工，並謹慎招募新員工。他們將讓我們的獲利創新高，同時不會怠慢我們既有的客戶，也時知道如何增加新客戶。

帶這些人來幹什麼？

那天早上，當我準備要見接替我的人選時，我很興奮即將迎來自由的新生活，以至於醒來翻身下床時，整個人笑得合不攏嘴。那天早上稍晚，我倒了一杯咖啡給自己，想像我站在目前約五十名員工的面前，告訴大家為什麼我要離開公司。接著，我會介紹我們新的執行長，他將發表一場激勵人心的演講。我們會堅定地握手，對著大家展露出燦爛的笑容，然後我會走出公司的大門，走進陽光之中，終於得到自由。

不久，我們和那些人選見面了。

結果，他們糟糕透頂。他們都是朽木，徹頭徹尾的蠢貨，無一例外。他們什麼設計或商業都不懂。我和克里斯在面試過程中，只問了一些基本問題他們就招架不來。他們的品味很差，經驗不足，也不懂 Metalab 的獨特之處。

「那個人連幫瞎子設計簡報都不會，」我在和一個五十多歲的男子見面後，這樣和克里斯說。這個人穿著一套雙色的卡其和海軍藍西裝，絕大多數的時間，都在一家會計事務所工作。

「布萊恩帶這些人來幹什麼？」克里斯問，「難道他不知道我們在找什麼樣的人嗎？」當我們和布萊恩表達這些時，他說這只是過程的一部分。「聘請新的執行長，是執行長做過難度最高的工作，讓我來安排更多人選，」布萊恩對我們保證說。

結果，第二輪的人選更糟糕。他就像把開過腦葉切除術的病患都找來，讓他們穿上西裝，然後一天付給他們每人五十美元。

我和克里斯都知道，如果我們讓其中任何一個人營運 Metalab，我們的事業就會人間蒸發。我們得來不易的自由一定會很短命，很快就必須回來拯救公司，免得公司被蠢貨毀於一旦。

我們坐在我的辦公室，進行另一場慘不忍睹的面試，參加這場面試的布萊恩默默搖頭，看起來十分沮喪。布萊恩送走最後一位面試者時，我和克里斯很不開心地坐著查看信件。布萊恩走回到辦公室後，頹喪地坐在椅子，再次搖了搖頭。「很抱歉讓你們失望了，但我能找到最好的人選就是這樣，」他嘆氣地告訴我們，「我到處找，也找了頂尖的獵頭公司，但就是找不到其他人。」雖然我仍決心抽身，但我意識到要花更多時間才能找到合適的接班人。我的心都碎了。

毛遂自薦

當我們開始擴大搜尋範圍時，很快就有人表示有興趣收購我們的公司，並開始和布萊恩的老朋友亞歷山大見面。亞歷山大創辦了一家新的私人股權公司，他剛剛募到數億美元，而且他的背景看起來非常完美。他曾在加拿大創辦一家很大的數位公司，並在幾年前把公司賣給一家上市公司。

我認為這可能是完美的B計畫：把公司賣掉，出場後就不用再經營公司了。布萊恩同意這個看法，馬上著手談判出售事宜。他說事成後他會收一筆佣金，條件和之前一樣。然後，布萊恩又補充說，他願意在這個過渡期間擔任臨時執行長，直到交易完成為止。他向我們保證說：「你們不要有壓力，我只是對自己很失望，因為我沒幫你們找到合適的領導者，我希望現在可以幫上忙。」

我聽了很驚訝，雖然我不想當執行長，但我對於由布萊恩接任執行長一職，心情十分複雜。他當然很出色，也兌現了他的承諾，但我真的想把我用血淚建立的事業，交給一個用「把老奶奶推下屋頂」來當比喻的人嗎？我們地盤裡有鯊魚確實很有幫助，但如果發生問題，鯊魚會對我們的地盤造成什麼影響？他會怎麼對待我弟弟，以及多年來一直支持我們的員工？

但話又說回來，我覺得很痛苦，短暫嚐過自由滋味後，更厭惡重返辛苦單調的工作。除此之外，我認為就算布萊恩可能對公司造成傷害，傷害也會有限，因為我們就要把公司賣掉了。權衡過各種優缺點後，我和克里斯都同意讓布萊恩成為臨時執行長，並制定一項協議。如果他達到某些成果，他最多可以買下 Metalab 一五%的股份。剛好，由於協議的設計，如果他達成相同的成果，我們的股票價值會大幅提高，所以這看起來像是一筆完美的交易。

隨著布萊恩擔任執行長，我終於真正脫離了日常營運的壓力。一個月過去了，我沒搭過飛機，我的肝臟很感謝這段時間不用再和客戶吃飯喝酒應酬了。我和荷莉即將迎接我們第一個孩子——那是個男孩。我很感謝人生走到這段寧靜的日子，我開始在安靜的清晨讀報，並每天打網球。我也開始上吉他課，感謝擁有這些空閒時間（還好我沒有創辦線上ＤＪ學校）。與此同時，布萊恩大肆宣揚說我們幾年前設計的 Slack，如今已成為一家市值數十億美元的公司。他的做法引起許多人關注，他也利用這一點對更多《財星》五百大企業推銷 Metalab。

不到一年的時間，布萊恩已經讓我們的營收翻了一倍。大約在同一時間，有一家私募股權公司提出以五千萬美元收購 Metalab 的提議，這是個讓人不可思議的數字，比Pixel Union 的交易多七倍之多，而且是我離開公司後不到一年內發生的事。

賣掉 Metalab

公司已經有執行長了，我和克里斯可以完全離開並帶走五千萬美元，據此創辦我們自己的小波克夏公司。感覺一切都在走上正軌。這次和上次的交易不一樣，那次我因為猶豫不決，所以買家提高出價。但這一次，我知道這是千載難逢的好機會，所以我毫不遲疑，馬上就答應了。

這筆交易和上一次很像，所以這時候整個過程都是例行公事，買方用這個或那個理由限制我們，誇大無關痛癢的問題，我們也反駁回去。當然，律師也做了法律上的工作，收了我們數十萬美元的費用。幾個月後，我和克里斯搭電梯去我們新的律師事務所的辦公室——法銘德律師事務所（Fasken Martineau）。他們的總部非常大，辦公室有大面的落地窗，牆上掛滿我不認識但應該要認識的現代藝術畫作。

我們的律師史帝夫在服務台和我們會合，並帶我們走進一間大型會議室，裡面的會議桌可以坐下二十個人。他的法務助理隨後帶來一大堆文件，多到她只能用推車把文件推進來，這次的文件多到像四本電話簿那麼厚。當我簽署文件時，手不禁顫抖起來。隨著筆鋒所至，我把我第二個用心血打造的事業交出去。

「這筆電匯金額真是不小啊，」史帝夫一邊微笑，一邊和我握手說。

我露出燦爛的笑容，簡直無法置信。

但是，我當時沒有意識到的是，這個決定將成為我未來兩年痛苦的起點。

第11章

被鯊魚咬傷

Shark Bites

當你知道將有數千萬美元匯入你的銀行帳戶時，我很難形容那種感覺。帳戶裡的數字愈來愈大，就像一個想像的計分板，而我則是遊戲裡唯一的玩家。我的腎上腺素狂飆，混雜了讓人喘不過氣來的興奮感和錯愕感。突然之間，你曾經擁有的每一個夢想和渴望，似乎都將唾手可得。對我來說，我知道我銀行帳戶的數字，將從七位數變成八位數，我也可以照顧家人一輩子。除非我蠢到把錢全部賭掉或燒掉，否則我這輩子都可以過得很舒服。

我把車子駛離律師事務所的停車場並前往銀行，心裡覺得無比興奮。想到自己的帳戶將有幾千萬美元時，我不禁有一點飄飄然。

然而，現實卻不如我所料。當我確認帳戶時，裡面沒有說好的錢，於是我馬上打電話給亞歷山大。

「電匯款呢？」我問，聲音有點顫抖。

「就要入帳了，我們和投資人小小耽擱了，」他說，「給我們幾天時間吧。」

我照做了，然後再次確認我的帳戶，還是什麼都沒有。我們雙方一再重複相同的對話，每一次都愈來愈緊張。他先是要我再給他幾天，然後過了幾個星期後，他不理我了，我這才意識到他們其實沒有錢，也籌不到錢。

我把這件事告訴布萊恩，他非常生氣，並同意我應該叫律師終止整個交易。「我不會再和那個混蛋做生意！」布萊恩對著電話大吼大叫。

你可能會認為，在那個當下，就當你滿心期待拿到裝滿五千萬美元現金的大袋子，打開袋子卻發現裡面空空如也時，你一定會抓狂。但是，如果你在商界打滾的時間夠長，就會料到我父親長久以來學到的事實：「任何可能出錯的事情，終究會出錯。」

我的反應倒是沒有自己想像的那麼沮喪。當我發現公司沒賣成其實也有好處時，我幾乎覺得如釋重負。我在收購的過程裡看過我們的帳目，發現我們的業績實際上比以前更好。隨著新業務激增，資金源源不斷湧入。

終於找回平靜的生活

當然，有時候我的確不認同布萊恩的部分決定，想要重新掌權，但我也知道對Metalab來說，我卸任是正確的決定。大多數創辦人認為，他們要像臉書執行長祖克伯（Mark Zuckerberg）或蓋茲一樣，把公司從車庫創業打造成全球五百大企業，並永遠掌握公司的大權。但我覺得他們都是例外，許多創業家在創業初期表現得很出色，因為從零到一需要非理性的熱情，但這些人鮮少同時具備公司在後期階段所需的管理能力。

我當然沒有這種能力，這可能就是為什麼我覺得管理一家不斷成長的公司，會讓我覺得壓力很大的原因。我發現，我就像個在跑馬拉松的短跑選手，我應該專心去做我最擅長的事，也就是創業，而不是經營大企業。

公司沒有賣掉還有另一個好處，在等資金到位（或最後沒有到位）的期間，我和克里斯可以有時間和空間，思考我們未來的生活應該是什麼樣子。此時，我們已經詳讀所有和巴菲特相關的書籍，並開始研究他的商業夥伴蒙格。蒙格有一句名言一直讓我們印象深刻，那就是他一而再、再而三說的：「要逆向思考，永遠要逆向思考！」

蒙格說：「逆向思考最容易解決問題」。他解釋說，思考你不要什麼，比思考你要什麼容易很多。思考你討厭的東西，然後據此反向優化你的生活，不要讓你不喜歡的事情出現在你的人生。

所以，我們決定逆向思考。先列出我們的困擾，寫下所有讓我們痛苦的任務，包括：

開不完的冗長會議。深夜還要收發電子郵件。

回覆不斷需要回饋和建議的人。緊湊忙碌的行程。

必須和孩子分開外出工作……

這個清單可以一直寫下去。我們列出一份我們所謂「反目標」清單。我和克里斯列出我們討厭的所有工作後，接下來花了幾個星期思考該如何委任和調整結構，好讓我們不用再處理這些任務。我們大多數的問題，都和公司內部各自的事務有關。自從我們聘用布萊恩後，他身為臨時執行長的職責是處理所有和 Metalab 有關的問題，讓我們的生活變得無比輕鬆。

終於擁有不被打擾的時光

所以，我們決定為每一個事業體聘請主管，只有在必要的時候，他們才會聯繫我們。我們會設立一個總部，我倆專心讀書，主管只有在需要的時候才可以和我們聯絡。此時的我有一個重要的洞見，這個洞見就是我現在經營事業的核心之道：只做自己熱愛的事情並不夠，還要不再做你討厭的事情才可以。我們的目標不是——不像許多人以認為的——不要工作即可，而是只做自己喜歡的工作。去做就算沒有薪水可領，你也願意做的事情。

我們很快就租了一間屬於自己的小辦公室，這間普通的房子，可以讓我們在Metalab和其他公司的日常工作之餘帶來緩衝，讓我們可以投入新的投資工作。我們最後找到一間再普通不過的空間，又小又無趣的辦公室，單調的地毯、老舊的克里格（Keurig）咖啡機和一扇窗戶。

但我和克里斯並不在意這些，這裡很安靜而且租金很便宜。我們終於可以奢侈地把門關上，知道再也不會有人來敲門。就算是置身在只有椰子的荒島上，我們也不在意。

我們的身分變了：我們先是球場上的球員，後來變成在場邊喊叫戰術的教練，而如今，我們終於來到屬於球隊老闆的安靜包廂。

我只想知道我會死在哪，這樣我永遠不會往那去

布萊恩身為 Metalab 的執行長，他的表現遠超出我們的期待，我和克里斯幾乎從所有人身上，尤其是我們的客戶那裡，聽到很多正面的回饋，就連我弟弟提姆也開始對他有好感。我一直在追蹤營收數字，公司的成長超乎我的預期。你可能認為，有一部份的我會對自己這麼容易就被取代而覺得不快，因為布萊恩可以接替我的工作，而且馬上有所斬獲，但我其實很高興公司不再需要我。我甚至讓他決定辦公室的裝修，處理那些我不想應付的繁瑣公文，而布萊恩也願意承擔所有工作。

於是，我終於找回我的人生。我和克里斯一起深入探索投資的世界，我們當然讀

過一些傳記，但現在我們想更深入研究細節。我拿到波克夏海瑟威每個年度的財務報告，並開始像對待古董手稿一樣，仔細研究上面的數字，想找到他們的祕密策略。我們還研究過其他知名的價值投資人，例如馬克斯（Howard Marks）、帕布萊（Mohnish Pabrai）和艾克曼（Bill Ackman）。我們很著迷他們各自獨特的投資風格，包括不良債權投資（distressed debt investing）、逆向投資（contrarian bets）和股東積極主義（activist shareholder initiatives）等。

但是，沒有人像蒙格那麼吸引我們的注意力。蒙格曾是大學中輟生，後來從哈佛法學院畢業，從事律師一職到四十多歲，接著決定當全職投資人。他是無心插柳成為史上最偉大的投資人之一。幾十年來，他和巴菲特並肩工作，透過購買被低估的公司來創造超額回報。在你想像得到的所有地方，他都採取和傳統投資人相反的做法。

多數投資人追求多樣化（diversification），但蒙格稱之為「多弱化」（deworsification），並問：「為什麼要投資排名第一百的股票？」當其他人都在賭股市的短期波動裡，根據行情來回買賣時，蒙格則主張投資人應該買一家優秀的公司，然後「什麼也不做」。一般來說要幾十年什麼都不做。

蒙格和巴菲特有一點不太一樣，巴菲特的說法通常前後一致，也不喜歡太批評任何人，但蒙格對於企業詐欺到加密貨幣等等，幾乎什麼事情都直言不諱。如果巴菲特是個十二小節的藍調，那麼蒙格就是前衛的爵士樂，你永遠不知道他接下來會說什麼有趣的話。

他是名言錦句製造機，不斷說出我想刻在身上的格言。比方說這句：「我只想知道我會死在哪裡，這樣我就永遠不會去那裡」。這句話和死不死沒有關係，而是說明反向思考和避免錯誤的重要性。找出你最糟糕的狀況（例如破產），然後找到避免這種狀況發生的方法。畢竟，世上最優秀的投資人之所以能夠勝出，靠的不只是相中贏家，他們真正了不起的地方，在於避免犯下愚蠢的錯誤。他們靠了解羊群心理的陷阱，避開了次級房貸到加密貨幣等等，那些吸引人們貪婪想像的泡沫和狂熱。

他的方法令人耳目一新，對我和克里斯來說尤其具有吸引力，原因有二：第一，他的方法簡單易懂，你只要做出好決定，接著就可以放手不管。其次，把資金投入企業並長期持有的策略，對我們來說非常自然。未能賣掉 Metalab 後（我們其他事業體也收到其他收購提議），我們清楚意識到就算有鉅資擺在我們面前，我們也很討厭賣公司，因為就一家優秀公司來說，鮮少有合適的賣出時機。這些公司通常會隨時間不斷成長，但沒有人願意為未來的潛在價值買單。

向偶像取經

蒙格對人性的深刻了解，也讓他的方法因此出名。他說，企業分析屬於定性分析，要了解人的行為和心理；至於定量分析，那些數字寫在餐巾紙上就可以勾勒出輪廓。他說，如果一件事情還要再多考慮一下，那麼最好還是放棄。他主張持有現金，等待他所謂的「無腦的機會」——一筆好到難以拒絕的交易。

蒙格說：「我的想法是，先讓水桶裡的水排光，再來探囊取物。」我人也許待在一間很醜的小辦公室，坐在我的宜家牌工作椅，喝著苦澀的克里格咖啡，但我正在吸收蒙格的教誨，並試著把它們應用到自己的生活。

現在，我們唯一要做的，是找到一個合適的投資標的。

幾個星期過去了，我和克里斯狼吞虎嚥地了解我們新偶像的一切。我們正在學習如何提出正確的問題，必須思考如何將蒙格的框架，應用在像我們這樣的科技公司。

可口可樂是一家難以與之匹敵的公司，就算有人願意花一千億美元，打造新的可樂公司來和可口可樂競爭，都會顯得很可笑。還有人記得皇冠可樂（RC Cola）嗎？維珍可樂呢？還是電瓶可樂（Jolt Cola）？人們就是喜歡可口可樂，對這個品牌的忠誠度很高。

我絞盡腦汁地想，想在科技領域找到類似的公司。我研究不同類型的商業護城河，其中一個引起我注意的是網絡效應（network effect）護城河。一九六〇年代，Visa 公司率先推出信用卡，並在全球建立廣大的網絡。打造這樣的網絡昂貴又耗時，該公司花了數十年的時間才完成，但現在從多倫多到廷巴克圖（Timbuktu）的任何商店裡，你都可以使用 Visa 卡付費。每次有人用信用卡刷卡買東西，Visa 就會收取少量的手續費讓交 更便利。信用卡創造出網路效應，讓其他公司難以和 Visa 公司競爭。如果一家老闆接受信用卡付款，他們會接受 Visa 或其唯一主要競爭對手 Mastercard，因為其他商店也是這樣，它們是人們最普遍使用的信用卡。

提到網絡效應這個概念時，我會想到臉書。我認識的人，從我的朋友到我父母，幾乎每個人都有臉書帳號，大家因此形成龐大的網絡。如果有人註冊使用社群網絡，他們不會想自己一個人玩，會想去朋友聚集的地方，而他們的朋友都在用臉書。

找到下一個可口可樂，或臉書

很顯然的，世上所有投資人都對臉書有過一樣的想法，但我開始想，是否有規模小一點的臉書、小瓶裝的可口可樂。於是，我想到我崇拜的網頁設計偶像丹・錫德霍姆。錫德霍姆和他的事業夥伴桑內特（Rich Thornett），在二〇〇九年創辦了一個叫做 Dribbble 的網路社群，當時有數百位設計師在上面分享作品，並給予彼此回饋。這個網站很棒，對我這種人在加拿大西岸一座小島的新手設計師來說，我很感謝能夠認識那麼多志同道合的設計師。我用 Dribbble 找到我一些最早期的員工，甚至還因此得到一些客戶。這些年裡，這個網站從大約只有一百個阿宅設計師，增加到幾乎全世界每一位設計師都會使用，成為網路上排名前三千大的網站之一，每月擁有數百萬訪客。

幾年前，我曾以熱情粉絲的身分寫過幾封電子郵件給丹，請教他很多問題，他也親切回覆我的問題，所以到現在我仍有他的電子郵件。

於是，我寫了一封簡短的信給他：「嗨，丹，希望你一切都好。不知道你是否考慮過賣掉 Dribbble？如果你有興趣的話，我想和你聊聊這個話題。」

幾小時後，他回覆我：「不想，不過謝謝你。」他和里奇經營得很開心，還不打算賣掉公司。

但我對 Dribbble 念念不忘，當我看過的企業愈來愈多，我唯一想到的是其他企業都沒有像 Dribbble 那樣的護城河。Dribbble 完美符合我的理想，我身為設計師和使用者，很懂

Dribbble，它由我非常尊敬的人經營，而我認為這個網站還有許多未開發的潛力。

於是，我每隔一個月左右就寫信給丹，提醒他一下。「嘿，丹，我只是來確認一下。我知道我有點煩人，但如果你們改變心意的話，請告訴我。」

他每次都會開心地拒絕我，我們甚至通過幾次電話，這讓我非常興奮，因為他對我早期的職涯影響很大。但是，要他賣公司這件事，感覺永遠也不會成真。然而，離開 Metalab 並全心投入潛在的收購機會，是我多年來最美好的體驗。就算他不想賣給我，我還是很喜歡我的新工作，雖然到現在為止我還沒達成任何交易。

我相信莫非定律

差不多這個時候，我回爸媽家吃聖誕節晚餐。我們圍在餐桌旁，享用火雞並聊著大家的近況時，我問我弟提姆，我人不在時，辦公室文化在布萊恩管理下有什麼狀況。

「我很喜歡他，」提姆說，「他做得很好，大家都很高興。」

於是我說：「那太棒了。財務狀況看起來也非常好。」

然後，我弟停下來看著我。

「怎麼了？」我問，「到底怎麼了？」

「那也許沒什麼。」弟弟回我。

「什麼沒什麼？」我追問他。

提姆又停了一會兒。「上週發生一些怪事，」他說完便停下來，「其實也沒什麼，別擔心，我不想製造麻煩。」

但太晚了，我沒辦法不問個清楚，沒有什麼比有人叫我別擔心，更讓我擔心了。在我再三要求下，我弟終於願意說了：「你知道我們要怎麼搞定新的辦公大樓嗎？」

我放下叉子，點點頭。

「嗯，官僚流程耽誤到我們的時程，布萊恩很沮喪，他要我去賄賂一位驗樓師，這樣我們的建照就可以更快核准下來。」我弟說。

「等一下，賄賂？你說真的嗎？」我不可置信地看著我弟，他點點頭。

「這太扯了」，我說，「我們可能會因為賄賂都去坐牢！他真的那樣說？」

「他用 Slack 和我說的，」提姆把他的手機拿給我看，我簡直不敢相信我看到的畫面。布萊恩傳了一個訊息給提姆，要提姆「賄賂驗樓師」，因為「要打點好一些人」才能加快執照的核准速度。

我顯然鬆了一口氣，因為我弟沒有聽他的話真的去賄賂驗樓師，否則聖誕節時他可能要待在監獄裡（而我可能就在他隔壁的牢房），但我也覺得心神不寧。如果布萊恩想靠賄賂驗樓師，讓我們可以提早幾週搬進新辦公室，那麼他在生意上還會走哪些旁門左道？我不願意再去想這件事，畢竟我已經把自己改造成投資人了，但我又沒辦法不去想那位驗樓師，也甩不掉老奶奶在屋頂上的畫面。

我在凌晨三點醒過來，覺得很不舒服。我到底讓什麼樣的人來管我的公司？我覺得很難受。隔天，我打電話給一個認識布萊恩的朋友，告訴他發生的事情。

「我不懂，為什麼他要為這種蠢事冒那麼大的風險？」我說，聲音很緊繃，「他已經是個千萬富翁，卻可能因為這種事鋃鐺入獄！」

「布萊恩？」我的朋友問，「我不認為他是個千萬富翁，我甚至懷疑他連百萬富翁都不是！」我聽了心頭一緊，不想相信這是真的。

他必須馬上離開！

但為時已晚，我已經和鯊魚在水裡共舞了。我恐慌地打電話克里斯。

我告訴他：「我們必須馬上解雇布萊恩，這整個都不對勁。」我告訴克里斯我和朋友的談話以及後續通話的內容。我告訴他驗樓師和 Slack 的訊息，以及事情整個很不合理。我們在電話裡回顧過去幾個月發生的所有事，就像重新看一齣驚悚片一樣，開始注意到一些不對勁的細節。布萊恩說過的話，還有他介紹的那些人。我們在找執行長的過程，清一色都是愚蠢的人選，如今回頭看就像一齣串通好的戲碼。

「他必須馬上離開，馬上！」我對克里斯說。

「等一下，等一下，等一下，」克里斯說。

然後他提醒我，我們不能明天就開除布萊恩，因為如果我們一不小心，他一定會向我們求償幾百萬美元。我們必須詳細記錄一切，並準備好證據。我們需要火力支援。

克里斯說的對。我們就像和連環殺手住在一起，害怕成為他的下一個受害者而不敢出聲。他是不是從一開始就在計劃這些？我知道我要深入了解到底發生什麼事，也知道我不能問他任何問題。布萊恩能夠一眼就察覺我的恐懼和不安。

我開始深入研究我們的帳，查看公司的每一筆交易。我們每個月都有數千筆消費，其中大部分交易內容都被信用卡公司，用奇怪的交易代碼遮住了，需要花好幾天才能釐清帳單明細。但我花的時間越多，問題就變得愈來愈清楚。這些花費實在太離譜了。

過去幾個月，布萊恩已經花了數十萬美元在旅行上，上個月他住在四季酒店，幾天內花了兩萬兩千美元。他住的豪華套房當然都很貴，但帳單上大部分的明細顯示，錢是花在酒類、住宿和數千美元的晚餐上。

我知道如果我問他帳單的事，他會怎麼說。他會說那些不是重點，然後開始滔滔不絕地談這些花費的投資報酬率有多高，說他是在飯店款待新客戶，還有說我和克里斯不懂現實世界的運作方式，諸如此類。他會說他正在簽下大客戶，生意非常順利。但即使如此，這些費用還是高到完全不合理。我的鯊魚正坐著頭等艙，飛到全世界最好的飯店，享用香檳和魚子醬，而我卻要幫他買單。

到了這個節骨眼，我已經準備好要開除布萊恩了。想到他讓我們買單他在四季酒店最貴的套房、環遊世界搭的頭等艙，然後建議我弟賄賂驗樓師，我沒想到我會這麼生氣。我和克里斯迅速搭機前往溫哥華，要和最王牌的就業律師見面，打算馬上採取行動。

我的雙眼因睡眠不足而顯得十分疲憊，再加上因為焦慮到無法進食而覺得噁心。我在玻璃辦公室裡坐在律師的對面，把一切告訴他，並把一疊疊的文件放在他面前，指出這個事實和那個細節。律師拿起文件靜靜看著，我則望著窗外，玻璃和鋼鐵交織勾勒出山脈和海灣的粗獷之美。我心想自己真是蠢到不行，怎麼每次都被這個人騙。從律師嚴肅的表情來看，我還是有可能失去一切。

「你看，」律師過了一會兒才開口說話，「這種情況很棘手，但我認為你完全有理由解雇他。你可以把這個人攆走，而且你應該盡快這樣做，免得他奪走你的一切。」

我搞砸了弟弟的假期

我和克里斯都鬆了一大口氣，心中的壓力終於釋放。回到飯店後，我們擬定了一個計畫。我已經寫信給布萊恩，問他能否幾天後在溫哥華和我們見面，他馬上回覆說沒問題，沒有再問其他問題。我知道我們有幾十張可以用來開除他的帳單，但我也不想冒險，所以決定尋求協助。我拿起電話打給我弟。

「嘿，你好嗎？」我說。

「很好，」他說，「我剛到加州棕櫚泉市，準備去飯店然後游泳。」

可惡，他這週休假。我停了一會兒，努力想一想還有沒有其他辦法，但真的別無他法。「很抱歉，我需要你馬上回到溫哥華。」

他停頓了很久，終於開口說話：「我剛和我女友抵達棕櫚泉耶，這次度假早就安排好了，」他說。

他說的沒錯，但那一點也不重要。「很抱歉，但你今天必須搭飛機回來，」我告訴他，「我們要馬上行動。我們要解雇布萊恩，我需要你的幫忙。」

接著又是一陣很長的沉默，然後是一聲無奈的嘆息。

「我現在出發，」他說。

那天下午稍後，我和我朋友提姆見面，他是創業多年的連續創業家，我常向他請教商業問題。他平靜地聽完我說的話，面無表情地點點頭。

「別太著急，」他和我說，「你現在根本不可能解雇這個人。他太聰明了，而你也還沒完全準備好。沒錯，對你來說他揮霍無度和企圖賄賂的做法顯然不對，但他會爭論說這只是做生意的成本，然後他會說賄賂驗樓師的事只是誤會一場。他確實幫你帶來客戶，不是嗎？他確實幫你賺了很多錢，不是嗎？他會告你，拿走你一部分的生意，然後你就不得不用高到誇張的估值買下他的股份，否則他就會毀掉你的生活。有一句諺語是這樣形容這種人：『別和豬打架。你們都會搞得一身髒，但那隻豬會樂在其中。』你必須把他逮個正著才可以。」

這是我最不想聽到的事，但我怕事情會被他料中。律師也許認為這個案子有十拿九穩的勝算，因為案子可能會在法院拖個至少一年，律師事務所就可以因此賺到可觀的律師費。提姆知道這種人會做出什麼樣的事。

我甚至給了他獎金支票

結束和提姆的會面後，我走到溫哥華的布勒街（Burrard Street），意識到兩件可怕的事：第一，我弟正從棕櫚泉飛回溫哥華，但現在根本不用這樣做了。第二，我已經安排好要和布萊開會了。我弟回到溫哥華後非常生氣，我想解釋發生了什麼事情，但我說得亂七八糟、毫無條理。但就算我說得很清楚，那也不是他要承擔的責任，那是我自己的責任。我當時太焦慮，以至於無法釐清思緒。

接下來兩天，我和克里斯都想不出該怎麼取消和布萊恩的會面。我們別無選擇，只能照舊前往。我們在驚慌之中，決定親自把布萊恩的季度獎金支票交給他，而不是解雇他。是的，我們把獎金支票交給我們不再信任的人，並深怕他可能毀掉我們花了十年建立起的基業。

我們想不出其他辦法，可以讓他那超級敏銳的心思不至於起疑。幸好，我們做到了，布萊恩沒有察覺到我們的恐懼，因為他太沉浸在自己的光榮裡。整場會議裡，他都在說我們有多出色，以及公司的生意有多順利。

對我和克里斯來說，那真是煎熬的時光。我們明知一切真相，卻被迫坐在那裡笑著讚美他，假裝感激他幫我們做的一切。

我們的演技應該得到一座奧斯卡獎。

會議結束後，我們馬上回到律師的辦公室，開始進行我們的案子。我們開始蒐集布萊恩的一切所做所為，相關文件疊得厚厚的。舉凡電子郵件、Slack 訊息、逐項羅列的收據，以及企圖賄賂的事證都有。我們的目標是讓我們有百分之百的勝算，勝算大到讓他根本不會考慮要求拿走公司股份。

逮到了！

我原本以為這件事要幾週即可完成，結果花了四個月——漫長且超級、無比昂貴的四個月。我們聘了更多律師，仔細檢視每一條 Slack 對話、簡訊紀錄、公司電子郵件和每一筆帳目。所幸，布萊恩雖然擅長說謊，但他也非常粗心，留下許多書面紀錄。

為了調查，律師檢查了布萊恩在 Metalab 的電子郵件帳號，並將發現的一些怪事告訴我們。布萊恩曾多次把公司的客戶資訊，轉寄到他個人的信箱，然後把公司信箱裡的客戶資訊刪除。此時，我腦中的警鈴大作。

我們相信布萊恩正在私底下創辦他自己的祕密設計公司，成為 Metalab 的競爭對手。他用他私人的電子信箱轉寄資訊給客戶，而客戶並沒有要他寄這些資訊。布萊恩的臉皮很厚又膽大妄為，竟然讓他的助理在 Metalab 幫他的新創公司找辦公室。更糟糕的是，他接洽了我們合作多年的老客戶，告訴他們他要成立一家新的 Metalab「分拆」公司，可以提供更好的服務給它們。

他真是欺人太甚。於是，我們開始制訂新的公司政策，包括不可以搭頭等艙，不可以住五星級飯店，所有超過一萬美元的花費都要由我親自批准。我們很滿意這些新規定，但我們的目標是限制他和其他人，可能對公司造成的潛在傷害。接著，他的反應是開始刪除他的私人電子郵件，還有幾千則對他不利的訊息。但是我們已經備份了，並記錄他刪除資訊的行為。

壓倒駱駝的最後一根稻草，是布萊恩用他在公司的電子郵件，和我們重要的客戶安排了一場會議，然後又把電子郵件都刪掉了。我們認為，他打算做簡報向客戶介紹他新的接案公司。我們團隊注意到，他已經把這場會議從他在 Metalab 的日曆刪除，同時在溫哥華排了一系列的假會議，以掩飾他將在舊金山和我們客戶見面的事實。這下總算是被我們逮到了。

我們把自己關在 Metalab 的會議室裡，當我們來回踱步，倒數布萊恩的飛機何時起飛時，提姆和我們的人力資源主管艾莉莎在我們兩邊站崗。當布萊恩的飛機降落時，我們用迅雷不及掩耳的速度採取行動：我留了一則語音在他的手機信箱，告訴他他已經被解雇了，並以電子郵件書面告知他。

我們把他逮個正著。但布萊恩不打算輕易放手，他認為 Metalab 的許多主管都忠誠於他，會支持他對這整件事的說詞。可惜的是，布萊恩嚴重高估大家對他的支持。雖然有很多員工喜歡他，因為他有一種能夠扭曲現實的能力，讓人們覺得自己被感同身受，但他同時也給人們一種認知失調的感覺——感覺起來有點不對勁，不太合乎情理。他的言行不一致，人們開始看穿他的假面具。

沒辦法再相信任何人

我們解雇布萊恩時，他勃然大怒，像發瘋似的打電話給一位他計劃要一起祕密創辦接案公司的主管，因為布萊恩以為那位主管是他的同謀。相反的，這位同事意識到布萊恩的行為非常不道德，並誠實告訴我們他的所作所為。

他告訴我們布萊恩在舊金山的活動，說明他如何推銷他的新公司，想要挖走我們的客戶。布萊恩打電話給他時，他正和我們坐在辦公室的會議室，布萊恩的聲音裡充滿了憤怒。「到底發生了什麼鳥事？」他說，聲音大到擴音器發出劈哩啪啦的爆音，我們都在一旁聽著。

我們全程錄音是為了給律師聽，那位同事意識到布萊恩做得太過分了，他現在也站在我們這一邊。我們一起歡呼並相互擁抱，並幫每個人倒了一杯蘇格蘭威士忌。我的眼淚差點掉下來，我們為他的垮台乾杯，慶祝我們的勝利。

幾個月後，我們收到布萊恩委任的律師事務所寄來的恐嚇信，他們對 Metalab 求償一千五百萬美元。正如所料，我們陷入一場戰鬥，這場法律攻防持續了幾年，但終究達成令人滿意的結果。在一場訊問會議裡，我和布萊恩輪流被對方律師提問，布萊恩想要反駁我們的主張。所幸，每一件事我們都握有大量反證。

當他否認曾叫我弟弟去賄賂驗樓師時，我的律師大聲唸出我們在 Slack 訊息發現的內容：「賄賂驗樓師」、「要打點好一些人。」

當他說他從來沒有創辦其他公司要和我們競爭時，我的律師拿出他和另一個主管之間的簡訊對話，裡面詳細說明他的計畫。他不僅要帶走我們兩個重要的客戶，還特別提到他打算說服哪些 Metalab 的員工加入他的新事業。

經過好幾個小時後，布萊恩的律師看了他一眼。就在那一刻，我知道一切都結束了。多年來，這是我第一次毫無負擔地呼吸，一股激動的解脫感湧上心頭。

不久後，他的律師提出以十萬美元和解。多年來布萊恩一直盤據在我的腦海，如今我實在受夠了。我很想在法庭上和他奮戰，但我更想繼續往前走，把他拋諸腦後。我的人生有更美好的事情可以做。

雖然我不想付他任何錢，但我就自己付的律師費來推估，布萊恩可能會因為訴訟開銷而負債幾十萬美元。雖然這場仗贏得不如我想像的那麼精彩，但還是有嚐到一絲正義滋味的感覺。

先搞清楚不要什麼

布萊恩一離開，我別無選擇只能再次成為 Metalab 的執行長。我暫停了我的投資人生活，收起我的投資書籍，撤掉那間小辦公室，回到過去忙碌的生活。我的收件匣總是爆滿，日曆上用各種顏色排滿了行程。我又開始覺得痛苦難耐。

而且，我還讓大家都知道我很不好過。我變成一個很難共事的人，一部份原因是自從布萊恩的事結束後，我覺得自己再也無法相信任何人。我就像一隻受虐的狗，只要有人做了一些不可預期的舉措或發出聲響，我就會狂吠咬人。我開始質疑所有人、所有事，甚至不再相信自己的直覺。我老是在想還有誰在騙我。

更糟糕的是，布萊恩趁我們不注意時，大幅增加公司的成本，包括失控的薪資、貴到不行的新辦公室，以及多了好幾層不必要的高階主管。我活下去的唯一希望，是成為所謂的戰時執行長（wartime CEO），努力砍成本，解雇不適任的員工，要大家在辦公室裡把皮繃緊一點。我完全沒有頭緒該怎麼整頓這一切。我可以理解我弟還是很氣我，因為我不僅毀了他難得的假期，還可能害他失去一切。我有很多事情要處理，卻完全不知道該如何下手。

然後那句話出現在我的腦海裡：先搞清楚自己不想做什麼，就可以找到自己想做什麼。現在我確定一件事：我會不惜一切代價，不再和像布萊恩那樣的人合作。

第12章

反目標的收購策略

The Anti-Goals Acquisition Strategy

當我走出羅根國際機場，凜冽的風打在我的臉上。大雨傾盆而下，很快就浸濕我的薄外套。我忍住顫抖，疲憊感深入骨髓。我們鑽進乾燥的計程車座位之前，克里斯和司機簡單交談了幾句，告訴他我們要去的目的地。我們兩個徹夜工作、一夜無眠，對於該如何完成此行的交易倍感壓力。老實說，我們完全不知道是否能成功。

計程車在早晨的車陣裡蜿蜒駛入市中心，我痲木地凝視著窗外，濃霧和細雨籠罩整個波士頓。再過幾個小時，我和克里斯就要提出幾百萬美元的報價，希望能夠買下我們第一家要收購的公司。我為此準備了很久，但還是覺得沒有完全準備好。

我深深嘆了一口氣，呼出的氣在窗戶上形成一層霧氣。克里斯斜眼瞥了我一眼，但什麼都沒說。我心中的結繃得愈來愈緊，真希望我昨天晚上能好好休息，或起碼對自己有信心一點。當車子停在四季酒店光亮的外牆前面，我知道我唯一能做的就是走進飯店，拿出我最好的一面，然後摸石過河。

收購 Dribbble

讓人壓力更大的是，這次收購不是為了賺更多錢，而是為了逃避我眼下的困境。身為戰時執行長，我的生活苦不堪言，我一天工作十六個小時，努力收拾布萊恩留下的爛攤子，並要做艱難的決定。為了放鬆，晚上我會躺在沙發上，思考我們的第一筆投資。該如何把巴菲特和蒙格的策略，應用到我所處的產業裡？雖然我對刮鬍刀片、貨運鐵路或家居保險所知甚少，也不太懂他們的獲利模式卻很了解數位公司和創意社群，所以我的思緒總會回到 Dribbble 身上。

所以，我不斷寫信給丹，一次、又一次、再一次。就這樣持續了將近一年，然後有一天，電話響了。

「嘿，老兄，」丹熱情地說，「我和里奇討論過了，我們準備好要聽你對交易的想法。你下週可以飛到波士頓嗎？」我們之間沒有任何承諾，唯一擁有的只不過是一絲絲的機會。

我們馬上訂了機票。一個星期後，我們來到波士頓公園對面的四季酒店，待在一間租來的會議室。我突然想到布萊恩點香檳並瘋狂花錢的畫面，但我必須忽略這些想法。我要拋開那些想法，專注在手邊的工作。

丹戴著厚框眼鏡，留著修剪整齊的鬍鬚。雖然他在設計界的地位崇高，但他本人卻十分低調、深思熟慮又很好相處。如果他是動物，我想他是一隻泰迪熊。里奇則是個俐落的工程師，很客氣又沉穩。他們穿得很輕鬆，是牛仔褲搭配連帽衫，沒有一絲的矯揉造作。我們很幸運地很快一拍即合。

他們和我們一樣，都在偶然之間經營起一個大公司。他們意外成為創業家，至今仍不知道該如何看待這一切，也不確定自己有什麼感覺。我們互相分享自己奮戰的故事，在談到我們的共同朋友後，里奇開始告訴我們他們的近況。

「我們喜歡在 Dribbble 工作，設計網站、增加功能，讓它變得更好。我最享受的時光是戴上耳機寫程式，但我現在做的已經不是這些事了。我們有員工要管理，都被捲進一些我們不想做的事情。」

我點點頭，我懂那種感覺。

「我懂，我有過那種經驗，」我告訴里奇，「要轉換身分很難，但我們已經找到建立團隊的方法，派人去做我們沒有興趣的工作。我們來檢視整個過程，然後逆向找到合適的作法。」我們和他們一起進行我們所謂的「反目標」練習，這是布萊恩接管公司後，我們在小辦公室第一次做過的事。

我們絕不邀老奶奶上頂樓

我們請丹和里奇列出他們不喜歡的所有工作，他們最不喜歡的是管理工作。沒過多久，他們就敞開來說了。「我很討厭打廣告業務電話，」丹開始說，里奇聽了點點頭。「打那些電話的感覺很差，管理一個大團隊的壓力也真的很大，」里奇補充說。「這只是我們長期焦慮的一部份，此外總會有人有問題，並希望你去解決問題。」現在輪到丹點頭表示認同。

我們的談話就這樣持續下去，直到白板寫滿了各種抱怨。其中最大的議題是管理難度，必須處理合約並和律師打交道，同時還要應付氾濫成災的收件匣，裡面滿滿都是要他們協助或給予回饋的要求。當他們列出他們所有的反目標後，我把每一個目標一一圈出來。

「這個我們可以解決，」我邊說邊圈出其中一個，「還有這個。」我繼續圈出所有反目標的項目，並解釋我們針對每一項所採取的策略。我放下麥克筆，坐在他們對面。我說：「我們可以幫你解決所有這些問題，你們可以明天一覺醒來，在Dribbble全心投入你們喜歡做的事，不用再打廣告電話，不用再處理合約，不用再承受人事壓力。我們會處理好你們不喜歡做的事，讓你們專注去做熱愛的事。」

接著，我把白板翻到另一面，讓丹和里奇列出一旦他們的反目標消失後，他們想專心追求的目標。丹說他想減少工時，幫公司做一些自由設計的工作。他還想專心做他的播客（podcast），因為他喜歡和創意人士交流並推廣 Dribbble 的品牌。至於里奇，他想專心做產品，同時探索他多年來一直想做的業餘活動。此外，他還想兼職攻讀碩士學位。在 Dribbble，他則希望全職開發新功能。

我看得出來列出目標讓他們很有共鳴。對丹和里奇來說，銷售不只是為了錢。他們當然會想降低自己的風險，並把一部分資金撤出 Dribbble，用來買房、買車和供孩子讀大學，以及滿足其他需求。但我知道對他們來說，把 Dribbble 交給合適的人非常重要。

我們有過賣掉 Pixel Union 的經驗，所以很能體會他們的心理。基本上，我們想成為自己當年希望把公司售予的對象，成為不會把我們的事業搞砸的人。這樣的買家會讓既有的經理人留任到他們想離開為止，他們也會善待員工，並捍衛前人辛苦打造的公司文化，同時推動事業往前發展。最重要的是，我們不會威脅要把任何一個老太太推下屋頂。

需要更多現金，更多！

會議結束時，我們告訴丹和里奇，我們會在那個週末提出收購的報價。隔天，我們提出一份報價，願意以高達七位數字的估值，收購該公司大部分的股份。以他們公司目前的規模來說，這簡直是一筆大鉅款，也是我們迄今為止開出最大的一張支票。但即使如此，我們對這筆投資還是很有信心。在我們開過的「反目標」會議裡，丹和里奇告訴我們他們不喜歡打電話。由於他們的廣告收入非常有限，我問於是他們如何吸引潛在的廣告商。如果他們不是靠打電話，那麼他們會當面和客戶見面嗎？

丹只是聳聳肩。「每天都有人寫信給我們，說『嗨，我們通個電話吧』，」他說，「但我們總是在拖。」結果，他們把大部分的廣告外包給一家廣告網絡公司，該公司每個月付他們兩萬美元。我快速粗略計算了一下，如果我們能建立一支廣告銷售團隊並自己賣廣告，Dribbble 的淨收入顯然將超過那數字的十倍，每月大約可以賺二十萬美元。

當時，Dribbble 的年營收只有數百萬美元，所以我們有信心可以成長到至少一千萬美元。光是這個成長槓桿，就可以保障我們的投資，給我們很大的下檔保護。就像華倫和查理教我們的，我們找到一家高獲利且有很寬護城河的公司，我們非常了解這家公司，並能夠用有安全邊際的合理價格買下它。如果公司業務成長不如預期，我們最後還是可以打平；如果公司業務成長，我們就會表現得非常出色。

我和克里斯寄出電子郵件後，便焦急地在飯店房間裡來回踱步。我們幾乎沒說話，只是不斷查看手機，等待回覆。幾小時後，丹和里奇打電話給，告訴我們成交了。但這裡有一個問題：我們需要募資數百萬美元，而且速度要快。

接下來幾天，我和克里斯在波士頓漫無目的的閒逛，想方設法知道該如何籌到這筆款項。我們擁有約三百萬美元的現金，現在還需要更多資金。因此，我們去找銀行貸款，問題是 Dribbble 並沒有真正的有形資產。我們無法走進銀行，告訴銀行 Dribbble 有房地產、工廠或庫存。它們不僅沒有工廠，甚至連實體辦公室都沒有。當時它們已經領先時代工作趨勢，完全遠距辦公。這家公司有很多數據和資訊。談到房地產交易或傳統產業，大多數銀行願意很快借錢給你，但講到借錢給社群網絡公司，它們則相當嗤之以鼻。銀行根本就不懂社群媒體。

我們參加很多會議，努力向各類金融專業人士解釋這些無形資產的潛在價值，但他們就是無法理解。如果是一棟有房客的建築物，他們可以計算出房子上漲的潛力；但如果是創意人士的社群網絡？那是個謎，而銀行很討厭不確定性。

由於時間緊迫，正當我們陷入絕望時，克里斯完成了一項不可能的任務，成功和加拿大皇家銀行達成一筆交易。我們使出渾身解數後，銀行最後同意借給我們完成交易所需的資金，但同時增加一條我們沒想到的條件：我和克里斯必須親自擔保這筆交易。這表示如果 Dribbble 這筆投資最後失敗了，銀行可以沒收我們的房子和車子，讓我們破產。

聽起來雖然很可怕，但我們認為如果成長策略執行得當，並建立起廣告銷售團隊，我們就不會有問題。這門生意實在很好，就算狀況不佳，我們認為還是能夠存活下去並讓公司成長壯大。

創立「微小」

於是，我們火速開了一家新的控股公司來持有 Dribbble，把新公司取名叫「Tiny」（譯註：「微小」的意思）。我們覺得所有私募股權和投資公司的名字，都有點荒唐、自大（甚至有點邪惡）的味道，例如黑石（BlackRock）、灰狼（Greywolf）和獨行俠（Maverick）。我們喜歡 Tiny，因為聽起來樸實又友善，而且坦白說還有一點諷刺和幽默的味道。

因為我的現金比較多，所以克里斯出資二〇%，我則出資剩下的八〇%，但我們都同意，即使我持有的股份比較多，我們還是關係對等的夥伴。我們也決定，如果兩人對交易沒有共識，我們就不投資。我們沒有寫過合夥協議書，也沒有請過什麼花俏的律師，我們就這樣一起成立公司。經過這幾年的患難與共，克里斯就像我親兄弟，我們需要的只是一個握手而已。

然後，我們深深吸了一口氣，準備在虛線上簽名。能夠成為交易的買方，感覺真不錯。有過糟糕的賣公司經驗後，如今能夠成為自己希望把公司託付的那種買家，感覺起來真讓人難以置信。我們和所有優秀的公司一樣，都在解決自己曾經遇到的問題——我們是在解決自己的問題。

於是，我們完成最後的簽名，交易就完成了。我們是 Dribbble 的新老闆。我們很快招募了我們的朋友奧尼斯科（Zack Onisko），他是創意市集（Creative Market）公司的共同創辦人，他以前是個設計師，後來和我一樣轉往商業領域。他一直都在帶領創意公司，擅於和設計師溝通，而設計師通常對任何有商業氣息的事情都避之唯恐不及。我們有信心他可以和 Dribbble 團隊打成一片，並真正了解公司的核心文化。

我們的判斷果然完全正確。正如我們所想，他迅速建立廣告銷售團隊，每月開始賣出價值數十萬美元的廣告，接著開始不斷加大我們的成長槓桿。丹和里奇一直在避免處理所有無聊的工作，就像我聘請馬克來 Metalab 任職之前那樣。

成為「微小」的波客夏

在這個過程裡，我意識到我可以把我從 Metalab 學到的經驗教訓——這類教訓通常要付出龐大的個人和財務代價才學得到，應用在像 Dribbble 這樣的公司。這表示，我從失敗裡學到的一切，如今具備加乘效果，因為我可以在很多公司應用我學到的經驗。以前發生的所有鳥事，如今都成為我的養分。

Tiny 正逐漸成為一個小型的波克夏公司，我整個人入迷了。巴菲特和蒙格有他們獨特的策略：他們是全世界最懂得挖掘那些看似不起眼，但擁有強大品牌、市場壁壘以及穩定獲利企業的人。

那麼，我們的祕訣又是什麼？我意識到，我們吸引到那些不想把自己心愛的公司賣給某些私募股權公司的創辦人，因為那些人會把這些事業當成一份試算表，把公司拆分並轉賣給出價最高的人。至於像我們這樣的創辦人，我們會走進公司，給創辦人一筆豐厚的報酬，並想盡辦法幫他們解決所有問題。我們是用自己的血汗才學會該如何解決那些問題。此外，創辦人也不必離開公司，我們可以提供交易方案，讓創辦人繼續經營事業，同時拿到一部份的報酬。

又或者，如果創辦人願意的話，他們可以只當顧問，把日常營運交給我們處理。還有一些創辦人則會直接開一台卡車來載現金，並把公司的鑰匙交給我們後，整個人就消失在夕陽的餘暉中，再也見不到他們的蹤影。

我們過去多年犯的錯誤和冒險，終於有所收穫。隨著 Dribbble 不斷成長，我知道這就是我要的結果。我的未來正笑著朝我迎面而來，而我也非常嚮往它。

為爸爸圓夢，也是為了自己

當我們宣布收購 Dribbble 時，我也把消息告訴父親，這次他沒有提到稅款逾期的問題。他只是告訴我，他很以我為傲。事後回想，我才知道他的焦慮終於緩和下來了，他知道他不用再苦苦掙扎求生了，他的小孩已經長大起飛了。我們各自都有開心的工作，沒有人需要再靠他養活了。我成功建立起他幾十年來想努力得到的東西：一個穩定且多元化的企業。我接過家裡的棒子後，也成功緩解了家裡的經濟壓力。

那時，我約我爸去喝咖啡，我一直記得我爸熱愛飛行。他只要有一點閒暇時間，都會讀一堆航空雜誌，或帶我們小孩參觀各種航空展和航空博物館。我組裝過很多台噴火戰鬥機（Spitfire）的模型，數量多到我都懶得去數，這是我小時候和他交流的方式之一，我也看過所有飛行電影。但他被其他事情耽擱了，他是個工作狂，一直抽不出時間去飛行，這一直是他的夢想。如今他可以喘口氣，也沒有人需要再仰賴他了，該有所改變了。

「爸，你已經六十歲了，」我和他說，「你還有二十到四十年的好時光，你應該去考張飛行執照。」

我給他一個包裹，裡面是我幫他報名的飛行訓練學校資料。他眉開眼笑，拍著我的背，開懷地大笑。

「真想不到！這真是太酷了！」他邊喊邊翻閱手冊。

他不知道的是，我也幫他買了一架他夢想的單引擎飛機——鑽石 DA20（Diamond DA20），這架飛機正停在機場的機庫裡等他。

現在，我的挑戰是要找到更多 Dribbble 這樣的公司來收購。

第13章

價值七千萬美元的咖啡

A $70 Million
Cup of Coffee

我又喝了一口咖啡，看著克里斯，他盯著他的三明治，一副若有所思的樣子。我們坐在 Tre Fantastico 外面常坐的位子，那是我們最喜歡的咖啡廳之一，唉聲嘆氣我們目前遇到的問題。隨著時光流轉，我們彷彿有幾個小時沒有交談，實際上只有幾分鐘沒說話。我看到一個人悠閒騎著自行車，一隻狗聞著地面，鳥兒棲息在楓樹上。時光就這樣流逝。

我們從成年開始努力打造至今的機器，現在已經大功告成了。我們辛苦經營的小型投資農場，種著各式各樣的作物。當然，裡面確實有一些問題，例如太強勢的執行長、不好相處的人、任用不適合的人，以及貪婪的主管不斷和我們談判薪資。每個人都理直氣壯地問：「那我的那一份呢？」

自從我們買下 Dribbble 以來，我們已經建立起由數十家科技公司組成的投資組合，包括 We Work Remotely 這類熱門的遠距工作媒合平台；Mealime 則是一款膳食計畫應用程式；以及 Creative Market，設計師可以在這個網路平台賣字型、圖形和網站模板等數位資源。我們甚至把之前賣掉的公司 Pixel Union 買回來。把 Pixel Union 重新納入我們旗下，就像迎接失散多年的手足回家一樣，感覺打了一場勝仗。雖然我們已經把布萊恩的事情，都告訴當年收購 Pixel Union 的買家，但他們依然支持布萊恩，創辦新的設計公司來和 Metalab競爭，所以我們和該買家的關係惡化了。

每分鐘九百五十八美元的午餐約會

如你所料，布萊恩的新公司以失敗告終，但我們的心情還是很不好受。後來，我們買回 Pixel Union 的資金，出自一位意料之外的夥伴。四年前，我和克里斯與我們一位投資偶像比爾．艾克曼（Bill Ackman），共進過一頓非常貴的午餐。多年來，我們一直默默注意艾克曼的職業生涯，仔細記錄他所有的訪談和信件，最後把數百萬資金投資到他的上市公司。雖然他有許多投資風格和巴菲特很像，但他更喜歡親力親為。

艾克曼喜歡和他投資的公司緊密合作，經常取得出色的成果。大家最熟悉的是他對加拿大太平洋鐵路（Canadian Pacific Railway）的投資，該公司在他的管理下，從加拿大最沒有效率的鐵路，搖身一變成為效率最好的鐵路公司之一，並在這個過程中創造出高達二十六億美元的驚人利潤。

二〇一六年，艾克曼把和他共進一小時午餐的時間拿出來拍賣，並將所得款項全數捐給慈善機構。雖然我們至今最大的投資，不過是他普通投資規模的百分之一，但我們還是決定親自向他學習。此外，我們也在對他做「盡職調查」，因為我們擁有很多他旗下公司的股票。我們心想，如果他是個混蛋，我們就賣掉股票；如果我們喜歡他，我們就買更多股票。我們也想，如果我們贏得拍賣，午餐卻吃得不開心，起碼我們的錢可以捐給知名的慈善機構。

不過，我沒想到會花那麼多錢。線上拍賣的那個下午，我顫抖地輸入五－七－〇－〇－〇，然後按下確認鍵——五萬七千美元。這個金額看似瘋狂，但多年來我們很清楚，一旦結識有趣的人，他們很可能用我們意料之外的方式回報我們。一個偶然的建議或一次隨意的引薦，最後常常帶來收購好公司、招募到優秀的人才或學習新知的絕佳機會。我們坐等電腦上的計時器一秒一秒地倒數，直到最後「叮」了一聲，顯示我們贏得和比爾共進午餐的機會，出乎我們的意料。

幾週後，我們飛往紐約，走進在中央公園附近的高級義大利餐廳 Marea。裡面聞起來有奧勒岡葉、羅勒的香味，還有新鮮出爐的麵包氣息，有人把我和克里斯引導到喧囂吧台對面的一張大圓桌。衣著優雅的華爾街人士在我們身旁有說有笑，玻璃杯發出清脆的碰撞聲，留著鬍子的服務生在周圍穿梭，端著熱騰騰的義大利麵和海鮮盤。盛裝打扮的人們讓我們覺得自己格格不入，我們只穿著牛仔褲和沒有紮進褲頭的皺襯衫。我們前一晚為了從維多利亞搭紅眼班機，所以只睡了兩個小時，睡眠不足讓我們精神緊繃。說緊繃其實還算客氣。

突然之間，他出現了。他身高六．三英尺（約一百九十二公分），有著一頭白髮和深藍色的眼睛，合身的西裝展現出他魁梧的身材，並散發無比的魅力。他沉穩地和我們握手，然後坐下，雙手交叉放在前面，看著我們。「很高興認識你們。根據我的計算，你們每分鐘要花九百五十八美元，所以我的責任重大！你們可以問我任何問題，」他說，「但首先，我想先聽聽你們的故事……。」

邀請偶像成為合夥人

我們遇到很多成功人士，都習慣自顧自地談論自己，但他不一樣。他花了整整一小時，不斷問我們問題。他的好奇心很強，很想了解我們的生意、思維方式，以及他可以從我們身上知道科技圈的哪些資訊，因為他才剛開始投資這個領域。當他專注聆聽時，整個人充滿熱忱，並在適當的時候給我們回饋。

終於輪到我們問他問題了。我們把我們在飛機上用筆記本寫下的十幾個問題，用連珠砲的速度請教他。艾克曼對於投資、商業合作、婚姻和養育子女等所有話題，直言不諱的程度讓我們大感意外。總之，他讓我們非常驚豔。談話中間他曾用衝的跑去廁所，我和克里斯看得笑了出來。

能夠當面向我們的投資偶像提問，真讓人不敢置信。又經過一小時密集的快問快答後，他站起來說：「你們兩個應該來看看我的辦公室。」接下來幾個小時飛快地過去，他帶我們參觀他的辦公室，介紹他的團隊，並分享他職業生涯裡的奮鬥故事。比爾的會議室有一個舊的戰鬥機彈射座椅，時時提醒他應該退出不再合適的投資。我們走到門口準備離開始時，感覺和他就像老朋友一樣。此時，他說了一句讓我們訝異的話：「我很喜歡你們，如果將來有機會合作，隨時打電話給我。」

所以，當我們在二〇一九年想要從該前買家手中買回 Pixel Union（價格幾乎是當初的四倍）時，我們決定做一件從來沒做過的事：找一個合夥人。我們打的第一通電話就是打給艾克曼，這只不過是數百萬美元的事，對他來說幾乎微不足道，畢竟他的淨資產高達數十億美元。但是，這次合作卻開啟我們三人美好的夥伴關係。多年來，我們一起投資了許多公司，他成為我的朋友和導師，我們叫他比爾，他是我們的「商業老爹」。每次遇到棘手的問題時，我們都會請教他。

就像在堆沙堡，而潮水不斷湧來

我們坐在 Tre Fantastico，想起比爾午餐時給我們的建議。他告訴我們，最優秀的投資人不會以週、月甚至年為單位來思考，而是以數十年為一期思考問題。重要的是專注在長期目標，而非日常的波動。此刻的我雖然已經投資許多優秀的公司，甚至和我尊敬的投資偶像合作，但我們依然經歷了許多起伏，多到我們覺得自己在坐雲霄飛車。

科技業的問題在於它不斷變化，而且快速很快。環境不斷變化，似乎隨時都會為我們帶來很大的壓力和經濟損失。我們對投資一直很嚴謹，通常三年內就可以回本，但有一些公司長期下可能會有風險。「我們就像在堆沙堡，而潮水卻不斷湧上來，」我一邊咬了一口三明治，一邊對克里斯說。

我們開始每週安排一次午餐會，討論投資想法，把這段時間專門用來思考下一步該把錢投資在哪裡。在過去一週裡，我們閱讀先進技術的最新發展，例如機器人技術和人工智慧，但對於該投資什麼還是覺得困惑。我和克里斯一直在討論，我們旗下哪一家公司會被最新的創新科技顛覆，未來可能出現哪些事物，更不用說那些前仆後繼的競爭對手，它們有矽谷創投源源不絕的資金挹注。

大多數創投認為科技是世界上最好的投資，因為它可以帶來令人咋舌的回報（有時甚至達到數百倍或數千倍的投資報酬），但那也是地球上競爭最激烈的行業之一，超過九五%的科技新創公司以失敗告終。即使創業成功，大多數人也無法成為下一個臉書、優步（Uber）或谷歌。大多數新創公司會歸零，而極少數的例外則成為市值數十億美元的新創公司，因此人們稱之「獨角獸」。

雖然科技公司的風險很高，但這個產業的魅力在於，這些新興科技新創一開始都不需要很大賭注才能開始。從構思到建立原型（prototype）再到創辦公司，幾乎往往不需要什麼成本。我的小型數位接案公司，是我在當咖啡師時，一貧如洗穿著內褲坐在公寓，以約二十美元的成本（其中九．九九美元是為了註冊公司而交給政府的規費），加上其他花費成立的。

註冊新網站的網域只需要九．九九美元，剩下的都是程式碼和設計，這兩個部分是我獨立完成。不需要昂貴的訓練或認證費用，不需要蓋工廠或店面，也不需要買設備。我連辦公室都不需要，只要有網路的地方我都可以工作。

但這種情況有一個問題，這種不可思議的數位創新，雖然可以從零打造出數億美元的財富，卻是一把雙刃劍：在技術創新的世界裡，如果我們站錯邊，我們投資的某家或多家公司（視技術有多創新而定）可能會在瞬間消失。

鎖定五年內可回收報酬的標的

是的，雖然科技可以顛覆任何傳統產業的市場，例如優步顛覆了計程車業，或者愛彼迎（Airbnb）顛覆了飯店業，但它們也可能碾壓到科技業本身，就像谷歌、臉書和推特只要增加一個小功能，就可能對無數出色的新創公司造成重大衝擊。

我們專門投資科技公司，把重點放在簡單又有利潤的小眾市場，這個策略大體上運作得很好。我們喜歡沒有人注意的領域，或人們認為已經沒有潛力的領域。但是每隔一段時間，創投就會對我們涉足的某個產業有興趣，接著就會有許多競爭者出現。在那種情況下，我們就像一艘舊帆船，要和由無窮財力支持的快艇艦隊比賽。

這類事以前已經發生過很多次了。二〇一〇年，我們從零開始打造出專案管理應用程式 Flow，並營收成長到數百萬美元。然後，Asana 來了，後來又出現 Monday.com，接著又是 Wrike。創投投資數億美元在我們競爭對手身上，而我們就像撲克牌局的傻瓜，頑固地抗拒募資。我們一直認為自己可以靠實力擊敗他們，因為我們的軟體設計得更好、更體貼，技術也更先進。但是，我們大錯特錯。我們就像待宰的羔羊，短短幾年間損失了超過一千萬美元。

我們就像小國斐濟，居然想入侵美國。我們毫無勝算。多年來，我們大量閱讀企業失敗的案例，比如從歷史來看，如果你坐擁鎮上最大的報紙，那就是一門很棒的生意。在方圓一百英里內，所有大大小小的公司都想在你的報紙登廣告，每個居民也想看你的分類廣告。畢竟，為什麼要在小報買廣告或刊登分類資訊？如果有人想推出其他報紙和你一爭長短，那就祝他好運吧，反正大家已經訂了你的報紙。但是，辦報也要耗費大量資金：你要花上千萬美元買印刷機，招募廣告銷售團隊和印刷人員，更別說還有記者。在這個過程中，你要忍受多年虧損，期間還要努力擴大市占，希望取得夠多讀者和廣告商才能打平。過去，一份經營良善的報紙會帶來驚人回報，每年可以得到數億美元的利潤。

然而短短幾年內，隨著網路將出版成本降到接近零之後，報紙從全世界最棒的產業之一，變成最糟糕的產業。像 Gawker 和 Gizmodo 這樣的部落格，做的正是我當初成立設計公司時所做的事：花大約九美元註冊網域，然後很可能和我一樣，穿著睡衣坐在公寓裡，在部落格上寫新聞和評論。敲出致命一擊的是 Craigslist，該公司在所有大城市免費提供分類廣告。於是幾乎就在一夜之間，報紙的壟斷地位不再，變成群雄割據的局面。

如今報業早已陷入困境，大多數報社都已破產，或以極低的價格出售。現在，我和克里斯正努力尋找不會變成下一個報業或計程車業的公司來投資。投資這件事，無論是路口轉角的小店面、麥當勞（McDonald's）的特許經營店或微軟，歸根結底無非就是賭你買的公司能夠持續經營下去，而且長期裡可以帶來比你付出的錢更多的現金流。

我們的投資策略，已變得簡單到不可思議，我們看一家公司時會問：「我們有沒有可能五年內或更短的時間內收回？」如果五年內可以收回，表示我們賺到二〇%的投資報酬率，這是非常出色的成績。

但是，要預測五年後的事情，更別說要預測十年或二十年後的事情，簡直是不可能的任務。大部分我們現在用的技術，十年前都還沒發明出來。當我們投資科技公司時，為了保險起見，必須假設這些公司可能在五到十年內倒閉，或起碼會遇到明顯不利的影響。

下一步的投資

當我和克里斯坐著吃三明治，一起討論下一步的投資目標時，我們也想確保投資組合裡的公司，不會只是坐困愁城，等著被某一場科技浪潮摧毀。

「我們做的一切都如此短暫，」我對克里斯說，「你想想，靠做家具維生的人多麼有成就感。他們打造出這麼堅固的東西，這些東西可以持續多久……一百年？我覺得我們旗下大多數公司做的事情都很棒，但我總在想有多少公司二十年後依然健在。」

我們需要更多像家具那樣，可以持續長達一個世紀的投資，而不是像沙灘上的沙堡那種轉瞬即逝的投資。有鑑於此，我們開始深入研究實體店，我們開車在城裡繞了一圈，觀察成功的企業並研究各行各業：暖氣和通風設備、瓶罐回收中心、電梯維修、砂石場，甚至是流動廁所和殯儀館。

我們見到這些公司的老闆後，毫無例外地非常驚訝他們的生意有多難經營。這些公司有數百名員工，而且超級複雜，但每年年終卻只得到微薄的利潤，這些利潤往往要重新投資，用來修理設備、購買更大的設備，或聘請更多員工。我們很快就明白，這些生意不僅難做，而且屬於商品類產品——它們欠缺討人喜歡的護城河。沒有人會說：「我想從 Acme 砂石場買砂石，因為他們的砂石品質最好！」大家會說的是：「我想要最便宜的砂石。」只要最便宜的就好，哪一家不重要。這種產業不太值得投資。

於是，我們開始往更遠的地方探索。我們讀過投資人彼得．林區（Peter Lynch）的書，他有一個很有名的建議是「投資你了解的東西。」例如，如果你每天都會喝星巴克咖啡，也許可以考慮買一點星巴克的股票。我們對此謹記在心，不斷搜尋生活裡值得投資的事物。

我是個咖啡迷，打從輟學後開始在咖啡館工作到現在，我一直很喜歡咖啡。我有一個很純粹的興趣就是嘗試各種咖啡設備，我總想把完美的咖啡豆，以完美的方式研磨和沖泡，就好像一杯完美的咖啡可以讓早晨的效率提高四三%。

所以，我開始研究咖啡業，專門看咖啡機製造商，幾乎用過所有方法煮咖啡。我買了一台高階的 La Marzocco 義式咖啡機，價格和一台普通的車子差不多。我還買了法式濾壓壺、手沖咖啡和 Chemex 手沖咖啡壺，甚至還有各種從募資平台 Kickstarter 買來的小玩意，但最後全都不能用。我一直在家裡倒掉酸到不行的濃縮咖啡，最後幾乎都會回到當地的咖啡廳喝咖啡。

全世界最便宜又好用的咖啡機

有一天我走進辦公室，發現一群人圍著我們一個叫波斯沃斯（Ali Bosworth）的工程師。咖啡研磨機正嗡嗡作響，他拿出一個裝了濃縮咖啡粉的容器，小心翼翼地在櫃台上輕敲兩下。他用一個小滴管，就是人們用來滴眼藥水的那種滴管，把一滴水滴入磨好的咖啡粉裡。

「這樣做可以除靜電，」他對著一群屏息凝神、認真的觀眾說。

他把一個磅秤放在櫃台上，磅秤上放一個杯子，然後把磨碎的咖啡倒進他在當地五金店買的透明ＰＶＣ管子裡。

「用粗顆粒和兩層濾紙的效果最好」，他告訴大家，「我的祕訣是先把濾紙弄濕再使用，這是我在 YouTube 學到的。」

他精準地將一百一十二克的水倒進量筒後，輕輕攪拌，然後放了一根小一點的管子，開始往下壓。我們目不轉睛地看，屋裡唯一的聲音是咖啡滴入杯子時發出的叮咚聲。

「這是什麼東西？」我問。

「這是愛樂壓（AeroPress），一個很酷的連續發明家發明的，」阿里回。

我心想，是啊，不過又是個比較精緻的玩具，我家廚房還堆滿著，上面到處沾了灰塵的咖啡小玩意。

「喝喝看，」他對我說，把杯子推到我手上。

甚至可以讓我喝下黑咖啡

我稍微故弄玄虛一番，像我以前的老闆瓊斯教我泡咖啡那樣。我像品酒師一樣把杯子繞圈搖晃，然後鼻子靠近杯緣，開始侃侃而談各種風味。

「我聞到黑莓……黑巧克力……還有一股自命不凡的味道，」大家聽了都翻白眼。

「老兄，快點喝啦！」阿里說，覺得我有點煩，於是我喝了一口。

「哇！」我驚訝地說，「喝起來很有咖啡豆的香味，太扯了。」

「對吧？」阿里說，「去買這個，一個才二十九美元，它基本上是全世界最便宜又好用的咖啡機。」

那天下午，我開車去阿里說他買「愛樂壓」的當地咖啡店 Discovery Coffee，也買了一個要自己試試看。真的是二十九美元。

更讓人不敢置信的是，它泡出來的咖啡味道穩定又好喝。不需要完美填壓咖啡粉、調整濕度或做什麼神祕的儀式。使用它無須炫技又超級簡單，比我喝過的咖啡都好喝。用這個設備泡出來的咖啡清澈且風味濃郁，沒有傳統法式濾壓壺的粗糙感或苦味。我以前完全忍受不了黑咖啡的苦味，通常會選擇喝拿鐵，但這個東西讓咖啡變得非常順口，我可以毫不費力地喝下黑咖啡。

我馬上用不同品種和烘焙度的豆子來測試。我因為咖啡變得有點焦躁，認為這個便宜的塑膠玩意，遠勝我那台價值五千美元的義式咖啡機。

與「愛樂壓」發明人喝一杯咖啡

就在那時，我想到我不只是個消費者，也是個投資人。我現在是個收購公司的買家。就是在這個時候，我開始對發明這種奇妙咖啡裝置的人有了好奇心。

我搜尋後發現，愛樂壓的發明人也是 Aerobie 飛環的發明人，那是一款可以飛得很遠的玩具（也是我小時候很喜愛的玩具）。發明人叫艾德勒（Alan Adler），他是史丹佛大學工程學講師和連續發明家。他喝過很苦的咖啡，於是想用新方法泡咖啡，並在二〇〇五年推出別出心裁的設計，並獲得許多好評。從那時開始，愛樂壓成了一款在世界各地精品咖啡店均有售的經典之作。

可是我雖然是投資人，但我不像艾克曼或安德森（Marc Andreessen）那麼有名，我只是個來自加拿大的無名小卒，該怎麼讓他願意和我說話？我想過要透過律師事務所或投資銀行，付幾萬美元幫我安排和艾德勒見面。我心想，這個層次的專業人士就是這樣做的。

不過，如果我想洽談的是售價八千美元的 La Marzocco 咖啡機，這樣做很合理，但一個小時花貴鬆鬆的九百美元聘請專業人士處理這件事，有點太過奢侈，尤其這個塑膠管的零售價只有二十九美元。所以，我的做法比較直接：我找到艾德勒的電子郵件，寄給他一封只有三行字的信。我先介紹自己，並讚美愛樂壓煮出我喝過最好的咖啡，接著問他是否願意賣掉公司。

隔天，艾德勒回覆我。我理解他為什麼會懷疑我，並想敷衍我，但我很堅持。我不斷寫信給他，勸說和奉承通通都來。我不斷轟炸他的信箱幾個月後，他總算同意在帕羅奧圖和我與克里斯見面。

我們喝的當然就是咖啡。艾德勒年過八十，性情友善且非常平易近人。他看起來就像在一九六〇年代任職於美國太空總署（ＮＡＳＡ）航空控制中心的那種人，一頭灰髮，戴著金屬細框眼鏡，胸前的口袋插滿各種鋼筆。他笑起來害羞又溫暖，很像我們小時候都希望擁有的那種祖父，因為他會幫你做超厲害的卡丁車（go-kart）或模型火箭。

我和克里斯和他一起坐在史丹佛附近一個普通的辦公園區裡，喝著我們的愛樂壓咖啡，非常明白他是個絕頂聰明的人。我開始滔滔不絕地談論我當咖啡師的經歷，我有多麼喜歡咖啡，以及我一直很喜歡他這個簡單的工具。他禮貌地聽我說，但這招顯然並不奏效。我覺得艾德勒對我說的內容沒有興趣，克里斯也感覺得出來。我說完後，艾德勒禮貌地上下打量我一番，然後告訴我他對公司設定了一個價格，但那個價格我出不起。

「多少錢？」我問他，「如果你要賣掉愛樂壓，你想賣多少錢？」

「七千萬美元，」他的眼睛連眨都沒眨一下。他看起來也許是世界上最慈祥的老爺爺，但在談判上，他顯然是個殺手級人物。他並非貪婪，他只是非常喜歡自己的發明，尤其是這個發明。他禮貌地說：「我不是針對你，只是這家公司對我的價值遠超過對你的價值，而且我已經很有錢了。我想賣的唯一理由是我年紀大了，我太太希望我退休。」我和克里斯看著彼此。過去幾年，我們的事業和投資成長了十倍，如今的我們有能力完成這樣的收購。

看出發明者都沒發現的護城河

我們飛到加州之前就算過這筆交易。艾德勒會這樣想很合理，他認為兩個從加拿大跑來的小夥子，不可能花七千萬美元買一個泡咖啡的塑膠管。然而，他雖然在工程、發明和談判上是個徹底的天才，但對於具備行銷和科技背景的我和克里斯來說，他在某些方面顯然有盲點。

我們在做功課時，發現愛樂壓透過官網的銷售只占三％，其他大部分則透過高級咖啡廳銷售。這家公司產品的客群，幾乎都是嬉皮、軟體工程師和咖啡愛好人士，這些人整天泡在網路世界，卻只有三％的銷售是透過網路完成。此外，這家公司沒有任何網路行銷策略，我們唯一找到的行銷活動，只是損益表上的一個小小的項目：每年花不到五萬美元的費用，只有一個員工負責處理評論和媒體宣傳，同時還要兼顧其他繁瑣的工作。

他的生意完全靠口耳相傳，證明這個產品的品質優異。我們研究時發現，世界愛樂壓大賽（World AeroPress Championship）吸引一百六十個國家共數千名的人參加，網路論壇到處都是人們交流愛樂壓的食譜和技巧，甚至有數十人在身上紋了愛樂壓的紋身，而這就是顧客忠誠度。

我和克里斯意識到，我們發現了一座和過去任何東西都不一樣的護城河，這是一家可以持續數十年或更久的企業。隨著我們做了更多研究，我們知道愛樂壓是八種主要泡咖啡的方法之一。

這個技術有很多專利，但不管有沒有專利，都不會有人去找「壓力咖啡機」，他們會去搜尋朋友說的「愛樂壓」。它就像具有指標性的品牌可麗舒（Kleenex），即使當所有人都可以製造這種商品，消費者還是會選擇它而不是選擇其他的普通品牌，想想艾德維爾（Advil）、泰諾（Tylenol）和可口可樂就是這類例子。這個產品不僅只於此，它還可以做出真的對你有幫助的上癮產品：咖啡。我第一次讀可口可樂的年度財報時，覺得自己像個大亨，萌生出想要為幫全世界買瓶可樂的念頭。

我和克里斯也算過相關數字，我們知道如果網路銷售的數字可以增加，並找到觸及新客戶的方法，那麼艾德勒想要的那個很扯的天文數字，其實沒有那麼扯。

這兩個加拿大小子肯定瘋了！

我們在那個辦公園區盯著艾德勒看時，我和克里斯顯然都在想這一點，而艾德勒可能一邊看著我們，一邊心想他已經把我們嚇跑了。但是，我卻轉向艾德勒，臉上可能還帶著自信的微笑對他說：「一言為定。」

艾德勒吃驚得一句話說都不出來，他一定覺得我們瘋了，但我們知道愛樂壓的潛力，我們的自信來自 Dribbble 的經驗。我們擁有 Dribbble 不到五年的時間，但規模已經成長了六倍。經過行銷的努力和方法，這個迷人的創意人士網站如今已成為產業巨頭。想像一下，在一樣的時間裡，一個已經有許多粉絲的咖啡機能得到多少成果。

我們知道，你不必有漂亮的創業點子就可以致富，也不用買下一個已經破敗的生意，然後費盡心思該如何把它修好。你要做的只有找到你相信和熱愛的事物，然後看看你能不能把它變得再好一點點。

幾個月後，我們簽了合約，並付給艾德勒七千萬美元。對他來說，這是一場改變人生的勝利；但對我們來說，這也是一個顛覆性的改變，它讓我們意識到我們找到了新的投資方式。我們才要開始。

果然，結果比我們的預測和粗略計算更出色。買下愛樂壓兩年後，我們的網路銷售額成長了五〇%，Dribbble 也持續成長，就像我們一直在收購的公司一樣。

幾個月後，我和克里斯再次坐在 Tre Fantastico，依然坐在我們常坐的位置，吃著我們常吃的三明治。我意識到，現在的我遇到過去十幾年來從沒出現過的問題：我無所事事。

第14章

不會致命的皮肉傷

Flesh Wounds,
Not Mortal Wounds

但這時候，我突然想到一件事：我無意間看到我旗下公司一位設計師做的電子報，覺得電子報需要多一點留白。我們買的公司愈多，我就愈喜歡特定的業務，也就愈想參與其中。有時候我太投入了。

只是建議如何做線上行銷活動對我已經不夠，我還想親自參與其中，我想深入研究文案和設計。就算我沒有親自參加會議，我還是會針對他們做的簡報和會議議程，給予詳細的筆記說明。我經常和新執行長見面，但也會在 Slack 聯繫他們的設計師說：「嘿，你會考慮在首頁用這個顏色嗎？」、「我不太喜歡那個字型。」、「這個商標有點小……」你可以想像得到，大家都不知道該怎麼回覆我的回饋，因為我是他們老闆的「老闆」，所以他們覺得不能反駁我的看法。就算他們的想法往往比較好，他們還是會照我的話去做。

打造龐大事業的感覺

職涯走到這裡，我已經得到我想要的（能夠自由支配自己的時間來投資），我開始回憶起以前的時光，那時候 Metalab 只是我們幾個人一起玩電腦。

有一次，我和一個剛踏入職場幾年的年輕創業家喝咖啡。他瞪大雙眼問問我：「擁有這麼龐大的事業感覺如何？」我很誠實說我的想法。

我說：「這個……想像一下你很喜歡在後院砍柴，你是因為好玩才做這些事，你很放鬆，然後進入心流狀態。有一天，你的鄰居探出頭越過籬笆，問你能不能也幫他砍一些木柴，他願意付你二十美元。突然之間，你喜歡做的事情變成一門生意，你在不知不覺中就幫所有鄰居砍柴。後來，你買了一輛卡車，開始出去賣木柴。你和幾個朋友並肩作戰，一起砍柴並在戶外工作，你們的生意蒸蒸日上，持續成長，一直成長。你就這樣埋頭苦幹了十年，有一天醒了過來，發現自己在鋸木廠上方一間小小的玻璃辦公室。你俯瞰下方幾百名工人，他們在工廠車間操作各種工業設備。巨大的原木被送進切割木材的機器中，一切都靠自動化完成。」

我繼續說：「然後你就走到今天這一步，穿著西裝孤獨地坐在你的小辦公室，空調送出的冷風讓你的背脊感受到一陣涼意。沒有斧頭，沒有新鮮空氣，沒有友善的同事，就只有你一個人坐在辦公室，忙著處理文件——你隻身一人。這就是打造龐大事業的感覺。」他聽了覺得很沮喪，我在想我是否應該閉嘴，然後告訴他其實這一切都太美好了，讓他自己發掘真相。

每個創辦人都夢想抵達終點，打造出價值幾十億美元的企業，但諷刺的是一旦他們做到了，卻都幻想著回到當初的起點。畢竟，剛開始的那段時光才是最美好的。如果知道一路上會遇到那麼多阻礙，大多數人也許不會繼續向前。過程本身就是獎賞。

當我看東京八十五歲壽司大師小野二郎（Jiro Ono）的紀錄片《壽司之神》（*Jiro Dreams of Sushi*），忍不住拭去臉上的淚水。他沒有像我那樣擴大自己的事業，而是將整個人生都用來精進他的技藝。打從十歲起，小野孜孜不倦地改善壽司的每一個細節超過七十五年之久。

他非常嚴格，學徒可能要花數年從事瑣碎的工作，例如洗米或按摩章魚（理想上要按摩整整六十分鐘），才有機會接觸到魚類。除了他和他那已經訓練幾十年的兒子之外，沒有人可以煮飯。他的餐廳很樸實，就在東京地鐵站一個不起眼的角落，裡面只有十個座位。然而，他卻擁有餐飲界最高榮譽的米其林三星。和我比起來，小野仍在砍柴，只是他把柴砍到了極致。我想知道這種完全與我相反的做法，能不能讓人生更幸福。

如何賦予犯錯的自由？

但我不能一直心繫這件事，現實的情況是，到了這個階段，我必須放手實際的執行工作，讓幫我工作的執行長們自行處理事務。我雖然喜歡自由，但很難忍住不插手，我想要親自動手嘗試。我很懷念砍柴的日子。

我打探旗下公司的狀況，這主要是習慣使然。如果經營公司，你幾乎要對所有事情都有明確的看法，必須不斷做決定。MetaLab 是我的心血，這家公司充分展現出我的品味、偏好和目標，但現在我卻必須自我克制，忍住什麼都不說。

我也不得不學會一個更重要的教訓：人們不喜歡做不是自己想出來的事情，他們的執行力會因此變得比較低，尤其是在打造一些特別的東西時。到頭來，你必須接受自己請了一位騎師（希望你請到合適的那一位），騎師已經坐在馬上了，你必須放手讓他們自己出賽。支付馬匹、飼料及獸醫費用，以及支付其他馬匹所需費用的人或許是你，但你不是那個在賽道上騎馬的人。

在這種情況下，管理者最難的是必須讓你的員工有犯錯的自由，這是當「老闆的老闆」最難的事情。我必須用痛苦的方式，才學會這個教訓。

我們買下一家我們由衷喜歡的企業後一年，該公司的執行長來找我們，說他想打造一個以高端人力資源市場為訴求的新副業。他告訴我們，他需要兩百萬美元的投資來實現這個想法，而我和克里斯卻認為這樣做完全不合理。這位執行長已經有一個獲利的企業，卻想分心做人力資源的生意。

允許皮肉傷，而非致命傷

人力資源這種產業的客戶，基本上只會付你一次錢，一旦客戶找到人才，他們就不需要你了。換句話說，公司的營收只會隨著每次招募到人才而線性成長。更糟的是，這一行要雇用很多薪資高昂的招募專員，因為一位招募專員只能服務有限的客戶。我已經告訴該執行長我的顧慮，但是每當我表達疑慮，他的防衛心就會變得愈來愈強。我的批評產生反效果，反而讓他更加堅持自己的想法。

「我不確定這樣做是否正確，感覺這個不太適合投資，但如果你願意的話，我們可以仍持不同意見但繼續執行。我會支持你，但我已經說出我的隱憂，」我說。

「是的，我百分之百確定，我想全心投入去做，」他堅定地對我說。

就在那一刻，我意識到如果我阻止他的想法，就算我知道那樣做是錯的，他也會對我心存不滿。而且，如果他沒有達成績效目標或重要的里程碑，他永遠都會認為「是安德魯拖累我的。」那會變成我的錯，是我妨礙他成功。

所以，我告訴他去試試看。我不希望他失敗，但我必須給他犯錯的自由。這樣做不至於毀掉公司，只是會讓我們一年的業績不佳。

可惜的是，這個計畫如我們所料的失敗了，我們燒掉超過一百萬美元，計畫陷入困境，最後胎死腹中。這是我親身學到的痛苦教訓，但是讓這位執行長自己學到這個教訓非常重要。在那之後，我們什麼也沒說，但他自己就改變了。

我和克里斯領教過這些教訓，學習如何同時經營數十家公司，但矛盾的是實際上我們都沒有親自經營。親自處理過這些事情後，我們決定採取比較簡單的管理理念。我們的總結如下：談到犯錯，我們允許犯「皮肉傷，而非致命傷。」

我們最後的目標是讓公司基本上不需要我們，同時讓我們的執行長有自由按邏輯經營他們的公司。我們希望給執行長大膽嘗試的自由，並在必要時從錯誤中學習，即使這樣做可能讓我們蒙受很大的財務損失。我們的信念是，這些錯誤會讓我們的執行長在長期裡變得更優秀。如果他們的想法奏效，將有助於公司成長，這對所有人來說都是雙贏。另一方面，失敗帶來的學習經驗則有助於指引我們未來的決策，失敗就像皮肉傷一樣，成為我們寶貴的傷疤。

來自偶像的邀請

當然，這不表示我們會讓經營公司的執行長們為所欲為。我們用很痛苦的方式，從布萊恩身上學到，一個人應該靠自己的努力博得人們的信任，而非只靠個人魅力、頭銜或一身行頭來取勝。

如果有一天，我們某個執行長提出可能致命的計畫，那麼不管計畫看起來有多好，我和克里斯都會拒絕。賦予執行長犯錯的自由（只要他們從錯誤中學習）還有一個好處，那就是讓我和克里斯有更多時間和精力，去收購更多公司。當你不再干涉別人的電子郵件模板應該長什麼樣子的時候，你就有更多時間去找好機會。

由於我們的商業偶像蒙格和巴菲特，啟發我們挖掘，在我們能力圈裡看起來被低估的鐵路和糖果店（以我們的例子來說，是社群網絡、咖啡機和軟體公司），所以我們決定在辦公室向他們致敬，製作他們的青銅半身雕像，並把雕像放在壁爐架上。

我和克里斯坐在辦公室的客廳眺望薩利希海，一起討論我們可以收購的其他公司，列舉出每家公司的優缺點。此時，巴菲特和蒙格的青銅半身雕像，就在壁爐上凝視著我們。

當時的我們，完全不知道在千里之外洛杉磯的某個溫暖夏天，真正的蒙格正坐在自家的客廳，和一群朋友談到他旗下某家公司遇到的大問題。其中一位在場的顧問，建議他考慮和兩個在加拿大維多利亞的人談一談。

「喔，是嗎？」蒙格問，「他們是誰？」

「他們的名字是安德魯和克里斯，」他一個朋友說，「他們都是聰明人，創辦了一家相當成功的公司叫 Tiny。」

第三部

永不滿足

—第15章—

金錢的虛榮之火

Money Bonfires of the Vanities

我低頭看著我杯中物，急著一口吞下可以讓大腦迅速開機的咖啡。我前一晚沒睡好，整夜無眠地思考隔天要做的工作。我很早就醒了，再也無法入睡，於是決定坐在後院的露台上，看著太陽從海灣升起，就像一幅巨大的水彩畫。我很喜歡我家後面的海灘，我夏天常和兒子在夜裡玩沙子。那裡原始又隱密，只能搭船或是踏著八百公尺長的崎嶇岩石徒步抵達。

當我走出落地玻璃門並走到石頭庭院時，整個人愣住了。在海灘的中央，有一個大漢距離我約二十英尺（約六公尺）遠。他看起來差不多三十歲，戴著一條深色頭巾，身穿簡單的內衣。他一直盯著我看，我根本不知道他是誰，也不知道他為什麼會在那裡。「嗨，你是？你有什麼需要幫忙嗎？」我朝著對方大喊。

「我有一個點子要告訴你，我整個早上都在這裡等你，」他回應說，雙手圍著嘴巴成一個話筒形狀，想把聲音放大。他露出燦爛的笑容，雙眼直盯著我看。

我的心臟狂跳不已。他既不是在樹林裡迷路的健行者，也不是小船翻覆的落難船員。「什麼樣的點子？」我試探地問了一下。他大喊：「我要創業，創辦可以改變世界的事業，」他說。他每說完一個字，就更靠近我一步。「我聽過你的播客，我知道我們必須見一面。」

「喔！謝謝你看得起我，」我大喊，整個人往後退。我一邊說話，一邊計算還要走多久才能回到我家。

「那個……我想回去喝我的早餐咖啡，」我一邊說，一邊計算要花多少時間才能鎖上後門。

「你寫信給我就可以了，」如果我手上有廚房抽屜的防狼噴霧就好了。

「你可以先給寫信給我，不要直接來我家！」我一邊說，一邊退到庭院門口。

「我可以要你的信箱嗎？」他問。

我對他喊出我的信箱，一個字一個字拼出來，並剛好在說完「.com」的時候進入屋內，然後迅速鎖門。我從一層樓跑到另一層樓，檢查每一扇對外門是否都已上鎖，然後透過窗戶觀察他。他仍站在海灘上。最後，他爬著岩石離開了。

富裕招致的損失

那天晚上的我雖然仍有點驚魂未定，還是不斷回想這件事。對方的精神可能不穩定？甚至有暴力傾向？如果當時我的小孩在家怎麼辦？我這才發現，我對這種情況毫無準備，經常忘記鎖門或忘了開啟安全系統。當我焦急地躺著思考這些事時，手機響起電子郵件的提示音。

正是那個人。我瀏覽了信件，發現他的點子不至於完全不切實際，心裡於是放心了一點。也許，他只是太興奮了？也許，這只是一個創業家展現出他極致的熱情和活力？接著，我想到自己也曾經不斷纏著 Dribbble 那些人。我鬆了一口氣。

第二天早上，我沿著車道駕車而出，座位旁的杯架放著一杯咖啡。我按下遙控器打開家門。

就在門後的車道中間，那個人又出現了。他的眼睛瞪得又大又圓，雙手緊握。我搖下車窗時整個人心跳加速，心想自己會不會被捅一刀。

「抱歉，但我已經告訴你不要來我家，請你現在馬上離開這裡！」

「你沒有回我的信，」他說，瞪大著眼睛開始朝我的車子走來。

我用力踩下油門，加速駛往馬路，心跳加速，滿心困惑這究竟是怎麼一回事。

那個人最後離開了，但這件事卻揭開後面一系列驚人事件的序幕。不久之後，有人成功闖入我家（所幸當時我家沒有人）。接著，一個沒有接受思覺失調治療、思想脫離現實的年輕人，闖進我們的辦公室堵我們，要我們拿出尚未公開的蘋果產品資訊，因為他相信我們擁有那些資訊（但實際上我們沒有）。

安心入睡的代價

最讓人不安的是，有一個通緝犯在我最喜歡的咖啡廳和餐廳打聽我的行蹤，說他有個「緊急的私人消息」要告訴我，但我完全不想知道那是什麼消息。這一連串事件讓我深覺不安，特地買了全天候保全的服務、養了隻看門狗，並採取其他多種安全措施。

讓我驚訝的是，和我那位大名鼎鼎的億萬富翁朋友比，我這些經歷都算小菜一碟。他有一次被綁架未遂後，蓋了一個複雜的機械金屬罩，可以把他家的頂層完全密封。每天晚上他都會打開這個罩子，把自己與外界隔絕，就像築起一道堡壘，把自己關在臥室那個牢上鎖的加固鋼門後面。這可不是一般人想要的舒適睡眠。看來，如今我也不得不考慮這樣做。

這就是所謂「成功」帶來的感覺嗎？從來沒有人告訴我有錢會有這方面的困擾。突然之間，無論好壞，每個人似乎都想從我這裡得到些什麼。有些人來找我，提出讓人期待的商業計畫或特殊的社交邀請，還有一些人因自身的心理狀況而苦苦掙扎，誤將我捲進他們的幻想之中。這些顯然成了我的新現實，而我不知道該如何看待這些事。

別再抱怨了，拿一點錢去花吧！

我在電話裡把幾個類似的故事告訴一位有錢的朋友，也說到我後來的焦慮。他對我說：「聽著，我也遇過這種事，錢會帶給你壓力和瘋子，可是拜託……這就是我們要付的代價。樹大招風，你三十多歲就那麼有錢，什麼事都可能發生。」他的話在空氣中迴盪：「別再抱怨了，拿一點錢去花吧，做些開心的事。」

他的話適時鼓舞了我，提醒我就算我的新生活複雜又危險性，但這樣的生活仍然是個遊樂場，賦予我很棒的機會。我為什麼要讓有錢帶來的問題，妨礙我享受錢帶來的好處？我決定不再在意這些事。沒錯，錢讓生活變得更複雜，但也帶來更多樂趣。如果說致富有一面是要擔心個人安全和討人厭的眼光，那麼另一面肯定是擁抱財富帶來的機會。

我開始問我最有錢的朋友都如何花錢，很快就知道有錢人不會買普通的東西。一位創投告訴我，有一家餐廳我一定要去吃看看，那裡的廚師會親自為每一位客人準備上萬美元的菜單（我決定不要這樣花錢）。我在一場商務交易裡認識的銀行家告訴我，我應該付幾百萬美元的押金，預約一席 SpaceX 火箭的座位（謝了，但我不想參加可能出現「突如其來的快速解體」活動）。

我和一位房地產大亨聊天時，他建議我穿飛鼠裝去跳傘（我心想，我可不想得到達爾文獎）（譯註：一個搞笑性質的獎項，此獎項得主均為已經過世或永遠失去生育能力的人，藉此表達一個觀念：不傳播自己愚蠢的基因，才是對人類物種最大的貢獻）。

買一艘豪華遊艇——就算我不需要

不過，有一件事一直在我腦海裡浮現：不知為什麼，有錢人都喜歡船。巨大閃亮的遊艇，體積和公寓差不多大，每艘遊艇都有很多忙碌的工作人員。遊艇的造價驚人，一座豪華大遊艇的價格可能是兩千萬到一億美元，而超級遊艇的價格更高達數倍，有些人甚至花高達五億美元買船。據我所知，有錢人的終極身份象徵是擁有最大、最昂貴的遊艇，上面有夠大的直升機停機坪、游泳池和網球場。

這聽起來很瘋狂，但我決定湊湊熱鬧，看看到底怎麼一回事。我找了十位朋友，租下一艘遊艇前往加拿大卑詩省崎嶇海岸線，那裡有最寧靜唯美的水道之一——荒野之灣

（Desolation Sound）。荒野之灣有寧靜的海灣、古老的長青樹以及清澈的水域。

我們興奮地啟程，登上水上飛機，飛越壯麗的海岸線，降落在荒郊野外。這裡有鋸齒狀的石緣、海鷗，以及一望無際的深藍色天空，聞起來還有鹽和雪松的味道。

我們登上一艘用來接送我們到母船的小型接駁船。當我們靠近時，船員熱情地在遊艇上向我們揮手，展現出非常專業的熱忱。他們之所以在這裡，是為了確保能在我們的豪華假期期間，能滿足我們所有需求。

我們參觀遊艇時，真是嘆為觀止。這艘船是個極其豪華的漂浮物，高約一百英尺（三十公尺）的雕刻金屬和玻璃建築，有六間以絲綢和拋光柚木裝飾的寬敞臥室。有一群十人的工作人員四處奔波，滿足我們各種可能的需求。遊艇上有冒泡的熱水浴缸、用杉木裝潢的三溫暖室、一群隨時待命的水上摩托車，以及有各種飲料的酒吧，滿足你一切飲酒作樂的需求。這艘船讓卡爾頓飯店（Ritz-Carlton）相形失色。

我們安頓好房間後，我才明白為什麼大家這麼熱衷於遊艇。它就像我們私人的小木屋，漂浮在世界上最美麗的地方，享受三百六十度的全景視野。那天晚上，我們在船尾的一張桌子，享用一頓絕佳的晚餐。工作人員費心地用貝殼拼出「歡迎」字樣，我相信這種事他們一定做到很煩，卻還是必須假裝不在意。我們舉起香檳杯慶祝，看著太陽在荒野之灣落下。

我們從一位年輕的女主人那裡得知，這片美麗的水域是因為探險家溫哥華船長（Captain George Vancouver）而得名。當年他在冬天造訪此處，當時正下著雨，所以把它取了一個陰鬱的名字。還有一個說法是，當地人為了獨享這片美麗的水域，希望遊客少一點來而取了這個名字。「說得好！」我們一邊說，一邊舉起酒杯。

一份淋上新鮮莓果和香草豆冰淇淋的奢華熔岩巧克力蛋糕端上來時，我心想「我完全懂了，現在我知道為什麼那麼多人喜歡遊艇。」

為什麼要花一大筆錢，把自己關在海上？

隔天，我們又這樣過了一天。我們在船尾的同一張桌子吃飯，工作人員滿足我們的一切需求，接著我們乾杯。然後，隔了一天我們又照做一樣的事。接著又照做一次。隨著日子一天天過去，光鮮亮麗的感覺開始逐漸褪去。

問題不只是我們一直待在同一個地方，還包括我們待在船上。因為待在船上，所有東西總是輕輕地從一邊晃到另外一邊，引擎持續發出低沉的嗡嗡聲，就像一台電話在我的床下不斷震動。所有東西都和船艙一樣大：狹窄的走廊、低矮的天花板、陡峭得讓人心驚的樓梯。這些房間確實很不錯……就一艘船來說。房間大小只有高級飯店的一部分，價格卻貴上二十倍。

儘管美麗如斯，在海上的我卻覺得受困又孤立。我住在飯店時，喜歡去酒吧認識不同的人，或是出去散步，欣賞周遭的一切。坦白說，我猜這種假期對超級富豪可能的賣點是遠離社會。這裡只有你、你的家人和朋友，還有一群有點緊張的員工，他們都簽了嚴格的保密協議。但這一切對我來說都很怪。

週末結束時，我們終於在離開那裡，搭著小船被送往水上飛機，此時的我滿心開懷地向員工揮手道別。我迫不及待想回到陸地上。幾天後，我吃午餐時告訴朋友這次旅行的事，我想描述那種奇怪的感覺，突然之間知道它讓我想起什麼。「那就像一艘非常非常非常奢華昂貴的漂浮式房車，獨自停在大海中央。」請不要誤會我的意思，那是一艘龐大又漂亮的水上房車。這是一次新奇的體驗，而且確實有美感在其中。

不過當我看到帳單時，馬上冒出冷汗。我們只不過在船上待了七天，就花掉一個頂尖律師一年的薪水，但這就是與世隔絕的代價。為了擁有這種全然的隔離，億萬富翁甘心豪擲重金。當我把這場度假，和只要花二十分之一不到的錢（而且可能更享受），就可以和朋友去一家高級飯店拿來比較時，我就覺得很討厭自己。

豪奢的代價

雖然遊艇的生活不適合我，但既然我覺得自己已經「成功了」，我就要開始嘗試其他奢華的享受。有一些享受其實我還滿喜歡的。

克里斯也是。我們買了一間有海景的新辦公室，還買了新跑車（我升級到保時捷九一一Turbo，克里斯則把他的老福斯汽車換成愛快羅蜜歐〔Alfa Romeo〕），我也開始打造我夢想的家——一棟擁有上百坪橡木地板和手工櫥櫃的華麗建築。我確保這棟房子有我想像得到的所有設施，包括健身房、遊戲室、小型電影院，還有貴得讓人瞠目結舌的訂做家具。我很快又買了兩棟房子：一間寬敞的湖畔別墅，和一間在溫哥華的頂層樓高級公寓。我依然遵守原則，讓生活開銷不要超過總資產一〇%，只不過當一〇%的基數非常大時，那還是一筆很可觀的金額。

奇怪的是，就像我當年創業剛嶄露頭角並賺了幾千美元時，我買了一台新電視、音響系統和電玩一樣，那些以前我覺得很了不得的東西，買了之後沒多久就變得沒什麼意義。

想都不想就買新車甚至新房，讓我覺得空虛又不適。那就像我在電商網站 eBay 買了一個奧運金牌，而不是自己努力贏得的（雖然我其實是靠自己努力贏來的）。

此外，我發現升級我的生活方式，並不能提升我的生活品質。實際上，這些東西很快就帶來反效果，很快就拖累了我的日常幸福，我很快就被罪惡感、後續維護和後勤給壓垮了。我不得不僱用一群人管理我日益繁瑣的資產，他們不斷打電話給我，問我各種和我的藝術品、房產、汽車以及負責打理的員工的問題。

「嘿，安德魯，湖邊的房子需要換新的屋頂。」

「園丁想重新種草坪。」

「甲板裂開了，需要更換。」

「我們要裝新的地板。」

我的生命似乎都花在……照顧我的生活。問題是，我大部分的房子有九成的時間都是閒置的，沒有人——包括我自己、家人或朋友在享受這些豪宅。我花這麼多精力維護這些資產，只是為了擁有它們而已。這成了我第二份工作。最糟糕的是，我覺得自己要賺更多錢來餵養這些怪獸。

這次生活上的重大升級，還有一件事讓我大感訝異。從來不曾有人告訴我，當我開著超炫的車或在 Instagram 炫耀豪宅時，沒有人會覺得有什麼了不起。我的朋友豪瑟（Morgan Housel）說得好，他說：「人們想的不是『哇，這個人好厲害！』，而是在想『我希望我也有那樣的房子。』」或者，他們想的更可能的是：「他真是個白癡。」

財富使我孤獨

擁有讓人稱羨的東西，並沒有幫我交到更多朋友，起碼不是我想要的那種朋友。實際上，財富讓我變得更孤獨，也讓我變得愈來愈只和老朋友往來。我的世界開始往內縮，只剩下我賺到大錢之前就認識的人，因為我可以相信他們對我並無特別的意圖。

後來，媒體開始塑造我的形象。我在老家創辦地方性的新聞刊物時，很快就被媒體說成是邪惡的科技大亨，說我想要控制和扭曲我原本支持的當地新聞業。這件事在社群媒體掀起一場風暴，結果有人公開我家的地址，引來許多人叫囂要去我家「生吞活剝那些有錢人」。我開始覺得「通往地獄之路由善意鋪成」，我因為做了人們指責富人沒做的事而受罰：捐錢給慈善事業。

經歷這一切之後，我才明白致富會帶來沉重的代價，包括危害個人安全、嫉妒心引發人際關係緊張、來自社交圈的怨懟，以及誤解我意圖的憤怒。每一件事都在消耗我的內在平靜。

然後，還有金錢本身的重擔。隨著我的淨資產不斷成長，我成立了我以前聽說過的「家族辦公室」，也就是請一個團隊來管理我的資產，他們的工作是確保我不會做出愚蠢的財務決定而失去一切。信不信由你，人的確可以把十億美元全部揮霍掉。有一個巴西的億萬富翁，他把所有財富都花在噴射機和一級方程式的賽車上。

雖然我非常謹慎，謹慎到不至於會拿幾百萬美元來冒險，但我的確花太多錢，而這一點在某一天的下午變得再明顯不過。那時候我坐在露台上用筆記型電腦工作，我接到家庭辦公室負責人莉安的電話。「安德魯，你的開銷實在太誇張了……我算了一下，你每天花在空房子的錢，相當於住在豪華飯店的總統套房。」

「這怎麼可能？」我驚訝地說。

「我們覺得你應該控制一下這個狀況，」莉安對我說，然後列出我名下房產衍生的其他所有開支。

如果我真的使用和享受了這些奢侈品那另當別論，但我實際上花了很多錢維護無人享用（尤其是我）的閒置房產。事實上，我在經歷數十年的房地產危機期間這樣做，讓情況更顯糟糕。

你擁有的資產，最後會擁有你

當我檢查我的消費時，我在想什麼對我有重大影響。整體來說，我買的所有東西幾乎都讓我的生活變糟。擁有一棟美麗的濱水別墅和駕駛豪華汽車，感覺確實很不錯，但我很快就無感了。讓人驚訝的是，絢爛的東西竟然這麼快就歸於平淡生活的一部分。

事實上，真正讓我快樂的只不過是一些有意義的時光，例如在公園幫兒子推盪鞦韆、在我的小屋欣賞湖上的日落、和老朋友共進晚餐時笑聲不斷、一場很有挑戰性的網球比賽、我一邊看著孩子在院子嬉笑玩耍，一邊靜靜切著蔬菜。這些時光愈來愈少，我經常被壓力大的簡訊、線上會議和排山倒海的信件打擾。

多年來，我每天都會寫感恩日記，某天傍晚我從床頭櫃拿起日記翻閱，發現一頁又一頁的筆記寫著：「我很感恩可以不用凌晨五點起床，去咖啡廳拖地板」，或者「我很感謝沒有人可以叫我該怎麼做。」我還記得要聽老闆的指示做事，並按照別人的時間安排生活的感覺。

在我的內心深處，我依然是那個不想聽父母說我不可以做這個、那個的小孩（我們不都還是那個小孩嗎？）對我來說，最大的奢侈是可以隨心所欲地取消所有會議，只為了和孩子一起共度時光。

我花了十年試過各式各樣的東西，包括瘋狂購物、跑車、豪宅和貴得離譜的遊艇後，終於有了一些根本的體悟：我的終極目標是擁有自由和擺脫憂慮。但諷刺的是，花時間和精力擁有這些昂貴的玩具，卻反而占用了我的時間，讓我更憂心。這是一場慘勝：我在這場看似勝利的戰役裡，付出了巨大的代價。

有一句諺語雖是老生常談，但它說的確實很對：「你擁有的東西，最後會擁有你。」在嘗試了各種奢侈的事物後，我幾乎把所有東西都裁減了。我不後悔嘗試這些東西，有一些東西很有趣，賦予我珍貴的經驗，讓我可以講出很棒的故事。

但我開始領悟到，我們都聽說過的那個謊言，真的只是謊言而已，就像某個廣告公司主管設計放在紐約麥迪遜大道（Madison Avenue）的行銷廣告。你在電視影集《富豪名流的生活》（*Lifestyles of the Rich and Famous*）上看到的生活，並不比大多數普通人的生活更好。

即便成了富豪，我依然和妻子為了錢爭吵

沉重的財務壓力、招來瘋子和酒肉朋友、千絲萬縷各種惱人的瑣事，還有讓人應付不來的後勤。我意識到自己過頭了。

除此之外，我的婚姻也正分崩離析。我們夫妻說的每一句話，做的每一個動作，感覺都像在如履薄冰。我們的關係變得脆弱不堪，出現裂痕。婚姻的壓力再加上事業上的忙亂，兩者成了我擺脫不了的困境。有一天，我們吵到極點時，兩人破口而出「離婚」這個字眼。對我們雙方來說，這個字就像當頭棒喝，我感覺到我們之間的裂痕逐漸加深，分分秒秒都在惡化。

我周遭的一切似乎都在崩壞，但錢解決不了這些問題，事實上錢讓問題變得更嚴重。我陷入了痛苦的兩難，但我知道沒有人會同情我，也不該有人同情我。不會有人在意那個把閃亮跑車停在路邊，兩眼發呆坐在車子裡的年輕人。沒有人在乎我隻身一人坐在豪華的真皮沙發，僵硬的手握著遙控器，不知道該看些什麼。然而，這確實是兩難的局面：我當

然不想把責任歸咎於我的成長環境，或我爸媽老是為錢爭吵；我也不想責怪那個坐在樓梯上，默默承受父母尖銳爭吵聲的小男孩，他曾一再以為錢可以解決所有煩惱。

更糟的是，現在發出那些爭吵聲的人是我。我和荷莉在廚房再次陷入激烈爭吵時，我想像我的兒子正坐在樓梯上，聽見我們的爭吵聲。我一點也不想重蹈覆轍。就在那一刻，我知道我們必須結束這場婚姻。

當我決定告別這段痛苦的私人生活時，我也準備好迎接下一個挑戰：拿下我職涯裡最大的一筆交易。

第16章

小蒙格

Mini Mungers

隨著時間不斷流轉，我們的投資持續成長，我和克里斯不僅愈來愈擅長找到合適的企業收購，更重要的是，我們還學到如何用過去十年的經驗，來培養這些公司的執行長。然後，蒙格突然打電話來。我們的商業偶像蒙格，想和我與克里斯見面，因而成就了我職涯裡最關鍵的一天。

和蒙格共進晚餐後，我和克里斯回到維多利亞，全心處理相關的合併文件，我們整個管理團隊都全力以赴。

如今，我們在拜恩斯海峽（Baynes Channel）沿岸的薩利希海上，一個寧靜小海灘附近一棟一九三〇年代的豪宅工作，一棟會吱吱作響的豪宅。海浪拍打海岸的低鳴聲，海鷗機械式的叫聲在海灣迴盪，我正好需要這些聲響，可以讓我專注處理這筆交易。

從我辦公室窗戶望出去的景色，就像一張畫面不斷變化的明信片。鋁製的漁船緩緩駛過，聖胡安群島依稀將地平線一分為二。這幅全景圖上滿滿都是帆船，不斷提醒著世人「人一生中最美好的兩天，是買船的那一天和賣船的那一天」。這是多年前我衝動買船後學到的慘痛教訓，因為那艘船很快就成為吞噬金錢的無底洞。

成為鎂光燈焦點

經過數十年的商場生涯後，我明白許多複雜的東西，只不過是虛張聲勢和官僚作派。就像我常說的：「你可以到每一座市區公園去看看，一定找不到任何紀念市政委員會的雕像。」就我的經驗來說，我現在知道買賣公司時，很多決策都是由委員會拍板定案，這些決策本來應該幾天內完成，卻花了幾個月的時間。

我們遇過一些私募股權投資人，他們組織一個又一個委員會來審查我們旗下的公司，以決定是否購買。結果，幾個月後它們突然翻盤，要求重新談判重要條款，感覺都像是為了爭取最後一點籌碼而搞出來的伎倆。我開始認為在這種情況下，買家和賣家或者合併的雙方，其實和一對正在考慮要不要交往的情侶沒什麼不一樣：雙方幾乎馬上就知道彼此可能出現的癥結所在，以及這段關係是否能夠順利。有鑑於此，我希望這筆交易可以在三十天內完成。

首先，蒙格想看我們的財務狀況，所以我們針對公司的業務體質，寫了一份詳盡的文件。除了詳細介紹我們旗下三十多家公司的投資組合之外，我們還重點介紹我們擁有的另一家控股公司 WeCommerce，這家控股公司旗下的軟體公司，都在服務 Shopify 的商家。

我們和艾克曼一起買回 Pixel Union 後，又買了幾家類似的公司，然後讓它們上市。我們還對針對一百家不同公司進行小額投資，這些公司從座落在聖路易斯的飯店，到科技新創公司，再到馬斯克的 SpaceX 都有。

蒙格在看這些公司的財報時，我們也開始寄送備忘錄給他，概述我們的談判和合併協議，並準備委託書資料。我們還詳細說明當目標達成時，最後會有哪些步驟，包括提出股東投票的文件，以及探詢為求合併所需取得的美國證管會許可。

隨著我們和蒙格之間魚燕往返這些文件，我們的興奮之情愈來愈溢於言表。我們成了這場羽毛球賽裡的羽毛球，而和我們一來一往的對手正是蒙格。

此刻的興奮之情勝過一切，能夠和蒙格達成交易讓我們腎上腺素激增，幾乎讓我對過去的經歷產生一種朦朧的感覺。我們曾是一家私人公司，幾乎把每一塊錢的利潤都拿去重新投資。這次合併不僅會為我的淨資產帶來流動性，也會讓我持有價值約八億美元的上市公司股票，還可以讓我的投資從科技業擴展到其他領域。

在投資裡，有一種策略叫做槓鈴策略（barbell strategy）：一方面，你投資高風險的資產；另一方面，你投資保守資產。《每日新聞報》擁有數億美元的股票和房地產，可以完善我的槓鈴策略，賦予我超乎想像的安全感。

我也開始準備迎接大眾對我鋪天蓋地的關注。身上市公司負責人的我，將被拱到商業世界的中心，尤其是我們的名字將永遠和蒙格掛勾在一起。我會提交財報，和媒體及投資人交談，主持董事會會議，並在年度會議上嘗試表現得很有見識，而這都是我以前從來沒做過的事。

來自富豪們的生命教訓

為了準備迎接即將到來的一刻，我向克里斯提議我們應該去見幾個投資人、銀行家和上市公司的執行長，因為我們一直想和他們交流，一旦我們和蒙格的交易完成，我們很可能和他們合作。這些人可能會想投資我們新上市的股票，最重要的是，我們希望可以從這些商業大佬身上得到一些智慧，了解當我們接管蒙格的公司後可以怎麼做。

我們搭上飛機，興奮地展開旅程，期待即將學到的一切。第一站是西雅圖，我們住在丹尼-布萊恩（Denny-Blaine）區附近，一座占地一萬兩千英尺（約三百多坪）的現代豪宅裡。這棟房子有六個房間，以及和十二個鋪滿大理石的浴室。我們安頓下來後，很快就發現美國前總統柯林頓（Bill Clinton）曾住在這裡，因為牆上掛了一封印有總統抬頭的信，上面有手寫的筆跡：「謝謝你的款待！——比爾。」

我和克里斯坐在俯瞰華盛頓湖的超大客廳裡，檢視接下來幾天的會議行程，我們將從西雅圖前往舊金山、帕羅奧圖，最後抵達貝列赫（Bel Air）和馬里布（Malibu）。我們檢查將要見面的人的名單時，發現行程安排有一個奇怪甚至有點好笑的巧合：每次見面的對象，都比上一個人更有錢。例如，我們第一頓午餐是和一個投資銀行家一起吃，這位銀行家早期投資了亞馬遜，身價約為五千萬美元。接下來要和一位更成功的創業家見面，他的淨資產約為一．五億美元。再來是和一個身價二．五億美元的創投見面。這種狀況一直持續到我們最後一場會議，那次是和一位身價約一百億美元的上市公司執行長見面。

我們搭一台很長的黑頭車，準備要去開第一次會時，非常訝異那一區住宅的規模。無論從什麼標準來看，這些房子均堪稱豪宅，有著綿延不絕的綠色草坪和景觀。我唯一想到的是，光是維護房子每年就要花數十萬美元。

「這些房子真的太誇張了」，克里斯說。

我喃喃自語：「房子占地多少畝呢？大概六、七畝？」（約一千至一千兩百坪）

我說：「很扯的是，你可以把維多利亞最大的房子搬到這裡，但那間房子還是會比這條街上大多數房子的客房還小。」

「我真希望自己死後，可以投胎到這些大戶人家，當他們不成材的兒子，」克里斯咯咯笑地說。

原來，不只有我和克里斯如此看待這一區的房子。我們見到的第一位投資銀行家身價約為五千萬美元，他很快從他所謂的「茅屋」——一棟美麗的濱水豪宅出來迎接我們。我們不確定他是不是在開玩笑，但他那棟房子起碼價值一千萬美元。他的房子夾在兩棟價值約兩千五百萬美元的豪宅中間，這一點讓他非常困擾。

他們只談錢，尤其是沒賺到的

我們喝咖啡時，聊到他的職業和潛在的投資機會。雖然他很親切又友善，但他不斷說他的房子是「茅屋」，好像他的房子讓他很沒面子。當他問我們之後還要和誰見面時，他的心情馬上變得很低落，他顯然知道我們名單上的所有人，而且他們都比他有錢。

「如果我當時有機會投資愛彼迎（airbnb），我的身價就是現在的兩倍了，」他感傷地自嘲，「住在隔壁那棟房子裡的人就是我了。」

我和克里斯都注意到這位銀行家難過的語調，但他並非唯一的例子。我們到舊金山的伍德賽（Woodside）時，發現那裡的房價更高，也感受到類似的情緒。一位身價超過二．五億美元的創業家，在他價值二千五百萬美元的第二棟豪宅門廳，和我們抱怨說「鄰居不讓我砍掉那邊的樹，我要把隔壁的房子也買下來，這樣就可以自己砍樹了。」另一位矽谷投資人帶我們參觀他的豪宅後，認真地和我們說：「你知道嗎，其實我本來可以買更大的房子，只是我買了一個比較樸素的房子。」

在這趟旅途中，我們遇到的人並非都喜歡炫富，多數人其實都很友善，但每個人都有自己非常特殊的行為和失落感。我們和一位身價超過十億美元的投資人共進早餐，不過他仍住在他發財之前就和家人同住的郊區房子裡。

當我們坐在他的廚房吃貝果時，他強調這些貝果是他親自去附近的貝果店買的，就好像他就像個普通人一樣。接著，他把身子靠過來，低聲告訴我們他的淨值。就算我們人都在他家，他還是擔心他的身價會被別人聽到。他希望別人覺得他很窮，因為他不想處理隨財富而來的一連串問題，像是剛認識的人請他投資某些不切實際的點子，或者遠房親戚請他幫忙清償債務，又或者人們因為知道他很有錢而對他另眼相看。

對他來說，財富似乎是世界上最沉重的負擔，而這個負擔顯然成了他唯一的所思所想。然而，他已經擁有幾輩子都花不完的錢，但他仍沉迷於賺更多錢。他持續投資和收購企業，並熱衷於計算他的獲利。那年稍早，我自己也經歷過這種負擔，所以同理地對他說的話點頭示意。我們沒有從這些人身上得到什麼建議，我們聽到的是他們都很羨慕別人的生活，卻完全忽略自己人生裡的獨特之處。

就算身價十億美元，還是會羨慕貝佐斯

我們抵達貝列赫，發現那裡的房子和飯店一樣大，真是諷刺到不行。我們在那裡見到的許多投資人和執行長，正在他們第二、第三、甚至第四或第五間房子度假，同時抱怨周遭超級富豪的愚蠢行徑。

「你知道貝佐斯居然花一．六五億美元買什麼嗎？他的第十棟房子！」一位執行長說，「真不可思議，他簡直有錢到爆。」

「等一下，你的身價不也將近十億美元嗎？貝佐斯有什麼東西是你買不起的嗎？」我問，心裡真的非常困惑。

他想了一下，然後雙眼變得有點木然。他說：「我買得起不錯的遊艇，但貝佐斯買得起超級遊艇。」

另一位曾靠投資科技新創公司賺到十億美元的投資人，帶我們參觀他一棟有九間臥室、十六間浴室的豪宅。你沒看錯，是十六間浴室，我不知道為什麼要有這麼多浴室。那間豪宅有室外和室內游泳池，但他卻在抱怨鄰居有三座泳池（是的，三座）。

「誰需要三座泳池？」他問，接著有點認真地轉換到更浮誇的話題：「你們搭什麼飛機來這裡？」我們告訴他，我們租了一架挑戰者飛機（Challenger），這台飛機比他價值四千四百萬美元的灣流航太G650（Gulfstream G650）老二十年。

「喔……不錯，」他一邊擺弄他的手機，一邊回應說。他對我們沒興趣了。

他們好像都陷入一場「誰擁有什麼」的遊戲裡，而實際上他們早就擁有一切了。就算他們在一般認為普通大小的房子裡，他們還是會透過沒那麼浮誇的遊艇，刻意「透露」（這是我和克里斯想出來的詞，專門指某人告訴我們一些他們假裝不想讓我們知道的事）他們花了多少錢。一位億萬富翁給我們看一張照片，那是他正在訂做的超級遊艇，然後他說：「我一直告訴製造商，要把體積縮小三〇%。我和雪莉不需要那些東西，我們不需要二十個豪華房間和一架直升機。」撇開他每年使用遊艇的時間可能只有幾個星期不說，他還要花幾千萬美元在遊艇上（克里斯開始說這種「透露」是「裝模作樣的謙虛」。）

純粹以「價值」為標準的生活

當我們和其中最有錢的人見面，他是一位身價幾十億美元的執行長，我們十分咋舌過去幾天所見所聞的財富竟然那麼多，但同時也覺得很不自在又病態。我們抵達最後一棟房子時，房子讓我們覺得屋主是個與眾不同的人。我們之前住的旅館比這個房子小。這棟房子擺滿玻璃、大理石和碩大又奇特的雕塑，感覺起來比較像一棟很大的辦公大樓，而不是某個家庭的住宅。

這位執行長有一種我只能用老虎來形容的特質。身為頂級巨鱷的他，他在他的專業領域裡表現得無比出色，既迷人又敏捷，整個人威風凜凜，同時擁有重達四百磅（約一百八十公斤）的強壯體魄，堅硬如鋼鐵般的牙齒，以及如 Ginsu 刀具般鋒利的爪子。你不能靠近它，不能摸它，你絕對不會想進去它的籠子，因為這隻老虎會忍不住會撕裂你的喉嚨。

他有一群僕人，隨時滿足我們所有需求。他在談他最近的收藏品，以及他如何擊敗某個競爭對手。他也總在告訴我們每個東西的價格，似乎沒有意識到自己聽起來有多俗氣。他指著僕人幫我倒的酒說：「一九八二年的拉菲（Lafite Rothschild），一瓶要價四千五百美元。」

「哇，真的……很特別，」我說，不知道該怎麼形容這瓶酒。它喝起來就是……酒的味道。後來，當我在看一幅只有單一純色的大畫作時，他打斷我的沉思，告訴我那是「紐曼的原作」，並自豪地說：「我們花了二買下來的。你相信嗎？現在大概值二十。」（我和克里斯聽了面面相覷，不確定他到底花了兩千萬美元還是兩百萬美元。）

無論多富有，仍在追求多一個「零」

用完晚餐後，他才帶我們看他最新買的東西。我們走過房子，他打開一扇門，裡面是一個超大車庫，停滿各式各樣他大概只開過一兩次的汽車。他帶我們走過一輛賓利，和一輛全黑的訂製特斯拉 Model X，直到我們看到一輛我從來沒看過的保時捷九一一。

「這是什麼？」我驚嘆地問。

「一台 Singer。」這頭老虎說道，然後打開車門，邀請我坐在駕駛座上。

他之前給我看我的東西都沒有引起我的興趣，但這台車——這台車不一樣。這是一輛一九九〇年代中期的訂製保時捷，精心修復後就像一件汽車珠寶般閃閃發光。他告訴我們，它就像量身定做的西裝，一體成型的碳纖維車身、手工縫製的皮革，以及手工製作的裸露式手排檔，用稀有抛光金屬手工製成。幾年前我買了一輛保時捷九一一 Turbo，但一直沒有升級的需求。但那是之前的事，現在不一樣了。

「這只花了我六十萬美元，」這位執行長說。「真漂亮」，我回。克里斯附和說：「對啊，我從來沒看過這樣的東西。」

我心想：「也許，等和蒙格的交易完成後，我也買一個送給自己當禮物。」對大多數人來說，五十萬美元相當於一整棟房子的價格。

這位執行長知道我在想什麼。「我會給你那個製造商的電話，」他神氣地說，「雖然要等五年，但我相信我有辦法讓你插隊。」

隔天，我和克里斯沉默地開車去機場，搭飛機回到維多利亞，我們都在回想這次旅行。我們本想從這些商業巨頭身上汲取智慧，也確實如願了，卻覺得他們活在無止境的嫉妒深淵中。這些人在我腦海中揮之不去，不管他們擁有什麼，他們似乎總在和財富也在不斷增加的同儕比較。他們只會往上看，不會往下看。他們從不看看自己擁有什麼，總渴望資產比其他億萬富翁更多一個零。

還有什麼比這個更悲慘的？更讓人不安的是，我開始意識到也許我和他們沒有什麼不一樣。我一邊大聲批評遊艇，另一邊又飛到我在各地的房子，都是裝模作樣的謙遜。「我和那些有錢人不一樣，他們真是太扯了。」

如果我變賣所有資產，我的身價將接近九億美元，但我還是希望自己的身價更高。如果我要的話，我已經買得起更大的噴射機，但那又有什麼意義？我現在坐的飛機還有十個空位。

還有，說到最後，我的孩子怎麼辦？我是否、應否把錢留給他們？我對這一點很掙扎。我十五歲時，父母告訴我如果我想要好衣服或其他不重要的東西，我必須自己買，他們不會給我錢，我必須自己去賺錢。這樣做可以培養一個人的工作倫理，但可想而知結果會變成什麼樣子。但是，我和我父母不一樣的地方是我知道他們經濟拮据，他們沒有對我隱瞞什麼。他們真的沒有錢。

我最近幫大兒子買了他第一個撲滿，並開始在我們的日常生活裡談一些商業話題。我告訴他我們在咖啡廳買東西時，錢是從我的銀行帳戶扣款，而這些錢則來自我的工作收入。接著，我說明我賺錢的各種方式，他聽了聰明地點點頭。我剛幫他準備好他第一個檸檬水攤位，他賺了四十五美元。

是的，我希望我的孩子有良好的工作倫理，了解金錢的價值以及金錢帶來的特權，但如果我們已經這麼有錢，還讓他們和我一樣親身經歷我走過的路，甚至是很艱辛的路，豈不是一件很瘋狂的事？

我們都像精神錯亂的松鼠

在這個議題上，我有個朋友提出有趣的問題：「如果你出身自世代相傳的農家，你的家族為了生存一直在農地上勞動了幾千年，完全無法追求自己的熱忱和興趣。但是，你因為運氣和時機創辦了一座工業化農場，從自給自足的農民搖身一變成了百萬富翁，這時候你繼續教孩子如何種田、種植根莖類蔬菜，是否合理？」答案似乎再明顯不過了。

然後，這時候孩子可能會怨你。如果你的倉庫裝滿巧克力餅乾，當孩子向你要一塊餅乾，你卻要他們自己去烤，這樣做感覺有點苛刻，甚至有一點心理變態。

當我們的飛機開始降落至維多利亞，這一切在我腦海裡不斷翻騰。

「我們從這次旅行學到了什麼嗎？」我問人正坐在我對面，同樣有點悶的克里斯。

「要怎樣才能不那麼瘋癲？」克里斯說。

「我們就像精神錯落的松鼠，明明已經有一大片森林的堅果，卻還在囤積堅果過冬，」我說。

更多的「然後呢？」

我們談話時，我意識到讓我們有這種感覺的，並非僅止於這趟旅程遇到的人。過去幾個星期，我們在旅程中忙著一場又一場的會議，四處奔波拜訪商業偶像、投資人和律師，探討這次合併和上市的可能性，幾乎沒有時間陪家人。我們愈成功，感覺時間就愈少。我們的收件匣永遠是滿的，上個星期我看著孩子在操場玩耍時，用簡訊完成一筆交易。

我在腦中計算了一下，有了驚人的發現。我和克里斯各自有兩個兒子，分別是三歲和五歲，我們只剩下十三個夏天可以和孩子一起度過，然後他們就要上大學，開始自己的生活，最後有自己的家庭。

「我的意思是，我們已經是人生勝利組了，為什麼還要更多？從現在起，我們多得的都是無謂的東西。我們真的想要當前〇．二％的人，和前〇．一％的人比拚嗎？比超級遊艇？」我說。

克里斯說：「我最近讀到一個調查，該調查問世界上一些頂尖的執行長，請他們把事情按照重要的程度依序排列。許多人把家庭排在第三或第四位。你知道排在第一位的是什麼嗎？」

我不用看投票結果就知道答案了，我說：「他們的事業。」

「沒錯。」克里斯點點頭。在剩下的航程裡，我們只是靜靜地坐著，嘆息剛過去的那一週。

那天晚上我回家看到孩子，緊緊抱著他們，直到他們像蟲一樣地從我懷裡掙脫出來。我打電話給我的朋友費薩爾。「結果怎麼樣？」，他急著問我這趟旅行的情況。

「說真話，真是一場噩夢。」

「為什麼？」他問，「你不是很興奮要見到那些人嗎？」

「我覺得好像透過水晶球看到自己的未來，這些人都非常有錢，但他們現在都為了資產彼此較量，有愈多零的人就是贏家。這簡直太悲慘了。」

我告訴他那個銀行家、投資人和那些執行長的事，而他在電話那頭靜靜聽著。當我講完所有事情後，他唯一能說出的是「天啊！」掛掉電話後，我和孩子玩了一會兒，然後讀故事書給他們聽，哄他們入睡。我坐在兒子床邊，一動也不動。

我看著四周，思考下一步該怎麼做。在我童年時期，我們家曾因為經濟拮据而出現裂痕，我的內心深處（或許是潛意識）知道，希望自己有一天可以成功把家人凝聚在一起，最後解決讓我們家痛苦難耐的癥結。然而，我卻帶來反效果。我兩個弟弟都幫我工作一段時間了，卻有點疏離的感覺，好像有什麼話沒有說出口。我母親覺得我被錢沖昏頭，她認為我的成功讓我們家的關係變得更「複雜」，並因此覺得不滿。而我，則努力工作到幾乎都看不到自己的孩子。

變成一個不快樂但有錢的人

我不知道如何是好，我不想和我不認識的那些人一樣，變成一個不快樂的有錢人，但我擔心如果繼續這樣下去，我會變得和他們一樣。

當然，還有蒙格，我的偶像。我不能放棄和蒙格的交易，但我也不知道為什麼我要繼續這樣做。這樣會為我引來太多不必要的矚目，我會更常離開家人去出差，還要承受整合雙方生意並和新員工建立信任的壓力。諷刺的是，愈是公眾的人，愈渴望擁有私人空間。當我的淨資產後面有人人稱羨的九個零時，我下一個目標是什麼？我是不是該去找下一個會讓我快樂的零？

我熱愛我工作上的許多事，我熱愛投資和創辦公司，也喜歡和聰明的人合作，我不想停下來。但我也不想變成另一個，抱怨自己那棟有八個房間的房子不夠大的人，或者因為買不起超級遊艇而自怨自艾的億萬富翁。我不想要一台價值六十萬美元的訂製保時捷。這時候的我，連停在我車道上的那台保時捷都不想要，我想把它開到我們街底的海灣，然後把它沉到海底。

就在那一刻，我知道我放棄不了此生的難得機會，尤其是和我的偶像合併公司，但我也知道我不想成為永遠不滿足的人。

第17章

令人驚艷的味精

Monosodium Gobsmacked

我帶著翻騰的胃，走到耶魯鎮一家叫做巴托羅繆（Bartholomew）的安靜小酒吧，站在外面等。我看了看手錶，然後瞄了一眼手機的時間。我做過幾百萬美元的交易，但都沒有這次焦慮。我透過酒吧窗戶的反射檢查儀容，不確定衣服有沒有穿對。

也許我應該回家換衣服？不行，沒時間了。緊張得不得了的我，又重複一樣的動作：看錶、看電話、看窗戶。我突然意識到，比起即將和蒙格進行的交易，我對這次的約會更緊張。我感覺到有人輕拍我的背，於是轉身看到她。她身穿黑色上衣，看起來美豔動人，頭髮紮成馬尾，她有紅褐色的眼睛，甜美的笑容讓我的胃翻騰得更厲害了。

「我訂了一個包廂，」她說，用擁抱和我打招呼。我站在她身邊時，才意識到她有多麼嬌小。她的身高只有五英尺（約一百五十公分），只到我的胸膛。我也回抱了她。如果擁抱時我開口說話，我的下巴會碰到她的頭頂。她身上有花香的味道。

我們擠進吧台對面一個舒適的沙發座位，一位很時髦的服務生走過來問我們要點什麼。我們點了兩杯尼格羅尼雞尾酒，然後開始聊第一次約會常聊的基本話題。

她的名字叫柔依，我在過去幾天住的那家飯店大廳酒吧認識她。第一次見到她時，她穿著一條黑色長裙，徑自朝我走來。我的目光緊盯著她，視線無法從她身上移開。她很漂亮，我從來沒見過像她這樣的女人。

「嗨，我可以幫你點什麼？」我意識到她是我的服務生時，緊張地結結巴巴點了一些壽司。過一陣子她又過來時，我為了打破沉默於是問起她手腕上的小紋身。

她告訴我，她是在蒙特利爾的麥吉爾大學（McGill University）紋這個紋身，有些人稱這所大學為「加拿大的哈佛」。我心想，她一定很聰明。我開始問她的生活情況，聊到電影的話題，沒想到一聊就過了二十分鐘，她的經理已經開始盯著她看。我們互相寫了電影推薦清單，她放下帳單後匆匆離去，轉身微笑看著我。

我覺得我們很合拍，雖然我很想要她的電話，但我不希望自己看起來像個怪人。我知道一定很多人追她，我不想變成那樣的人。我吃完飯，結了帳，告訴她我很高興認識她，然後繼續上路。我提醒自己，我是來這裡談生意的，我來溫哥華是為了參加一年一度的TED大會，這是新冠疫情結束後第一次舉辦。

命運之神的眷顧

一如既往，現場擠滿了世界頂尖的科學、慈善、藝術與商業精英，而我出席TED大會已經超過十年。我曾經因為和像前副總統高爾（Al Gore）、谷歌創辦人布林（Sergey

Brin）和演員狄亞（Cameron Diaz）這樣的大人物接觸而驚呼，但長期參加下來，現在的我開始和我在咖啡吧台遇到的人閒聊。

在TED大會上，幾乎所有人都很有趣，無論是新興的非營利組織創辦人，還是低頭看著鞋子傻里傻氣的動物學家。但是，當我看到馬斯克說要把火箭送上太空，以及蓋茲談到全球疫情的跨領域因應措施，以及動員各種策略面對新冠肺炎時，我腦海裡卻一直想著柔依。

於是，我隔天回飯店開會，我環顧四周，然後看到她。我發現她正在注視我時，臉都紅了。我們四目相對，兩人相視而笑，接著害羞地移開視線，就像兩個彼此暗戀的高中生一樣。我尷尬地向她揮手，她也對我揮手。接著我對自己說，我搞砸了，我在做什麼？「笨蛋，快去跟她說話啊。」但是我沒有勇氣和她說話。我離開餐廳時，內心滿是後悔。

隔天，我回去最後一次，想要和她說話。

「我正想見到你，」她說。

「我也是，」我笑著回說。

我問她對這次會議有什麼想法，飯店大廳擠滿了就像會去參加TED大會的那種人。

「老實說，這個星期過得很慢。喝了一堆氣泡水，開很漫長的會議，」她苦笑地說。我扮了一個鬼臉，因為前一天我也有同樣的感覺。

我說，坐我旁邊的女士是世界上最有錢的女性之一，擁有數十億美元的財富。

「不會吧！她居然點了菜單上最便宜的酒，還只給一五%的小費！」柔依說。

我們兩個都笑了。「你會在這裡待多久？」她問。

我告訴她：「我明天下午離開。」

「唉，真是太可惜了……，」她說。

此時，我想都沒想就脫口而出：「我今晚要去參加派對，妳要不要一起來？」

她想了一下，露出微笑，然後在收據背面寫下她的電話號碼，叫我傳訊給她。

難以啟齒的自我介紹

我離開時握著那張收據，就像印第安納．瓊斯緊握住一件失落已久的古物一樣。我發簡訊給她，我們決定先在巴托羅繆喝一杯。我們在酒吧分享各自的人生經歷，她告訴我她爸爸是冰島人，媽媽是台灣人，她除了在加拿大東部上學之外，一輩子都住在溫哥華。

當她問我在做什麼時，我搪塞說我是網頁設計師，並投資了幾家公司。她告訴我，雖然她靠當服務謀生，她真正嚮往的是在非營利機構工作。多年來，她在一家協助女性擺脫家暴的組織工作，但薪水只夠勉強付房租，更別說要在溫哥華過正常生活，所以她在餐廳拚命工作。她開玩笑地說：「我靠當服務生賺來的錢，支付我在非營利工作的開銷。」

「哇，真棒，」我說，她不僅讓我印象深刻，現在還讓我更緊張。她繼續告訴我，她工作的那家非營利組織經營得很困難。她的同事全年無休，但收入只有在私人公司上班的一半，因此流動率非常高。員工不斷離職，經營十分困難，因為員工不得不在既有工作上暫代其他職缺的工作，或者要花幾個月才能找到接替的人力，有些職位長期缺人。我聽了非常震驚，如果我的公司每年會流失一半的人力，我不可能經營出成功的事業。

「等等，他們怎麼會給那麼低的薪水？」我問。她說：「這聽起來很瘋狂，原因很多，其中一部分是文化因素。有些人覺得，非營利機構的員工不應該要求加薪。此外，許多捐款人規定他們的錢只可以花在慈善服務，不能花在人事管理。他們希望他們的錢直接用來幫助人而不是用來付薪水。但非營利組織如果沒有員工就無法運作。」她說。

我曾經捐款給當地的慈善機構，認為自己在做正確的事。但是我雖然幫助了更多人，卻忽略了機構的員工。我在座位上不安地動來動去。

當富有成了扣分項

她彷彿覺得我還不夠緊張，接二連三告訴我她遇到許多古怪的有錢人。她在豪華飯店為超級富豪提供魚子醬服務，同時又在一個混亂的非營利組織工作，幫助一些不知道自己晚上要去哪裡過夜的人。她生活在兩個截然不同的世界裡。

「昨天有人要我把洛神花瓣從高山野莓茶裡挑出來，因為他們想要喝洛神花茶。」「天啊，那你怎麼做？」我捂著嘴問。「我告訴對方沒辦法！因為那個茶有超過十五種成分，」她說。這種離譜的要求讓我們同時大笑出來。

「這只是冰山一角，」她繼續說，「有一個很有錢的常客，把我們店裡所有的人頭馬路易十三都買下來，因為他想留著自己以後慢慢喝。」她瞪大了眼睛，覺得那個人非常瘋狂。她看到我茫然的表情後解釋說：「人頭馬路易十三是一種非常貴的科涅克白蘭地，他基本上花了大約一萬美元，就是為了讓其他有錢人羨慕他，只有他喝得到。」

我該如何坦白告訴她，我實際上也屬於有錢人嗎？

我在名義上幾乎是個億萬富翁，但是我和克里斯還是疲於奔命。我們每天醒來都有幾百條簡訊和問題要看，一整天都在解決問題，隔天又會收到幾百條訊息。有人想要大幅加薪、一位高階主管和另一位高階主管起爭執、旗下一家公司表現不佳，需要協助了解原因、一位執行長要離職、人工智慧正在侵蝕我們某個生意，凡此種種從來沒有停歇過。經過二十年後，我已經接受這些，但最近正在思考這樣做到底是為什麼。

還來不及告白，我已經被視為混蛋了

早期完全不是這樣，當時我們如果解決了一個問題，就會有一個獎勵：一輛新車、一頓更好的睡眠、有更多錢去達成更大的目標。

但是，當我的錢達到全新的層次後，數字變得毫無意義，更多的錢只不過是銀行裡的數字，它沒有改變我的日常生活。一個星期前的某頓午餐，一個和我一樣累得半死的朋友，和我分享洛克斐勒（John D. Rockefeller）的名言：「一個人如果每天醒來就把時間花在賺錢，為了賺錢而賺錢，沒有什麼比這件事更令人可鄙又可悲了。」

我在酒吧看著坐在對面的柔依，聽她說她多想幫助別人，甚至為此多做一份工作，讓我不僅欽佩她和她的人生選擇，還覺得洛克菲勒這句話似乎很適合我。我和她如此不同，我把一生都用來讓自己富裕，我為了錢而工作。大聲說出這些想法感覺很奇怪，然而就當我在這裡和一位美好的人享用飲料時，我意識到這是真的。

當然，我曾聘用過許多人，他們現在可以買房、養家糊口，並為自己存錢退休。我為無數客戶提供有價值的服務，轉動資本主義的巨輪，提升國內生產毛額，一切都和典型的資本主義和個人主義有關。但我的生活到頭來都是自私的，我沒有為我的社區多少事，對整個世界更是如此。

我很快就覺得，柔依對我這種人有很深的批判。事實也確實如此。她開始說她喜歡一個叫「混蛋的內幕」（Behind the Bastards，暫譯）的播客，裡面介紹各種糟糕的人。每一集都長達數小時，深入挖掘某個道德淪喪的獨裁者、邪教領袖或億萬富翁，談他們如何虐待自己的員工，或靠賄賂和詐欺爬到高位。

「你認為所有億萬富翁都很邪惡嗎？」我問她，心裡很怕她的答案如我所料。

「這個……我認為，如果少數人擁有足以養活全世界的鉅額財富，那麼這個制度也許有缺陷，需要重整一番，」她帶著一絲苦笑說，「我的意思是，有那麼多錢養活數十億的人卻不這樣做，這樣算邪惡嗎？」

我知道，很多人誤以為富人坐擁數十億現金，但實際上我知道大多數億萬富翁的財富，都是以書面形式存在於他們公司的股份之中，而不是在某個瑞士銀行裡囤積金條。但這樣說似乎有點掃興。「確實不太好！」我緊張地笑著說。

從那時候開始，每次講到和工作相關的話題時，我都小心翼翼轉移話題。幸好，我們幾乎在各方面都很合得來，一次又一次地出現意外的驚喜。我們都熱愛閱讀，也都認為這是因為在成長過程中，家裡都沒有有線電視的緣故。我們家都有類似的氣氛，原因都是父母因財務壓力而對金錢很焦慮。

三十六個讓人墜入愛河的問題

有一次，她告訴我她偶然間知道的事。她最近讀到，亞洲料理常用的食物調味料味精，曾在一九六〇年代被《新英格蘭醫學雜誌》（*New England Journal of Medicine*）一位糟糕的科學家認為有毒，因此受到不公平的汙衊。我驚訝地打開手機上的 Kindle 電子書應用程式，點擊布萊森（Bill Bryson）的新書《身體》（*The Body*），因為我前一天才在這本書讀到相同的故事。

我們喝的尼格羅尼雞尾酒開始發揮作用時，她問我一個問題：「你聽過三十六個讓人墜入愛河的問題嗎？」我再次覺得暗暗吃驚，因為我不僅聽說過這件事，這次約會前還特地寫一張筆記，以免我和柔依的對話出現冷場時可以派上用場，因為我很容易緊張又有點書呆子氣。筆記上的第五項：「三十六個讓人墜入愛河的問題」，這些是心理學家提出的問題，目的是促進兩個陌生人之間的親密關係。

我再次拿出手機，給她看我的清單。我們兩個都笑了。真是奇怪，感覺就像有某種宇宙的力量把我們拉近。我知道我終究要告訴她我可怕的祕密，告訴她我的稅級屬於她討厭的那群人。在她喜歡收聽的播客裡，我屬於其中一個混蛋，不過這一點可以等第二次約會再說。

其實我不應該驚訝，因為柔依的想法並不罕見。每一天，無論是推特上的貼文、笑話，還是在抖音的影片，或是全球各大新聞媒體，甚至是網飛（Netflix）、《週六夜現場》的小品、無數的書中，我都聽過富人靠做壞事發財的故事。我必須趕快換個話題。「再來一杯尼格羅尼？」我看著她的紅褐色的雙眼，再次感受到悸動。我已經很久沒有這樣的感覺了。

當我走向吧台準備再點一輪時，一直在想這件事，我沒想到這次約會的話題會突然轉向，討論起資本主義和財富。但事情確實如此發展，而且她並沒有錯，有一些富人確實很可怕。有些人自私、自戀且惹人厭——雖說要成為那樣的人，不見得一定要有錢。但根據我的經驗，大多數致富的人都是因為他們為社會提供了某種服務——無論他們是開發了新藥物，創辦了某個受歡迎的連鎖餐廳，還是發明了 iPhone。社會選擇使用該公司的產品，因此公司老闆致富了。

我同意許多億萬富翁讓人反感，有人變態營運多層次的詐騙傳銷、有人剝削並給勞工低薪，還有些人貪贓枉法賄賂政客。但是，在我認識世界上許多最富有的人之後，發現他們大多都很複雜。他們在缺錢的環境下成長，老師對他們說他們不會有出息，父母對他們太嚴厲，或者父母根本在他們成長過程中缺席。

當然，他們可能有強迫症的人格，畢竟什麼樣的人會把自己的一生，都致力於讓包裹快速送達呢？瘋子才會。然而，大多數討厭貝佐斯的人，可能都在使用亞馬遜的 Prime 訂閱服務。我記得投資人沃爾夫（Josh Wolfe）說過一句話：「化悲憤為財富。」當我查看《富比士》富豪榜時，我看到的大多都是立意良善但內心受創的人。

「酒來了！」酒保說，把兩杯深紅色雞尾酒滑到我面前的吧台上。

我帶著飲料回到座位坐下，深吸了一口氣。「你們家是什麼樣呢？」我問，把話題轉到其他地方。

我們從一個小時聊到五個小時（兩杯尼格羅尼變成六杯），我們一直聊天、握住彼此的手，四目相對，直到酒吧打烊為止。最後，我幫她叫了一台優步。

「我想再見到妳，」我和她吻別時說。

「我也想，」她微笑著說。我在她身後關上車門。

都怪該死的資本主義

我看著柔依的車駛離後，開始走回我的飯店。我對她一見鍾情，但我納悶兩個如此相似的人，為什麼會有如此截然不同的觀點？我的思緒回到我們（幾乎）要吵起來的辯論上。我原本有很多話想對她說，但想想後決定還是不說比較好。我們可以改善資本主義嗎？當然可以！如果我們不想受到全球暖化的影響，就必須改善它。但是，資本主義已經為這個世界做了許多出色的事，我相信資本主義是我們到目前為止，能得到的最好制度。它就像邱吉爾對民主的看法：「民主是政府運作起來最不利的制度，卻是我們迄今嘗試過最好的形式。」

在我看來，資本主義只是獎勵人們解決問題的一種制度。當你做出人們喜歡的東西，他們自然會付錢給你，如果有很多人喜歡你的東西，你就會賺很多錢。是的，並非所有人都是為了經濟回報才去解決社會問題，很多人是因為喜歡創造、製造東西並創新而解決問題，但當人們能夠大規模解決問題時，通常是因為資本主義的巨輪正在發揮作用。

開餐廳很厲害，開連鎖餐廳就很邪惡？

我覺得人們看待富翁問題的方式很奇怪，如果當地一位女性開了一家大受歡迎的餐廳，並賺了二十五萬美元的利潤，沒有人會認為她很邪惡。但如果她把一樣的概念變成連鎖店，她可能會變成億萬富翁，而她是否因此就突然變得很邪惡？只因為她的餐廳比較大，她就比較邪惡？如果她的顧客很滿意她的服務，她的價格也合理，員工得到合理的薪水和良好待遇，我不覺得那樣有什麼問題。

我和大家一樣對 iPhone 成癮，喜歡在 Instagram 關注朋友的生活，發送《辛普森家庭》的名言給他們，並在亞馬遜訂購燕麥能量棒。我敢打賭，柔依也會做這些事。她知道如果沒有那些性格複雜的億萬富翁，我們都做不了這些事嗎？賈伯斯、祖克伯、貝佐斯，還有梅鐸（Rupert Murdoch）。嗯，也許梅鐸不算。

我不必然喜歡或認同這些人，他們都是複雜的人，而我認為這不是巧合。我認為複雜的人會創造出驚人的東西，畢竟世界上許多傑出的藝術作品，是由患有精神疾病的人創作的（想想懷斯〔Amy Winehouse〕、海明威〔Ernest Hemingway〕和梵谷〔Vincent van Gogh〕）。商業上也是如此，人有時候會摻雜一點自大、自戀或病態人格。

當我讀過愈來愈多知名企業家的傳記時，我發現很多悲傷又複雜的故事，例如賈伯斯剛出生就被生母送給別人領養。歐普拉（Oprah Winfrey）在童年遭受嚴重虐待，年僅十三歲就離家。馬斯克曾在肉體和情感上受到父親虐待，並且有自閉症。複雜的人生造就他們極端的性格，從而產生出推動世界進步的執著動力。

那天晚上，我走進我的飯店房間，躺在床上思考我和柔依說的所有事情。我不禁想知道，她會如何看待我目前的情況和這些想法。我們還會有第二次約會嗎？我還在和自己爭論這一切，不知道答案是什麼。就在那一刻，我唯一知道的是我真的很喜歡柔依，而且我和蒙格的交易將在幾週內開始，我終究要對她坦白這些事。

第18章

誰想成為億萬富翁？

Who Wants to Be a Billionaire?

「我們將在四十五分鐘後降落，」機長透過對講機說話時，我抬頭看著克里斯，接著看著史帝夫，我們三個人都興奮地微笑。我們正前往洛杉磯再次和蒙格見面，這次我們邀請史帝夫同行。我看著窗外，看到我們正飛越加州的馬林縣，下方金色的海岸線閃閃發光，被整齊劃分成格子狀。

史帝夫拿出一個紙盒，裡面裝滿他的妻子海蒂昨晚幫我們烘焙的新鮮可頌和酥皮點心。她上輩子一定是個專業的糕點師傅。她有一個很美好的習慣，會幫要出遠門的先生準備美味的點心，讓史帝夫可以帶著點心出門。

「吃吧……你的原始人飲食可以過幾天再執行，山頂洞人也喜歡吃可頌，」他就像毒販在做第一次買賣那樣說道。

我把一個餡餅塞進嘴裡，忍不住發出滿足的呻吟聲。對一個吃甜點的大男人來說，那個聲音有點誇張。我把剩下的糕點拍照寄給柔依，希望讓她羨慕我這份完美的酥脆點心。

我們在溫哥華約會的第二天早上，她傳簡訊告訴我：「好，我要坦白一下。我在網路上搜尋了你的資料，抱歉我之前說過所有億萬富翁天生沒人性又邪惡的話。」我立刻回說：「我希望你將來會明白，億萬富翁都很美好又謙虛，他們只有一個超簡單的願望：打造前往火星的火箭。」

我們第二次約會時為這些事開懷大笑，然後我們約了第三次和第四次會，不久之後我們就形影不離了，不是在一起就是不斷互傳簡訊。雖然我們看問題的角度不一樣，但我們還是很合得來。我欣賞她看待世界的方式，以及她教我的那些事。雖然她對於我當資本主義的棋子（這是她說的）沒有興趣，但她還是認同我的一些想法。有好幾個夜晚，我們一起辯論當前經濟制度的優缺點，以及我該如何處置我的財富。

絕佳機會當前，我們卻猶豫了

我現在正在飛往洛杉磯的飛機上，史帝夫開始問我們更多和蒙格有關的問題。我和史帝夫在很多地方完全不同：我討厭細節，他卻樂在其中；我盡可能避免主持會議，史帝夫則開發了專門的軟體來提高會議效率；我喜歡穿短褲和T恤，他則超愛穿木炭灰的西裝；他從頭到尾都是個商業人士，喜歡當教練，而我只想坐在老闆的包廂裡，遠離一切不受任何人打擾。

儘管如此，多年來我們已經變得十分親近，我們在商業上彼此協助，一起親自處理過各式各樣的商業及私人問題。我們看到彼此流淚的次數多到我不想承認，這是我無法對商業圈裡的男性友人說的事。除了克里斯，他是我最信任的人。今天，他的人生即將出現深刻的改變，即使他自己還沒發現。

幾年前，史帝夫把他創辦的軟體公司，賣給一家私募股權公司。當他完成人生清單上的一個項目，他舉家搬到法國南部住了一年後，然後他又開始覺得不安。但有趣的是，史帝夫已經受夠了。他賣掉公司前就已經現金付清房子的款項，並計算出他每年只需要低於二十五萬美元的收入，就可以過他夢想的生活。他把公司出場的收益，投入一個超級保守的股票和債券投資組合，再也不眷戀以前的生活。他以數千萬美元賣掉公司那天，我打電話慶祝他。

「你有沒有為了獎勵自己而做什麼蠢事？買敞篷車？還是昂貴的手錶？」

他告訴我，他買了一把他一直很喜歡的園藝剪刀犒賞自己。這就是史帝夫，他很自律，雖然他已經有一把很好的園藝剪刀，即使那把剪刀有點生鏽，他也不讓自己花錢在奢侈的東西上。

我看著他時回想那一刻，心想我們倆該如何交換頭腦。

史帝夫也非常崇拜蒙格，知道有機會見他就馬上把握，他甚至可能會用他的園藝剪刀來換這個機會。

我們應該跟蒙格「再婚」嗎？

不過，對我和克里斯來說，這裡出現了一點小問題。我們的夢想——和蒙格合作的絕佳機會就在我們面前，但我們卻有點猶豫起來。我們意識到，如果和《每日新聞報》公司合併，我們可能會失去我們想要最大目標：自由。畢竟，那不再只是我們兩人的事業，不再是僅根據我們的形象，經過二十年精心決策建立起來的 Tiny，裡面的一磚一瓦都依照我們的熱情建立而成，並且和我們喜歡的人一起合作。那是蒙格的公司，一家擁有一百三十年歷史的企業集團，股東的資歷長達幾十年，其中的業務牽涉到一些我們未必理解或會選擇的領域。

這家公司投資於對軟體，未來會有許多發展潛力，而且它們顯然也有很多優秀人才。但是，我覺得我們就像兩個各自離過婚，此時要一起組成家庭的夫妻，合併後將出現複雜又難料的結果。

此外，在和那些不斷彼此較勁的億萬富翁說過話、認識柔依，以及經歷過去幾年的壓力和空虛，讓我開始懷疑起這一切。我為什麼要做這些？為了錢嗎？為了讓我名字前面有個億萬的字樣嗎？和我的偶像完成一筆交易嗎？

這可是蒙格啊！

過去幾週，我一直反覆掙扎：我一方面鼓勵自己準備放棄這筆交易，另一方面又在說服自己繼續下去。然後，隔天我就要面對一大堆的現實。我想到自己要花很多年學習如何經營報紙業務，以及和並非我選擇的股東、董事會成員和高階主管周旋，這些感覺起來就像要讓一艘很大的郵輪轉向。我告訴自己我覺得夠了，我不想促成這筆交易，但過了二十四小時後，我又開始對自己大吼大叫說：「但這可是蒙格啊！」

我們都以不同方式面臨這種難題。有一位執行長朋友曾告訴我：「有時候我早上醒來，只想日復一日地拚命工作，成為下一個賈伯斯。但有時候我醒來，卻幻想買一間小房子、一輛老舊的破車，沒有任何負擔，撇下商業世界的壓力。」資本主義有一個副產品是渴望擁有一切，或者讓你相信你唯有擁有那些東西，否則就是一無所有。我們經常不顧一切地往前衝，讓自己承受新的壓力。如果保持原狀，我們反而會覺得滿足，甚至更快樂。

我還無法確定現在是否是類似的狀況。我們也深入了解過即將接手的公司《每日新聞報》。它們有穩定的報紙及出版業務，有價值數億美元的股票（這些股票是蒙格用利潤再投資所購買）。它還有一個亮點：一家叫做期刊科技（Journal Technologies）的傑出法律科技軟體公司，和全球各地皆有合作。不過話雖如此，它們還是面臨不小的挑戰。該公司最大的競爭對手，是市值數十億美元且非常積極的上市公司泰勒科技公司（Tyler Technologies），蒙格想要採取大衛對歌利亞的策略，想要靠把事情做好來取勝。它們用非常公平的方式和客戶簽約，工作尚未完成前不向客戶收費，而競爭對手則以不斷對公部門客戶收取小額費用聞名。

這個問題有方法解決，但我們意識到這是個很大的挑戰。我們需要聘請一位懂得如何賣軟體給政府機構的執行長，一位能夠思考長期並理解查理獨特運作方式的人。

「就是史帝夫了。我百分之百確定，就是史帝夫了！」克里斯喘氣說。

這是你做過最冷靜的決定

我完全同意克里斯的看法。史帝夫上一個事業和期刊科技有明顯的相似之處，而且他也很崇拜蒙格。但我的問題還是存在：這樣做合理嗎？我們這樣做是因為想要模仿別人，還是因為我們真的想要這個事業呢？是為了得到同儕的認可，還是為了自己？

隔天早上，我和克里斯坐在辦公室的花園，眺望平靜的海面，聆聽海鷗的叫聲。我們安靜地沉思著。

「我知道這樣說聽起來很瘋狂，可是我……」我說。

克里斯直截了當地說完我要說的話：「……你不想做這筆交易。」

我告訴他我的擔憂。我們有實際的營運，我們會沿用蒙格的董事會、股東以及他留下的報業，我們要想辦法讓這個業務成長。多年前，我會豁出去，一頭栽進那堆麻煩事裡，但現在的我想要保持理性。過去幾個星期，我一直在想和蒙格合併的方法，就像我說服其他執行長把它們的公司賣給我一樣。我曾對自己採用反目標的策略。

成為億萬富翁曾是我緩解童年金錢焦慮的完美解藥，然而現在的我有錢到超乎自己最狂野的想像，但我依然有各種問題。我還是會擔心我的孩子，並對於各種諸如事業、人際關係、友誼和日常生活的問題充滿焦慮。當然，這一切也牽涉到自負。我克里斯在這趟前往西海岸拜訪億萬富翁的旅行裡，看到很糟糕的狀況，實際上那才是我們最難抗拒的部分——我的自尊心。我想要模仿那些富翁的欲望——我想成為「小蒙格」。「我是不是瘋了？」我問克里斯。

「不，打從我認識你以來，這是你第一次真正不瘋的時候，」克里斯說。

在經過數週的糾結後，我們終於做出決定。就在那一刻，我覺得如釋重負。接下來，我們把想法告訴蒙格，他完全理解並尊重我們的決定。我們告訴他，雖然我們不想合併公司，但我們有一位非常合適的執行長人選推薦給他。幸運的是，史帝夫和查理一拍即合。我們還沒吃完在洛杉磯的午餐，蒙格就已經決定讓史帝夫擔任《每日新聞報》下一任的董事長兼執行長。

「然後呢？」克里斯問，「我們該退休嗎？三十幾歲的時候就退休？去某個海灘喝瑪格麗特？」我們都笑了，很清楚我們都無法忍受躺在海灘上無所事事超過幾天，更不用說躺幾年了。

「我不知道，」我說。

幾天後，當我和孩子躺在床上一起讀《內褲超人瘋狂大冒險》（*The Adventures of Captain Underpants*）時，我的手機響了一聲，傳來一條簡訊。我收到主動要求收購我們一項業務的報價，價格達數億美元。

我很快在腦海裡計算了一下，發現我——起碼在理論上——如今已經是個億萬富翁。我輕聲一笑，然後把注意力拉回到書本，急著想讀更多和內褲隊長有關的最新冒險故事。

第19章

破釜沉舟

Burn the Boats

早上六點，我不想吵醒還在床上熟睡的柔依。我們在安德森灣（Anderson Cove）慶祝交往一週年，待在一個由紐西蘭家族建造的大農場的小木屋。我們的小屋是一棟四百英尺（約一百二十坪）改建的花園小屋，四周有加拿大北陸的原始美景。小木屋有兩個房間，和我去年夏天租的遊艇形成鮮明對比。

我坐在陽台上，看著花園、樹木和破曉的黎明，玫瑰色和金色的光芒覆蓋整個天空。高聳的樹木在風中搖曳，嘰嘰喳喳的鳥兒在樹枝做窩。當陽光灑在沾了露珠的葉子時，長滿本地蕨類植物和鮮豔紐西蘭聖誕樹的花園變成生機勃勃，每一滴露珠都像小小的稜鏡，反射出新的一天。

突然間，我就像每天抽一包菸的老菸槍俐落掏出菸一樣，從沉思中驚醒並拍了拍口袋拿出手機，只見螢幕上顯示「沒有服務」。我點進設定，發現這裡也沒有無線網路，接著是察看我的日曆，裡面一切空白。我在焦慮和快樂之間迅速擺盪。我心想，如果我錯過了什麼怎麼辦？如果有人要聯絡我怎麼辦？如果我其中一家公司出事怎麼辦？然後……純然的喜悅出現了。我覺得血壓下降了，我沒有要處理的電子郵件，沒有簡訊，沒有人聯繫得到我。我把手機放在一邊，拿起身旁那本翻得破舊的書，深吸了一口溫暖芬芳的空氣。

毫無目標的億萬富翁

這樣的日子我已經過了第十天，完全脫離我平常的日常生活，讓我不用受到每天二十四小時如洪流般狂轟猛炸的訊息。這次度假的時機真是再好不過了，可以保護我不用受到外界干擾，因為我正在思考一些事情，需要時間消化。

過去一年來，我一直在探索意義，我已經完成我一直想做的事。接著，有一個問題在我心中迴盪：那接下來呢？我猜每個人心裡都會翻白眼，心想：「喔，我不會這樣喔。如果我有那麼多錢，我一定會過得很好。」但相信我，你不會的。

對我來說，錢很快就會成為負擔。有些事壓得人喘不過起來，無法帶給我快樂。我曾想把錢花掉，但這樣做只讓我覺得空虛。我曾努力讓錢繼續成長，打造有城牆的堡壘，但這樣做我覺得沒什麼意義。我已經擁有夠多資源來過我一輩子想要的生活，為什麼還要繼續努力呢？因為恐懼？因為不安全感？多年來，葛洛夫（Andy Grove）的名言是我的座右銘：「只有偏執才能生存」，但這句話開始讓我覺得沒有益處。我怕我會一直這樣下去，永無止境，沉迷於追求更多東西——一個從口袋拿出手機，不停發送電子郵件的工作狂，為了行動而行動的人。

我曾遇過一個人，大家暱稱他為「無家可歸的億萬富翁」，因為他沒有自己的房子，他基本上是住在他的私人飛機上。他會飛到世界各地，由他的團隊幫他在一個城市裡預約多家飯店，並在最後一刻決定那天晚上要住在哪一家。至於其餘的時間，他都睡在他的灣流航太G650。

我開始覺得自己像個「毫無目標的億萬富翁」，我讀過上百本如何致富的書，但沒有一本告訴我，如果我真的成功致富會發生什麼事。如今我正在找一個可以看齊的對象，找一個解決過這個問題的人。

我發現，隨著我遇到的成功人士愈來愈多，大多數人就像鯊魚一樣。他們就像自動化的機器人，無法停止下來不往前游，並吃掉所有不幸出現在他們眼前的東西。他們從來不曾花片刻審視自己的人生。對某些人來說，他們的動力似乎來自不安全感或童年創傷；對旁人來說，這似乎是一種人格障礙。還有許多人同時受到兩者的影響。

溺水的孩子與名牌鞋

當我在黎明時分坐著思考這些事情，我在尋找某些東西。每次我有這種感覺時，我都會讀書。就在此時此刻，我找到一本讓我腦洞大開的書，讓我開始質疑一切。

大約一小時後，柔依穿著浴袍走出來，手裡拿著兩杯咖啡。她遞給我一杯，我放下書本，轉身看著她。

「想像一下，你穿著一身漂亮的衣服和名牌鞋子，這時候你看到一個小孩在附近的池塘溺水，你會怎麼做？」

她回答：「哇，早安。你一定會跳下去救那個孩子。」

「對，一定會，就算跳下去會毀掉你昂貴的名設計師鞋子，」我說，「孩子的命比名牌鞋更重要。」

「哇，你真懂得揭開美好一天的序幕！你一大早就問我小孩溺水的問題是怎麼回事？」柔依說。我告訴她那本書，裡面有一篇由澳洲哲學家辛格（Peter Singer）寫的文章，名叫〈飢荒、富裕與道德〉（Famine, Affluence, and Morality），他主張任何有能力的人都有道德責任去幫助有需要的人。他建議，當我們面臨一個選擇，應該花錢買超過個人所需的東西，還是把錢捐給有需要的人，我們顯然應該選擇道德上正確的做法。

然而，當痛苦發生在人們視線以外的遙遠開發中國家時，要做這個決定將變得很難，我們也更容易忽視這個做法。但是，當孩子就在你面前溺水時，你該怎麼做就變得非常清楚。當你在報紙讀到一篇故事，你的腦袋會自動把故事抽象化並加以忽略。

我讀一句名言給柔依聽：「**如果我們有能力避免壞事發生，而且不會因此犧牲其他重要的事，那麼從道德上來說，我們應該避免讓那件壞事發生。**」

我們開始清點自己多出來的的東西，並意識到我們也犯了這個錯。我們不僅擁有許多漂亮的鞋子，而且數量遠超過讓我們過舒適生活所需的程度。我們有好幾棟房子，好幾台車子，設計師家具，更不用說還有飛機燃料的開銷。

為了保護自己昂貴的鞋子，我們是否應該眼睜睜看著別人溺死？看著很多孩子溺死？幾百個孩子？甚至是幾萬個孩子？

我們要放棄一切，搬進小公寓，然後把剩下的錢捐給慈善機構嗎？

我想到我過去一年看過的超級富豪，想到他們的豪宅，他們的直升機和私人飛機，還有遊艇。

我告訴柔依，貝佐斯正在打造一艘價值五億美元的超級遊艇。我曾經讀到一家叫做 GiveWell 的研究機構，它們專門在找能有效利用捐款的慈善組織。該機構估計，在開發中國家拯救一條生命的成本大約是四千五百美元。

我在我的 iPhone 計算機程式算了一下，然後自言自語地問：「花五億美元打造一艘供十二人每年度假幾次的遊艇，如果這筆錢可以拿來拯救開發中國家一百一十一萬人的生命，那麼建造遊艇是否合乎道德？」

這個人數相當於科羅拉多州博爾德市（Boulder）的人口。要是你能夠兼顧兩者？如果你把所有錢都捐出去，但保留五億美元來買超級遊艇，這樣會讓你變成壞人嗎？根據辛格的說法，可能會。

這種對比讓我不太舒服。貝佐斯只是現代版的安東尼（Marie Antoinette），在他的超級遊艇上大喊「讓他們吃蛋糕吧！」或者那是他創辦亞馬遜得到的愚蠢豪奢獎勵？這是否就像一個成功的律師，買了一台亮綠色的藍寶堅尼，慶祝他成為律師事務所的合夥人？

擁有多少獎勵才合理？

我們都認識這樣人，他開著敞篷車飛馳而過，引擎的轟鳴聲震耳欲聾，他光禿禿的頭和飛行太陽眼鏡都在陽光下閃閃發亮。

沒有人喜歡他或他的車，但我認為沒有人會認為他買那輛愚蠢的車是不合法的行為。我們會翻一翻白眼，然後和他擦身而過。無論旁人認為這樣做有多麼不理智，但我們之所以忍受這些事，是因為我們活在允許人們自由處置自身財富的社會。

「擁有多少獎勵才合理？」我問了柔依，「我認為人們要有回報才會努力。當你被大幅加薪時，可能會想買一台新車或一張更好的沙發。如果有錢人把剩下的錢捐出去，他們是不是就可以享受奢侈品？」

我和柔依反覆討論這件事情一個多小時，卻沒有得到讓人滿意的結論。如果我們用辛格的說法，拿奢侈品來對比池塘裡即將溺斃的孩子，我們顯然都會哽咽。

這是我們尋常的早晨，億萬富翁、資本主義和慈善的辯論，已經成為我們的日常話題，雖然多半是輕鬆有趣的討論。柔依讓我意識到我忽略了一些事情，反之亦然。這本書重新激發我對慈善事業的迫切感，孩子溺水的畫面對我猶如當頭棒喝。

和德瑞克喝杯咖啡

接下來幾天，我不斷回想一週前的談話。我和柔依剛抵達紐西蘭時，我們到了該國多風多山的首都威靈頓（Wellington），我看了一下當地有哪些我認識的人。我遇到多年不見的老友德瑞克（Derek Sivers），他幾年前搬到紐西蘭，我之前寫過電子郵件給他，希望和他見面。

我有十多年沒見到德瑞克本人了，很期待能和他敘舊。我們在塔拉納基街（Taranaki Street）一家時髦的小咖啡廳奧古斯特（August）見面。我提早到咖啡廳收信並完成一些工作，而德瑞克走進來時，他藍色的眼睛炯炯有神。他穿著漂亮合身的灰色西裝，搭配高領毛衣。他身上常散發出冷靜的氣質，無論和誰說話，都能讓對方覺得自己是世界上最值得交談的人。

十幾年過去了，但他看起來一如往昔，只是額頭上多了一兩道歲月的痕跡。我主要靠偶而通信和讀德瑞克寫的書和電子報，來了解他的近況。他是一個非常有主見的人，總按照自己的想法生活。過去幾年他致力於寫作，並向數十萬讀者傳達自己的觀點。他寫了一本叫做《如何生活》（*How to Live*，暫譯）的書，談到如何過最好的生活，方法包括不要依賴別人、不要擁有太多東西，以及反直覺地刻意讓自己體驗痛苦的事情。雖然他很成功又有名氣，但我一直很欣賞他完全不浮誇。

我和德瑞克在二〇〇九年的ＴＥＤ大會認識，那時我們公司的員工人數少得可用一隻手數完，而他已經成功賣掉一家價值數千萬的公司。即使如此，他還是用很平等的態度對我，並對我表現出濃厚的興趣。當時，我還只是個二十幾歲剛創業的宅男，他卻帶我去吃午餐，並介紹我給他的朋友認識，而他當時他已經是個有名的創業家。多年前他完全不在意我們之間的成功和地位差距，他的態度一直鼓勵我要回饋社會。如今十五年過去了，他以對待成功創業家的態度對我，就像當年他以尊重和善意對待仍寂寂無名的我那樣。他什麼都不圖，只是想敘舊。

賣掉 CD Baby 之後……

「好，和我聊聊你的生活吧，」我們坐在一起喝咖啡，他溫暖地笑著說。我開始長篇大論，內容之冗長連經驗豐富的莎士比亞演員，聽了都會覺得筋疲力竭吧。我把過去幾年來所有想法、擔憂、壓力和存在危機等掙扎，全都一股腦地說出來，讓他知道自從我們上次見面到現在，我經歷過的所有事。他喝著咖啡，耐心、專心地聽我說創業的一切，聽我說差點因為布萊恩而失去一切，我和我弟弟之間的關係緊張，以及我現在是個焦慮的億萬富翁。他只是靜靜地聽著。他以為我說完了，此時我又滔滔不絕地談到我賺的錢，以及站在事業巔峰的我有多麼不滿足。「我完全不知道該怎麼做，」我說。

「哇，那可真是不少錢呢……」他平靜地點點頭，就像馴馬師試圖安撫受驚的野馬。

他停頓了一下，然後說：「但我有過一樣的經驗。我賣掉公司後，也經歷過跟你差不多的掙扎。」

「你也是？」我把身子往前傾。

我這才意識到，雖然多年來我一直在關注德瑞克，但我其實不太了解他的過去。

只是意識到「遊戲結束了」

當然，我知道他創辦了一家叫做 CD Baby 的公司，人們常說這家獨立音樂公司是「反音樂公司」。我還記得有一次，我們的共同朋友偷偷告訴我，德瑞克賣掉這家公司後賺了「一大票」。不過，我會認識他主要是因為他寫的文章，而且我喜歡和他在一起。

德瑞克告訴我，他從來沒想過要成為創業家。他在一個功能失調的家庭度過他艱辛的童年。他十六歲時輟學，後來他去馬戲團當小丑（沒錯，就是小丑），因此成為職業音樂家，在樂隊演奏並環遊世界。直到一九九八年，他才偶然想到一個會永遠改變音樂產業的想法。他試著在網路賣自己的ＣＤ，意識到其他獨立音樂人缺乏便利的方法，可以在網路賣自己的音樂。於是，CD Baby 問世了。他顯然找到他的消費者，因為他的網站迅速成為網路上最大的獨立音樂銷售商，銷售額達到一億美元，超過十五萬個音樂家在使用這個服務。這個網站引起業界所有人注意，包括光碟和ＤＶＤ製造商 Disc Makers，它們於是在二〇〇八年提議收購該公司。

「我準備以兩千兩百萬美元賣掉公司，心裡卻非常痛苦，」我專心聽他說，「我的負擔很重，但我卻有一種奇怪的衝動，想再來一次。」

「永不滿足，」我心想。

他接著說：「我開始心想：『現在，我必須證明這一切不是運氣——我要創辦另一家更大、更好的新公司。』於是，我開始構思各種商業點子，才意識到這一切只是出於我的不安全感。我在重複做相同的事情，想再做一次我才剛完成的事。這件事和我這個人沒有關係，而是想對別人證明自己。」

「所以，你做了什麼？」我問他。

他說：「我決定放下生意，嘗試些新事物，專心在音樂和寫作上。」

「對，但那些錢呢？如今你有那麼多錢要管理和增值。你把錢拿去投資還是怎麼樣？」我問。

「我破釜沉舟了，」他回應說，語氣十分果決。「什麼意思？」我問。

「打仗時，如果你破釜沉舟，就等於不給自己退路。你必須把任務執行到底，」他解釋說，「我知道，如果我任由自己這樣下去，我就會一直困在商業的世界裡，反覆解決同樣的問題。我就像個上癮的人，所以我應該像那些想戒除上癮症狀的人，把所有毒品都清出家門。」

「那你是怎麼戒掉的？」我問，準備聽他說真的燒掉兩千兩百萬美元。

幸好，他沒有這樣做。「當我認真思考後，我知道自己其實不需要、也不想要賣掉公司的錢，我要的只是確保自己有足夠的資源來過舒適的生活。對我來說，驅動我的從來不是錢，而是創造事物的自由和樂趣。」

「所以你把錢捐出去嗎？」我問。

「算是吧。賣掉公司前幾個月，我把我對公司的所有權轉入信託，所以我失去全部的淨資產，而且是不可逆的。那些財產再也不屬於我，都歸慈善信託所有。我去世後，所有資產將用於音樂教育，但我還活著的時候，信託每年會給我其中的五%。名義上，我的淨資產幾乎為零。這是我選擇放下鉅額財富帶來的壓力的方法，接受自己擁有的已經足夠。這個遊戲我玩完了。」他說。

尋得終極的自由

我聽完他說的，想消化一下。我有過他那樣的感受上百次了，但就是做不到他做的。我想知道他是否成功完成不可能的任務。「這樣不會嚴重打擊你的自尊心嗎？當你和其他有錢人在一起時，你是什麼感覺？」我問他。

「我覺得自己像去勒戒所戒掉毒癮，然後和一群成癮人士在一起。他們的生活到處都是毒品，但對我來說，我已經擺脫那個狀態，所以那種生活對我來說看起來有點瘋狂。」

我聽得臉頰一陣發燙，因為我就是他所謂的成癮人士。「我現在大概每個月都會和像你這樣的人談這類事，很多人說想和我一樣隱退，但真正去做的人並不多。這就像想住在小房子一樣，大家都說喜歡小房子，想過簡單又樸實的生活，但實際上很少有人真的去做。我在商業上做了一樣的事，只不過我是放棄了豪宅，」他笑著說。

「好吧，那現在怎麼辦？距離你賣掉公司已經十三年了，對嗎？」我問。

他告訴我他如何開始寫書和部落格，並專心創作音樂和寫電子報，他的電子報有來自全球數十萬的訂閱者。「我思考、寫作、旅行。我和兒子一起出去玩，玩音樂。我剛從印度回來，在那裡花三天認識一些讀我電子報的有趣陌生人，了解他們的生活。我經常去健行。我不知道……總之我很忙的，」他說。

他告訴我一個他用來決定要不要做某件事的方法：「如果答案不是『當然要做！』那就是『不要做。』人生太短，不要浪費時間在『不』的事情上，這才是終極的自由。」我笑了。我在看日曆時常常嘆氣，迫切需要採取相同策略。

「那麼，如今你的一切都很完美了嗎？」我問。

「當然不是！」他笑著說，好像我的問題非常荒謬似的。他說：「我的壓力很大。我離婚了，我的家庭很複雜，也偶爾會有存在危機。我並沒有參透人生，人生很難又複雜，但我和許多商界朋友不同的地方在於，我開始解決不同的問題，選擇退出金錢遊戲。」

你難道不想念它嗎……

我坐在那裡，整個人有點愣住了，我不斷在腦海裡反覆思考破釜沉舟的想法。我覺得自己像在某個邪教長大，而現在的我正在威靈頓這家可愛咖啡廳裡，被過去曾是邪教一員的人反洗腦。

我的大腦馬上就排斥這個想法，我就像小說《魔戒》（*Lord of the Rings*）裡的咕嚕

（Gollum），聽到有人建議我把心愛的戒指丟掉一樣，讓人無法想像。

「你難道不想念它嗎？」我問。「想念什麼？」他問。

「事業，那些衡量自己的標準，包括金錢、地位，」我回答。

「我已經有夠多的錢了，也已經對世人證明過自己，我不知道我為什麼還要再證明一次。難道有人會對只贏過一次奧運金牌的人翻白眼，心想：『為什麼他們沒有拿到兩次金牌？』，不會的。那些衡量標準已經沒有意義。你可以想想看，你為什麼這麼熱愛事業？」他問。

「這個……我喜歡讓事物變得更好，我總對事物的狀況或各種問題有自己的想法，或者我想實現一些點子。對我來說，這才是有趣的地方，」我回答說。

「我仍在做那些事，只不過不再是為了錢，」他說，並談到他最近參與的一些數位專案，但這些案子不會帶來金錢上的報酬。「我沒有拿到錢，但享受到實現想法的喜悅，並在這個過程中和這些有趣的人交流，」他說。

「你在商業人士面前有什麼感覺？有沒有覺得自己被品頭論足？」

「這個……分兩方面來談。第一，他們大多嫉妒我退出了，他們也都夢想要做一樣的事情。如果他們覺得我的做法很奇怪，那我想我不用和他們當朋友。第二，我上次在倫敦買了幾套非常漂亮又昂貴的西裝，我每天都穿著這些西裝，就像穿制服一樣，」他邊說邊指他那件合身的漂亮灰西裝。他聳了聳肩，接著說：「只要穿上好看的衣服，你會很驚訝人們就會改變對你的看法。」

我笑了笑，然後沉默了一會兒。我們從咖啡廳的窗戶望出去時，我正思考德瑞克和我說的話，我知道他已經破解了生活的奧祕。

他受夠了，我也想和他一樣。

—第20章—

你這個混蛋

Asshole

「嗨，安德魯，」我收到的那封信，一開頭是這樣寫的，「好久不見……你哪天晚上有空，我們一起喝咖啡或吃晚餐好嗎？一切順心，布倫特。」

布倫特是我在 Metalab 早期一起共事的老同事，他是個才華橫溢的設計師，十年前我們一起共事時，當時整個公司只有二十名員工。我們當時是朋友，一起努力完成設計專案，然後一起去酒吧慶功。但多年來，我們漸漸失去聯繫。我很高興可以和老同事分享工作上的故事，所以愉快地安排了一起吃晚餐的時間。

布倫特身高五．八英尺（約一百七十二公分），有著波浪般的棕色頭髮。雖然我已經好幾年沒看到他，但他看起來一點都沒變老。我挑了溫哥華一家高級牛排店，餐廳內有紅木牆、黑色皮革座椅，後面有一個用玻璃圍起來的肉類冷藏室，裡面放滿了牛肉。我訂了一瓶很貴的酒要慶祝，期待晚上可以愉快地談著各種專業話題。不是談股票，而是談設計，談使用者介面和使用者體驗、談配色方案、字型等，談這些我喜歡的東西。

你利用我！

當我們翻開菜單思考要點哪一種牛排時，我覺得布倫特有點緊張，看起來很不對勁。

「哇，這個地方真棒，」他冷冷地說，「你常來這裡嗎？」

他的眼神凝視著屋子另一邊的玻璃冷藏室，裡面吊著許多冰冷的肉條。

「這個……有時候我會想吃上好的牛排，」我說，語氣中帶著一絲歉意。

服務生倒酒時，布倫特抓起酒杯一飲而盡，好像那是一杯冰水，而不是美味的卡本內蘇維濃紅酒。我看著他喝酒的樣子，意識到這頓飯可能不是我以為的老朋友單純敘舊。當他放下杯子，我看得出他正鼓起勇氣，打算說出他老早想說的話。

我準備好要聽他說什麼。

「我一直在想這件事。我想告訴你，我認為我在 Metalab 沒有得到公平的待遇，」他開始說。

「什麼意思？」我問，並迅速回想十年前的自己，可能做過哪些冒犯他的事情。

「你利用我，」他說，「你沒有給我我應得的報酬。你老是說公司負擔不起，說公司要保持精簡，但現在看看你，你家竟然有該死的電影院。」

他怎麼知道我家有電影院？

「我知道你靠我們的工作賺了多少錢。這是我們的工作，不是你的工作，你只是在中間賺價差。」

我想插一句嘴，說事情沒有他想的那麼簡單。他在公司工作時，公司經常面臨倒閉危機，我們是勉強湊合才維持運作。不過，我決定保持沉默。

「這不公平，」他繼續說，幫自己倒了另一杯酒，「你和克里斯賺了幾億美元，而我只拿到區區的薪水。」

我等了好一陣子，在想該怎麼說才好。他顯然一直在注意我們在 Tiny 的狀況，也注意到公司目前市值的相關傳聞。

「唉，我很抱歉讓你有這樣的感受，」我說，「我懂你的感覺。你都很早去上班，而且非常努力。如果沒有你，我們一定無法讓 Metalab 成長……。」

「好，如果我這麼重要，你為什麼沒有給我股份？你為什麼沒有給我們所有人股份？」他的眼睛瞪得圓滾滾的，看起來比之前更生氣。

原來是為了這件事。於是，我提醒他他當時和我說的原因，我說：「我們給過你兩次股份，你還記得我拿著一份超大的員工認股權計畫找過你嗎？你拒絕了，你說想要更高的薪水。我們當時付不起你的薪水，所以才會想給你股份。」

「因為我需要錢，」他回。

「這就是為什麼我當時去籌錢幫你加薪。我理解你的選擇，當時公司的狀況不太好，我也很擔心我們撐不下去。」

他還是瞪著著我，但我繼續說下去。

「然後，我又在二〇一二年找上你，給你另一個員工認股權計畫，但你拒絕了大部分的股份，選擇大幅加薪。我還是理解你的做法，畢竟現金很有用，而生意卻很容易失敗，那些股份可能變得一文不值。你有家計要負擔，你想買房子，所以很難冒險。所以，你又加薪了。但你現在生我的氣，因為後來證明我這筆賭注是個好賭注，而你賺的錢沒有超過你應得的錢？」我說。我暫停一下子，讓他思考這件事。然後我接著說：「我知道你當時不想要的認股權如今價值很高，但我沒辦法回到過去，讓當年的你接受那些認股權。那不是我的錯。」

悔不當初

我做好心理準備，等待他的回應，但我知道自己犯了一個錯：他不想要別人告訴他，自己悔不當初。

「安德魯，你真是個混蛋。你不懂嗎？你要我在負擔家計以及拿到我曾一起打造的公司股權之間做選擇，我於是做了我必須做的選擇。當公司因為大家的努力變得蒸蒸日上時，你卻把整個公司都歸為己有。」他深吸一口氣，然後繼續說：「所以你覺得自己是個好人，幫我們加一點薪，同時卻不斷提高我們設計的價格。」

「老兄，你加入公司時候，公司已經營運好幾年了，」我拉高音量回覆他，「我們每年付你十五萬美元的年薪！在當時，這對設計師來說是很高的薪水。我們給你很優渥的待遇，但你卻拒絕了認股權！」

我接著說：「如果公司失敗了怎麼辦？如果公司倒閉了，價值歸零，假設你當時選擇認股權，那些認股權如今一文不值，你還會回來找我要你沒拿到的薪水嗎？你不能什麼都想要。」

他氣沖沖地瞪著桌子。

盡我所能

我回想起早年的日子，以及我和《財星》五百大企業簽的幾十份苛刻的合約，那些合約可以把我告到倒。辦公室的租約和公司的信貸，都是我親自當保人。我也曾經和拒絕按時付款的客戶吵架。到了最後關頭，克里斯也不得不借錢給公司，用來付布倫特和其他同事的薪水，把我們從危機的邊緣拯救回來。這些都是他以前不知道的事情，員工本來就不會知道這些。

在我看來，我已經盡我所能。我全力以赴地投入每一分錢，把自己的資金不斷重新投入到生意裡，持續加倍努力，聘請更多人。這是所有員工和雇主之間的默契。是的，從長遠來看，我們得到了利潤，但我們也承受了潛在的龐大損失。就算公司虧損（並不罕見），我還是照常付大家薪水。當我們損失一千萬美元時，這筆虧損是直接從我的銀行帳戶裡扣除。

我們提供認股權時，員工往往十分猶豫不決，我可以理解箇中原因。這就像在賭場裡給你一堆籌碼，你可以把籌碼兌現，或者放在輪盤桌上繼續賭。在他們看來，馬上兌現是很合理的選擇。比起風險較大且可能要等數十年才能回本的投資，大多數人都會比較重視穩定的薪水。布倫特一次又一次地選擇穩定的薪水收入——每兩週領薪一次，和時鐘一樣準時，這樣做穩定又安全。

我和克里斯談過這類話題好幾百次。有時候人們會選擇認股權，而一些願意承擔風險並堅持下去的人，則可能賺到一大筆錢。我真想把這些話告訴布倫特，但我知道這是白費唇舌，沒有意義。他的想法已經深植在他心中。他認為我是個混蛋。

所以，我不說了，我讓他發洩。我無法回到過去改變他的選擇，我現在的任務就是讓他恨我。結果我們完全沒有點牛排，反正我也沒胃口了。

過沒多久，餐廳老闆巧妙地把帳單滑到我們桌上。他用一個還算明顯的暗示，要我們不要在他的餐廳裡大聲說話。我看了看四周，整個餐廳靜了下來，其他桌的客人都在盯著我們看。我想知道他們是不是也認為我是個混蛋。

我的確是個混蛋

當我在雨中走到我的車子時，反覆回想我們的談話。雖然我很確定布倫特搞錯了，他對事情的看法有誤，但我也在想我也許真的忽略了哪些人，以及他們應該得到多少？

隔天早上，我忙著送孩子上學，我快速地把他們的小手小腳套進校服裡，迅速把奶油起司抹在烤好的貝果上，並匆忙地塞了一堆餅乾、水果和蔬菜進兩個便當盒裡，心裡明白一件事：放水果和蔬菜只不過是我希望孩子吃得健康，但孩子未必喜歡。

我們把車子停在學校前面的停車位時，我看到另一個男孩從一台老式旅行車下來。那台車的油漆有些刮損，孩子的母親看起來筋疲力盡。她把男孩送下車後，在他臉上親了一下，然後匆忙駛離。那個孩子留著一頭髒兮兮的金髮，穿著小一號的夾克，滿臉愁容。我抬頭看著鏡子，看到我的兒子坐在我們豪華的黑色寶馬休旅車，兩人都穿全新的巴塔哥尼亞（Patagonia）夾克。然後，我低頭看了看自己的衣服，我穿著卡其褲和漂亮的鞋子。我看著那個男孩走進學校，感覺胸口揪了一下。

我遠遠就能感受到那個孩子的情緒，以前的我就是那樣。那是我的孩子永遠無法體會的感受。現在的我成了坐在名車裡的有錢老爸，我得到我想要的東西，但整個感覺很不對勁，好像我被賣掉了一樣。

「爸爸！」我的大兒子大聲尖叫，打斷了我的沉思。「你在做什麼？我們走吧！」我下了車，解開他們的安全座椅，很快給了他們一個吻。我看著一心只想跑到遊樂場找朋友的他們，對他們大聲說：「我愛你們！一切順心！」

這不只是生意

我回到車上，但哪裡也沒去，我只是靜靜坐著。我想到布倫特說的話，想到那個小男孩，我還想到我最早期的員工，想到如果沒有他們，我不可能打造出這個事業。那些在早期真正犧牲自己的人，卻得到糟糕的回報。

然後我想到連恩，他從實習生變成執行長，將 Pixel Union 從一個不成熟的副業，發展成在短短幾年內就以七百萬美元賣出的企業。連恩當時也婉拒了公司一〇%的股份，選擇拿到更高的薪水，所以我們賣公司時他什麼也沒賺到。多虧了布萊恩，他把連恩掃地出門，而我和克里斯則放任這種事情發生，以為「那只不過是生意」。

我想到阿里，他是我們的網頁工程師（公司的第三號員工），並在公司待超過十五年。他有極其出色的才華，和他共事很愉快，而且他的幽默感成為公司的主要文化。隨著時間過去，他在我們創辦的各個新創公司之間輾轉工作，遺憾的是由於時運不濟，他持有股票的公司最後都沒有成功。沒錯，他的薪水每年都有增加，卻無法真正反映他的貢獻。他從來不是那種會說些什麼的人，但他最近離開公司了，我想知道當他看到我和Tiny的那些頭條新聞時，心裡作何感受。

我想起路克，他是我的第一位員工，曾經是我最親密的朋友之一。他在其他地方有很成功的職涯，但最近我傳簡訊和他聯絡時，他馬上流露出對我的怨懟之情。我想修補這些關係。我之所以想和他們分享我的成功，不是因為我欠他們什麼，而是因為我想表達我的感謝之情，因為這是正確的事。

這不是「只不過是生意」，他們都是我的朋友。該死，我也許真的有點可惡。

我還坐在車裡，學校前面只剩下我一台車。我打開手機上的備忘錄，開始輸入一份人名清單。

第21章

奧馬哈的先知

The Oracle of Omaha

那天早上，我剛好聽到一個播客，演員戴蒙（Matt Damon）和他的好朋友艾佛列克（Ben Affleck），他們因為編寫電影《心靈捕手》（*Good Will Hunting*）而贏得奧斯卡獎的故事。當時戴蒙二十七歲，艾佛列克則二十五歲。在那個星光璀璨的夜晚，戴蒙回憶表示他有一種奇怪又強烈的解脫感，這麼年輕就獲獎讓他很激動，原因不只是他是最年輕的獲獎者（他的確是），還有另一個原因。

戴蒙說，奧斯卡獎幾乎是所有演員和編劇夢寐以求的榮耀，然而在好萊塢，人們只有○．○○○二%的機率能夠獲得這項殊榮。他在二十七歲就得到這座象徵重大成就的獎項，但此時此刻，還有許多人窮其一生在追求這個榮耀。

然而，隨著夜幕降臨，獎座的魅力開始消褪。回到家後，他的女友去睡覺了，留下戴蒙獨自一人，手握那座約十三．五吋（約三十五公分）高的奧斯卡獎座，思忖它的重量。

他意識到自己很幸運，能在相對年輕的時候得獎。他想像如果他在追求了一輩子之後，在九十歲的高齡才體會到得獎的虛無，發現得獎的感覺也不過如此：一個夢寐以求的目標，僅此而已。戴蒙分享完他的故事時說，現在的他非常感謝自己還有很長的餘生，來做他認為真正重要的事情：磨練他演技和講故事，而非執著於那些小金人。戴蒙的話讓我感同身受。

三十七歲的我，贏得我自己的奧斯卡獎，我和戴蒙一樣很慶幸自己離九十歲還很遠就完成這件事。我和戴蒙有一個明顯的差異（除了臉部的對稱程度和肌肉量不一樣之外），那就是一旦你贏得奧斯卡獎，那個獎座就永遠屬於你了，大家通常會把獎座放在壁爐架或書架上。但講到財富，那就是另一回事了。

如何處置我的錢？

我為這個難題苦惱了好幾個月，想知道該如何處置我賺到的錢。我輕輕一轉，把車開進後面是一條死路的停車場，然後我決定重新朝南方的維多利亞駛去，同時認真思考所有選擇。

我可以煞有其事地使用那些錢，例如：企業家布蘭森（Richard Branson）曾經請演員狄尼洛（Robert De Niro）在他幫自己舉行的生日派上，從蛋糕裡跳出來（這件事光用寫的就讓我夠尷尬了）。資產管理公司創辦人科恩（Steven Cohen）曾花一千兩百萬美元，買了一條約十四英尺（四百二十公分）長、泡在福馬林的鯊魚標本，放在他的辦公室（聽起來就像龐德電影裡的反派會做的事）。至於祖克伯和馬斯克，由於他們的公司彼此競爭，他們差點要在六角籠裡對戰，他們也是世界上最富有的其中兩個人。你可能很驚訝，但我不是因為體能很好才被暱稱為「掌上型電腦」。

我不要這些，我已經領教過把錢花在無聊且根本毫無意義的事物上的滋味。把錢花在那些地方，當下的確很好玩，但隨之而來的是空虛。

我把車子開進小鎮，並經過我當過咖啡師的老咖啡廳時，不禁想著當年十九歲的自己，會如何看待如今三十七歲的我，以及他是否認同我對商業和資本主義的看法。又或者，他會不會在我開車經過他上班搭的公車時，對我比中指。

我把車開進家裡，然後停在車庫裡。我走進廚房，被兩個如今已經四歲和六歲大的兒子擁抱。我坐在廚房的吧檯，和他們一起畫畫，並透過窗戶看著海灣裡的船隻駛過，海鷗在天空嘶鳴。我想知道，當我的孩子長大，能夠理解我如何使用自己一生賺來的錢時，他們會怎麼想。我想到錢有多重要，錢不應該撕裂我們的家。童年時期我們家因為錢太少而撕裂，現在我的家卻因為錢太多而撕裂。

我想知道，當他們的朋友發現他們家很有錢時，那些朋友在學校會怎麼對待他們。他們是否還有動力去找工作，並願意開創自己的道路。他們會不會和我一樣，覺得自己被迫選擇商業的世界，還是他們會追隨自己的熱情。他們會因為我給他們太多而怨恨我嗎？還是因為我給太少而恨我？我讓孩子自己畫畫時，這些想法沉甸甸地壓在我的心頭。我很驚嘆他們有多認真、專注又熱切地趴在桌上，把他們奇妙的想法付諸紙上。

奧哈馬的先知就在我的收件匣裡

幾個月前，我也曾坐在這個廚房，看著類似的情景。當時天空的雲比較多，海灣裡的船隻比較少，我正在和已成為商業夥伴的艾克曼通話。多年前，我和克里斯和他吃了一頓非常貴的午餐。比爾已經這樣努力了幾十年，身價數十億美元，而且似乎一年比一年更努力工作。

「是什麼支撐你繼續下去？」我問他，「不可能是為了錢，錢有什麼意義？你為什麼還在工作？」

「重點是我要把一切都捐出去，」他告訴我，「我曾經為自己工作，現在我認為自己是世界上最出色的慈善家。我拚命工作，盡可能多賺錢，以回饋社會。」

他接著說他十年前簽署了《捐贈誓言》（*The Giving Pledge*），這是蓋茲、梅琳達（Melinda French Gates）和巴菲特，一起說服幾百位億萬富翁簽署的協議。協議很簡單：

簽署者承諾在生前或遺囑中，捐出他們大部分的財富。事實上，巴菲特、蓋茲、梅琳達和許多億萬富翁更進一步，承諾在他們生前捐出大部分的淨資產。「你今天就應該簽字。」

「你說今天的意思是什麼？」我絕對算不上成功的慈善家，當然我確實捐了一些錢，但那僅占我淨資產很小一部分。我捐款給幾位我認為研究主題有趣的科學家，還有一些當地的慈善機構。比爾準備要去開會了，掛電話前他突然說：「看看你的電子郵件。」然後他就掛掉電話了。

我看了一眼我桌上的筆電，果然有一封只有一行的電子郵件，我無法理解信裡的內容。信上寫著：華倫，這是安德魯。他應該簽署《捐贈誓言》。幾分鐘內，我就收到巴菲特助理的信表示：「你今天早上可以隨時打電話給華倫，這是他的私人號碼。」

我不敢相信，奧馬哈的先知就在我的收件匣裡。

我輸入電話號碼，按下撥號鍵，電話響了幾聲後，一個熟悉的聲音接起了電話。「安德魯，很高興認識你。比爾對你讚譽有加，跟我聊聊你的事業吧……。」

向巴菲特求教

是巴菲特，那個像祖父般和藹可親的人。他正坐在他在內布拉斯加的小辦公室看著窗外，管理一個龐大的帝國，擁有超過三十七萬五千名員工，以及超過六十家企業，淨資產超過一千億美元，而他卻在問我的生活狀況。這到底怎麼回事？

人們常說偶像相見不如不見，但巴菲特完全符合我的想像。他聚精會神地聽我說話，親切說著智慧的話語，就像在電視上那樣，只不過他現在是真實的人，就在我的耳邊。

巴菲特花了一小時，問了很多和我的事業與各種問題相關的議題後，他停下來對我說：「如果你把所有東西都給孩子，會把他們寵壞。你應該給他們足夠的資源去做一些事，但不能多到讓他們無所事事。我這輩子花掉的錢，還遠遠不到我賺到的一％，我會把剩下超過九九％的錢捐給別人。那些錢對我來說已經沒有用處，所以為什麼不和全世界分享呢？只要我還在世，我就會繼續經營我的事業；而當我不在了，一切都會回饋給社會。全部都會。」

這個方法讓我心有戚戚焉。我曾經很討厭那些自以為是的富家子弟，雖然我知道我的孩子會在富裕的環境下成長，但我想盡可能確保他們不會遇到我小時候看到的那些孩子。

「但你的孩子不怨你嗎？」我問。

「我不覺得他們怨我，我一直很清楚表示，我們有責任把錢回饋給社會。他們都知道我會妥善照顧他們，而且我也讓他們參與捐錢的過程。」

巴菲特繼續告訴我說，他投入鉅資幫每個孩子成立基金會，讓他們把錢回饋給社會，同時也可以過正常的生活。他說他們不是什麼世襲的家族，如果一切按計畫進行，一百年後家族裡不會有所謂的第六代巴菲特這種億萬富翁，坐擁十五棟豪宅。這些錢會回歸社會，幫助有需要的人。

我喜歡這種方法，感覺很公平，感覺很好。巴菲特花在家庭、生活和私人飛機上的一％資金，只不過是取一瓢飲，獎勵他八十年來認真努力的工作。剩下的所有錢都將透過他的基金會，用來拯救生命和改善社會。

但他警告我：「要把幾十億美元捐出去可不容易，我到了八十多歲才學會這一點，」他咯咯笑說，「而且到現在還是很難。」

是時候破釜沉舟了

那天稍晚，我坐在沙發和柔依聊天，告訴她那通電話的事。我告訴她我很掙扎要不要把錢捐給我認為應得的人，我的孩子會有什麼感受，以及我經歷千辛萬苦達到巔峰後，卻考慮把所有錢都捐出去的感覺非常奇怪。

「你還想用錢做什麼？」柔依說，「我們擁有的已經足夠。」

足夠，就是這個字眼。但我們真的足夠了嗎？

我拿出手機，開始在計算機輸入數字。

如果我的事業繼續成長幾十年，原本已經很龐大的數字，將會大到難以想像，它會變成數十億美元。如果我的表現更好，也許會變成百億美元。

如果我這一生中只花其中百分之幾的錢，就足以過上任何美好想像的生活。

然後，我想到德瑞克告訴我的話。「好吧，」我對柔依說，「我要破釜沉舟。」

這種感覺很奇怪，要我放棄這些錢。我從小就很執迷於錢，花了數十年的心血和淚水追求錢。

我不想猶豫，我怕我會失去勇氣。我拿起電話打給克里斯。

「我們要讓 Tiny 上市，」我告訴他，「在未來的五十年，我要捐出我所有股票。」

他不覺得我很瘋狂，也不認為這是古怪（又糟糕）的新點子，像開貓家具店或者披薩店那樣。這一次，他不需要勸說我別衝動。

「我們來做吧，」克里斯說，我聽到電話那頭的他正在微笑。

人必須愚蠢到想要那麼多，才會聰明到能賺那麼多

賺錢的空虛，讓我學到一個我一直在慢慢領悟的道理：真正重要的不是結果，而是過程。打造某個東西、設計你想要的生活、滿足人們的需求和解決問題、發想創意、幫助人們發揮潛力、心流狀態、過程本身等。事後回想，一切都再明顯不過了。如果賺到一百萬美元無法為我帶來快樂，為什麼再多賺一千萬美元就會帶來快樂嗎？我們都懂這個道理，我們都聽了幾千次，然而包括我在內，似乎每個人都需要親身經歷才能學到教訓。

就像卻斯特頓（Gilbert Keith Chesterton）曾說：「一個人必須愚蠢到想要那麼多錢，才會聰明到能夠賺到那麼多錢。」接下來幾週，我把我的收件匣設定成顯示我正在度假。我和柔依及克里斯坐下來，開始寫信和列出清單。這兩件事情果然都很有挑戰性。

當你決定簽署《捐贈誓言》時，你必須寫一封信說明原因，以及你希望從慈善事業裡得到什麼。當今一些成功的執行長已經寫過並簽署這些信件，我於是帶著濃濃的好奇心讀他們的信，想知道這些商業領袖希望在哪裡留下他們的足跡。

蓋茲和梅琳達率先承諾，所以他們寫了第一封信，他們承諾把大部分財富，用來改善全球的醫療照護並減少赤貧。巴菲特則談到人道事業的重要性。印度億萬富翁普雷吉

（Azim Premji）致力於改善印度農村的教育。其他人則致力於更大膽的計畫，例如保護世界免受生化武器和人工智慧的威脅。每個人都找到他們熱衷的領域，並投入數十億美元。

我隨手寫下一路上學到的經驗和教訓，以及取自我喜歡的哲學家和小說家書籍的段落，我想協助改善世界上的一些領域和人們。我愈是專心寫這封信，就愈確定自己在做正確的事。不只因為這樣做在道德上是正確的，更因為我們要向社會上的人們表示，並非所有富人都像安東尼那樣，我們懂得和別人分享我們的蛋糕。

有一天晚上，我和柔依坐在筆電前面，寫下我們要給《捐贈誓言》的信：

哲學家羅爾斯（John Rawls）的名言，簡潔表達出我們捐款的動力：「受上天眷顧的人，無論他是誰，都必須協助身處劣勢的人，才能從自己的好運裡受益。」我們的人生非常幸運，我們大部分的運氣來自我們無法控制的環境。現在，我們有機會協助沒那麼幸運的人，我們無法對這個機會視而不見。

我們期待和我們想服務的對象當夥伴，聆聽他們的故事，傾聽他們的建議，以謙遜的態度從事我們的慈善事業。我們承諾在去世之前，將我們大部分的財富回饋給社會。

成為反億萬富翁

發表公開信後，我還要寫捐款承諾書給特定幾個人。幾天後，我和克里斯聯絡了幾位最早和公司一起成長，和我們一起打拚的員工，告訴他們我們將給他們幾千萬美元。我們剛創辦公司時，沒有想過公司最後會變成什麼樣子，而現在回想起來，我們覺得他們確實值得為自己的努力得到經濟回報。我們很感謝他們願意和一起堅持下去。

他們非常震驚、高興又感激，對他們大多數人來說，那些錢可以改變一生。

我也想給另外四個人錢，但我那天沒有打電話給他們，而是親自開車去告訴他們這個消息，他們是我的母親、父親和兩個弟弟，他們各自以不同的方式成就了我的成功。

我在喝咖啡和茶時，親自告訴他們每一個人這件事。我付清了父母的房貸，那是我從小長大的地方，我曾經坐在樓梯上聽到他們為了積欠的帳單吵架。我告訴他們：「我想給你們夠多的錢，讓你們無憂無慮地退休。」接著，我去找我弟弟做一樣的事情。我知道這樣做解決不了我家的問題，我給的只不過是錢，但家庭關係比錢複雜得多，但我還是希望這樣做可以稍微舒緩我們過去的所有創傷。

就這樣，我結束了這趟旅程。

打從我八歲起，有一件事就一直困擾我。我爸開玩笑地和我說，與其存退休金，他選擇生下我。

怎麼做都無法讓每個人滿意，我和克里斯都接受了這一點，但是我們已經盡可能確保在公司初期帶來最大貢獻的人，都能夠得到妥善的照顧，讓他們感受到應有的對待。

最後，我希望在我去世之前，把我大部分的財富捐出去。至於剩下的錢，我可不是德蕾莎修女，我會像巴菲特一樣，用一點奢侈品犒賞自己的辛勤和努力。我不要超級遊艇或如陽具般的火箭，我只希望有幾間不錯的房子、家具和舒適的衣服，還有偶爾搭機度假或出差。

但在未來幾十年內，我所有其他財產都會轉移到我的基金會，專門用來為社會帶來慈善貢獻。這是我想像得到最合乎道德的做法。

現在，我正在盡可能重整我的思維，我不再渴望成為億萬富翁，而是成為反億萬富翁，刻意在長期裡減少我的財富，把錢捐出去。

其實，我現在已經不是億萬富翁了。Tiny 上市後幾個月，股市崩盤，我的淨資產腰斬了。這時候，發生了一件很奇怪的事：什麼都沒有發生。

我仍在同一張床上醒來，做著一樣的例行事務，趕著送孩子去上學。五百毫升的啤酒喝起來的味道還是一樣，我的生活繼續前進。我看到會計師的報告，我帳戶裡的數字每個月都在減少。我希望長期下來，透過捐款可以讓這個數字繼續降低。那就只是個數字。

不過不要誤會，那是很大的數字，但終究只是個數字。當然，人生並不完美，無論那個數字是多少，人生都不會完美。我心裡的傷疤依然存在，那個問我：「那接下來呢？」的聲音，也許比十年前的聲音小聲了一點。我和其他人一樣，有時候早上醒來也會覺得煩躁，也會感受到存在危機帶來的恐懼。我會和生活裡的人有歧見，覺得壓力很大，或者擔心我把孩子的人生搞得一團亂。錢只是這個拼圖的一小部分，而且矛盾的是，錢還會帶來其他不適合的拼圖。

當然，我還是繼續生活。我會繼續賺錢，但會稍微重新定位，轉變成為這個社會賺錢。我會繼續駕馭我的童年焦慮來行善，繼續專心經營我的事業。繼續累積複利。我也會繼續對著 Siri 大聲說我的各種點子。繼續利用焦慮來提升生產力。

鳴謝

我寫這本書時，很幸運得到優秀的人支持我，他們的貢獻、鼓勵和批評，讓這本書比我獨自完成時出色很多。

首先，我要由衷感謝 Matt Holt Books 出版社的編輯 Katie Dickman 和 Matt Holt，你們的編輯、看法和傑出的編輯能力，提升許多地方的品質。我很感謝我的經紀人、來自 Verve公司的 Liz Parker，她的專業和指導讓這本書得以完成。

我要感謝克里斯，感謝你包容我為了寫書，好幾週沒有參與我們的日常工作，也感謝你有勇氣離開安逸的銀行職涯，和我一起打造我們如今成就的一切。

我還要特別感謝我的家人，感謝你們支持我寫書，並願意成為書中內容的一部分。謝謝我兩個兒子，擁有無窮精力和好奇心的你們，都在在提醒我世上的一切其實都不重要。我要特別感謝荷莉，她陪我度走這個故事難度最高的部分，沒有她我可能就沒有兩個這麼棒的兒子。

鳴謝

我很感謝幫我閱讀本書草稿，並給我回饋和建議的朋友（並且告訴我在哪裡顯得很蠢），包括 Steven、Bill、Liam、Troy、Rajiv、Mohnish、Faisal、Nick，和其他許多人。我很感謝你們的誠懇和體貼。

我要感謝蒙格和巴菲特，我和克里斯今天所做的一切，都是他們為我們定下的基礎，他們也為所有商業人士樹立起讓人欽佩的榜樣。

我要感謝我的女友柔依，她花了好幾個下午閱讀和重讀這本書，幫我把書打造成美好的作品。我很感謝我們可以一起走過這段旅程，我愛妳。

最後，我想對讀者說一些話。對於每一位花時間讀這本書的你們，我的感恩之情溢於言表，謝謝你讓我在你的腦海裡駐足五小時到十個小時，希望這是一段美好的閱讀時光。

NEVER ENOUGH
FROM BARISTA TO BILLIONAIRE

致富的心魔
金錢、成功與自我懷疑的致富人生

作　　者　安德魯・威金森
譯　　者　周群英
編　　輯　賀鈺婷
視　　覺　Dinner、邱介惠

副 總 編　鍾顏聿
主　　編　賀鈺婷
行　　銷　黃湛馨

印　　刷　呈靖彩藝有限公司
法律顧問　華洋法律事務所　蘇文生律師

ISBN　9786267523308（平裝本）
9786267523285（EPUB）
9786267523292（PDF）

定　　價　480元
出版日期　2025年4月30日　初版一刷
2025年7月15日　初版三刷

出　　版　感電出版
發　　行　遠足文化事業股份有限公司
（讀書共和國出版集團）
地　　址　23141 新北市新店區民權路108-2號9樓
電　　話　0800-221-029
傳　　真　02-8667-1851
電　　郵　info@sparkpresstw.com

國家圖書館出版品預行編目(CIP)資料

致富的心魔：金錢、成功與自我懷疑的致富人生／安德魯・威金森（Andrew Wilkinson）著；周群英譯. -- 新北市：感電出版：遠足文化事業股份有限公司發行，2025.04.30
400 面；14.8×21公分

譯自：Never enough: from barista to billionaire

ISBN 978-626-7523-30-8（平裝）

1.CST：威金森（Wilkinson, Andrew）　2.CST：自傳　3.CST：美國　　785.28　　114000783